本书是国家社会科学规划基金年度项目（14BRK022）的最终成果

中国社会科学院创新工程学术出版资助项目

城市第一代独生子女家庭亲子财富流转

伍海霞 著

中国社会科学出版社

图书在版编目(CIP)数据

城市第一代独生子女家庭亲子财富流转/伍海霞著.—北京：中国社会科学出版社，2018.5
ISBN 978-7-5203-2362-8

Ⅰ.①城… Ⅱ.①伍… Ⅲ.①独生子女—家庭关系—研究—中国 Ⅳ.①D669.1

中国版本图书馆 CIP 数据核字（2018）第 073724 号

出 版 人	赵剑英
责任编辑	王　衡
责任校对	朱妍洁
责任印制	王　超

出　　版	中国社会科学出版社
社　　址	北京鼓楼西大街甲 158 号
邮　　编	100720
网　　址	http://www.csspw.cn
发 行 部	010-84083685
门 市 部	010-84029450
经　　销	新华书店及其他书店
印　　刷	北京明恒达印务有限公司
装　　订	廊坊市广阳区广增装订厂
版　　次	2018 年 5 月第 1 版
印　　次	2018 年 5 月第 1 次印刷
开　　本	710×1000　1/16
印　　张	20.5
插　　页	2
字　　数	301 千字
定　　价	86.00 元

凡购买中国社会科学出版社图书，如有质量问题请与本社营销中心联系调换
电话：010-84083683
版权所有　侵权必究

前　言

中国政府自1971年开始在全国范围内推行以晚、稀、少为基本要求的计划生育政策，1980年开始在城市地区广泛推行独生子女政策，至2015年年底终结。30多年严格独生子女政策的实施顺利实现了控制中国人口增长速度的目标，同时，也在城乡地区形成了庞大的独生子女家庭。目前，城市第一代独生子女已进入社会，就业、结婚、生育子女，他们的父母也渐入老年，开启老年生活。不同于传统的多子女家庭，生育独生子女缩小了家庭规模，简化了家庭结构，使得独生子女家庭代际关系具有一定的特殊性；社会转型时期社会经济、教育、就业、养老保障等各项制度的变迁也不可避免地对家庭代际关系产生影响。独生子女家庭作为少子女家庭的典范，与之相关的子女教育、就业、婚育，以及老年父母的养老等问题备受社会各界的关注。

家庭中亲子代际财富的流转是家庭代际关系的具体体现，代际财富流转作为家庭资源在成员中的福利分配，不仅影响着子女的教育、就业、婚姻，以及其小家庭的发展，也影响着父母的养老方式、养老资源与养老质量。在家庭生命周期中的不同阶段，亲子两代所拥有的资源、所承担的责任与义务不同，代际财富流转的内容与特征不同。基于生命历程理论，关注城市第一代独生子女这一特定群体成长过程中教育、就业、结婚等事件中亲子财富流转的状况及结果，以及老年独生子女父母养老中的亲子代际往来，将更好地认识和把握城市第一代独生子女的成长历程、独生子女父母的养老状况与预期。同时，城市独生子女家庭又是城市家庭的重要组成部分，有关城市独生子女家庭亲子财富流转的研究，也将有助于认识和把握城市家庭代际功能的整体状况与发展趋势。

本书基于生命历程理论，利用中国社会科学院人口与劳动经济研究所 2015 年 5 省（市）城市独生子女家庭调查数据，对城市第一代独生子女的教育、就业、婚嫁、育儿和独生子女父母养老等重要生命事件中亲子财富流转的水平与方向，及相应财富流转产生的结果进行系统分析，探究城市第一代独生子女的成长历程与生活状况、独生子女父母的养老状况与预期，把握独生子女家庭亲子代际的责任与义务，揭示城市第一代独生子女家庭代际功能关系特征及发展趋势。

本书共有十一章。首先，系统回顾有关家庭代际财富流流转理论与实证研究，基于生命历程理论，确定了生命历程视角家庭代际财富流转的内容，构建了独生子女家庭代际财富流转分析框架。继而，依据独生子女家庭亲子财富流转分析框架，以独生子女为研究对象，分析了独生子女的教育、就业、婚姻和生育等生命事件中亲子间的财富流转；从经济支持、家务支持和情感支持等方面考察了近期日常生活中的亲子财富流转。进而，以独生子女父母为研究对象，探析了独生子女父母的家庭养老支持现状，考察了老年独生子女父母对社区养老服务的需求和预期的养老意愿，并以独生子女为分析变量，揭示老年独生子女父母养老现状、预期养老方式的影响因素。最后，基于本书的研究结果提出了针对性的政策建议。

实证研究是本书的主体，研究主要得出了以下结论。

第一，在独生子女的教育、就业、婚事操办和育儿事件中，家庭财富均单纯地从父母流向子女。父母给予子女的教育投资使得子女达到了一定的学历水平，具备了一定的知识与技能，为其求职就业、实现职业向上流动奠定了基础；同时，也为未来父母可获得的回报提供了可能。独生子女父母不仅是子女婚事花费的主要承担者，这种责任也延展至子女结婚时欠债的偿还。多数独生子女父母在独生女或儿媳孕育、生产、养育孙子女过程中为子女提供了经济、日常照料等支持与帮助，在将自己的子女抚育成人后，又或多或少地承担着抚育（外）孙子女的责任，通过（外）孙子女进一步将自己的财富转移给子女。

第二，经济支持、家务支持和情感支持等日常亲子代际财富流转的主要内容，居住安排、亲代的自有资源水平家庭日常生活中亲子财富净流动的方向依赖于亲代的自有资源水平，子代在亲子财富流转中处于优势地位，亲子净财富流更趋向于使子代受益。父母给予子女的教育、就业等早期的财富投入对当前得到的代际支持具有重要影响，子女的受教育程度越高、目前在业、收入越高，其给予父母的经济支持和情感支持相应越多。

第三，独生子女与老年父母近期的净经济流动为从子女流向父母，表现为子女为父母养老。相对而言，独生女给予了父母更多的经济支持。"日常为子女付出"在老年人独生子女父母中仍较为普遍，享有子女给予的家务支持较少。多数独生子女给予父母情感交流，但也有一定比例的父母不愿意与子女交流情感，独生女在感情上更体贴父母。虽然仅有一个子女的现实使独生子女父母能够更理性地对待自己的养老，未来对社区养老服务具有一定的需求，部分独生子女父母也有入住养老院的打算，但依靠子女、居家养老仍然是独生子女父母养老的首要选择。家庭养老支持与独生子女父母的社会养老服务需求间存在一定的替代性。子女给予的家务支持、净经济支持将会使独生子女父母对社区提供的各类养老服务的需求风险明显降低，得到子女给予的经济支持的独生子女父母有入住养老院意愿的风险下降。

总体上，独生子女家庭财富流转是一个随独生子女的成长而不断变动的过程，体现着亲子代际责任与义务的转换。独生子女家庭财富流转既存在由父母流向子女、子女流向父母的单向流转方式，也存在子女与父母互惠的双向流转模式，但由于多数独生子女家庭中父母对子女的抚养与投资时间延长，加之城市老年人经济独立性较强，家庭的净财富流更多地表现为由父母流向子女的抚养模式。独生子女与其父母间的财富转移既具有投资与回报的特征，也具有抚育—反馈关系特征，同时，又存在着基于家庭生命周期与个体生命历程阶段以各自需求为亲子财富转移基准的特性，体现着利他主义特征。

虽然2016年1月中国开始实行"全面二孩"政策，但由政策主导形成的独生子女家庭还将在较长时期内存在，今后20年老年独生子女父母数量将逐步增多，中高龄、半失能失能老年人数量剧增，后续仍需密切关注独生子女家庭的代际功能关系的发展与变化，特别是老年独生子女父母的养老状况与养老需求，为相关政策措施的规划与调整、促进家庭代际和谐公平、积极应对少子女家庭的养老问题、完善社会养老保障制度提供决策参考。

作者
2018年4月

目　录

第一章　绪论 ·· (1)
　　第一节　研究背景 ··· (1)
　　第二节　概念界定 ··· (6)
　　第三节　研究目标与内容 ·· (11)

第二章　国内外相关研究评述 ··· (16)
　　第一节　家庭代际财富流转的相关理论及评述 ············ (16)
　　第二节　家庭亲子财富流转的实证研究 ······················ (26)
　　第三节　本章小结 ·· (37)

第三章　独生子女家庭代际财富流转理论分析框架 ········· (39)
　　第一节　生命历程视角家庭代际功能关系的内容 ········ (39)
　　第二节　家庭代际财富流转的影响因素 ······················ (45)
　　第三节　独生子女家庭代际财富流转分析框架 ············ (53)
　　第四节　本章小结 ·· (54)

第四章　数据与方法 ·· (56)
　　第一节　数据采集 ·· (56)
　　第二节　研究方法 ·· (59)

第五章　独生子女教育中亲子财富的流转 ······················· (61)
　　第一节　独生子女的教育费用 ··································· (63)

1

第二节　独生子女教育中亲子代的责任 ………………（85）
　　第三节　独生子女受教育阶段家庭的经济压力 …………（95）
　　第四节　独生子女的受教育程度 …………………………（98）
　　第五节　独生子女受教育程度的影响因素 ………………（104）
　　第六节　本章小结 …………………………………………（111）

第六章　独生子女就业中亲子财富流转 ………………………（113）
　　第一节　独生子女的首次就业 ……………………………（113）
　　第二节　独生子女的在业状况与收入 ……………………（122）
　　第三节　独生子女职业流动的影响因素分析 ……………（136）
　　第四节　本章小结 …………………………………………（140）

第七章　独生子女婚事操办中亲子财富流转 …………………（142）
　　第一节　独生子女的婚事花费 ……………………………（142）
　　第二节　独生子女结婚礼金的归属 ………………………（159）
　　第三节　独生子女结婚债务及其偿还方式 ………………（161）
　　第四节　独生子女结婚时家庭的经济压力 ………………（163）
　　第五节　本章小结 …………………………………………（166）

第八章　独生子女育儿过程中亲子财富流转 …………………（169）
　　第一节　独生子女的生育状况 ……………………………（169）
　　第二节　独生子女生育之初亲代给予的经济支持 ………（171）
　　第三节　独生子女婚育过程中家庭的居住安排 …………（176）
　　第四节　孙子女成长过程中祖父母给予的支持 …………（181）
　　第五节　本章小结 …………………………………………（191）

第九章　日常代际互动中亲子财富流转 ………………………（193）
　　第一节　亲子同住家庭中的代际财富流转 ………………（194）
　　第二节　亲子不同住家庭中的代际财富流转 ……………（206）

第三节　亲子同住与不同住家庭中代际财富流转的
　　　　　　差异 ………………………………………… (219)
　　第四节　日常代际互动中亲子财富流转的影响因素
　　　　　　分析 ………………………………………… (225)
　　第五节　本章小结 ……………………………………… (239)

第十章　老年独生子女父母的养老现状与预期 ………… (242)
　　第一节　老年独生子女父母得到的家庭养老支持 …… (243)
　　第二节　老年独生子女父母对社区养老设施及服务的
　　　　　　需求 ………………………………………… (248)
　　第三节　老年独生子女父母的养老意愿 ……………… (261)
　　第四节　老年独生子女父母养老意愿的影响因素
　　　　　　分析 ………………………………………… (270)
　　第五节　本章小结 ……………………………………… (282)

第十一章　结论与研究展望 ……………………………… (284)
　　第一节　主要研究结论 ………………………………… (284)
　　第二节　研究展望 ……………………………………… (299)

参考文献 …………………………………………………… (300)

后记 ………………………………………………………… (317)

第一章 绪论

第一节 研究背景

中国政府自1970年开始在全国范围内推行以晚、稀、少为基本要求的计划生育政策，1980年转变为独生子女政策。20世纪80年代后期，结合各地的具体情况，生育政策出现多元化状态：在城市地区和江苏、四川、重庆的农村地区实行独生子女政策；其他多数农村地区实行第一个是女孩可以再生育一个孩子的政策；边远和少数民族地区实行可以生育两个孩子的政策；个别地区，如西藏农牧民没有生育孩子数量的限制[①]。在生育政策的强有力的干预下，自20世纪70年代开始，中国实现了快速的人口转变，从"高出生率、低死亡率、高的人口增长率"向"低出生率、低死亡率、低的人口增长率"的现代人口增长模式的转变。计划生育政策在改变中国人口的基本结构与发展态势的同时，也改变了中国的家庭结构。自独生子女政策实施以来已形成了庞大的独生子女群体，据推算，中国累计独生子女人数已达到0.8亿—1.2亿[②]。城市独生子女作为中国独生子女人口的主体，其家庭不仅是

[①] 郭志刚、张二力、顾宝昌、王丰：《从政策生育率看中国生育政策的多样性》，《人口研究》2003年第5期。

[②] 杨书章、郭震威：《中国独生子女现状及其对未来人口发展的影响》，《市场与人口分析》2000年第4期；宋健：《中国的独生子女与独生子女户》，《人口研究》2005年第2期；风笑天：《中国独生子女：规模、差异与评价》，《理论月刊》2006年第4期；王广州：《中国独生子女总量结构及未来发展趋势估计》，《人口研究》2009年第1期。

城镇地区家庭的主要形态，也成为中国独生子女家庭的重要组成部分。

家庭是社会的基本细胞，家庭代际关系一直是家庭人口学关注的重点。家庭代际关系是建立在血缘基础上的家庭成员间的关系，涉及生活扶助、养老赡养、财产安排与继承等。在中国，家庭代际关系包含代际成员之间复杂的生活、生存互助行为和精神需求，包括义务关系、责任关系、权利关系、交换关系和亲情关系[1]。其中，义务关系和权利关系受到法律制约；责任关系受惯习维护，法律对其也有一定约束；交换关系以亲子之间经济、日常生活等需求方面的互助为表现形式；亲情关系以彼此关爱、探视等为特征，多数时期较少受外部制度的影响，很大程度上是义务、责任内化后的结果[2]。家庭代际功能关系受家庭中子女的数量与子女性别构成的影响，多子女家庭中，儿子和女儿在家庭中的身份地位和功能存在明显差异[3]，独生子女家庭中仅有男孩或女孩这一单一性别子女，亲子代际功能关系所表现出的特征，以及受子女性别影响而形成的代际功能关系差异需要深入分析。而自中国实行计划生育至今，出生于1980年前后的城市第一代独生子女已成年，进入社会，结婚成家，生儿育女，独生子女个人或其小家庭与其父母间发生着多样的代际互动，这些互动为研究独生子女家庭亲子代际功能关系状况及特征提供了可能。

家庭中亲子财富的流动与转移是家庭代际关系的具体体现，亲子财富流转分析是认识家庭代际功能关系的重要途径和方法。财富流动理论的产生源于对人口转变模式的研究。中国在20世纪随着人口老龄化的加剧，人口再生产模式的转变最终导致人口经济负担从少儿人口转变为老年人口，这也促使国内较多学

---

[1] 王跃生、伍海霞：《当代农村代际关系研究——冀东村庄的考察》，中国社会科学出版社2011年版。

[2] 王跃生：《中国家庭代际功能关系及其新变动》，《人口研究》2016年第5期。

[3] Greenhalgh Susan, "Sexual Stratification: The Other Side of 'Growth with Equity' in East Asia", *Population and Development Review*, 1985, Vol. 11.

者关注养老问题,将家庭财富流转用于分析子女对老年父母的代际支持[1]。依据家庭生命周期理论,夫妻婚后生育子女,养育未成年子女,随着子女的成年、结婚,直至父母步入老年,亲子两代所拥有的资源、承担的角色、责任与义务会发生转变。相应地,家庭中亲子两代财富流转的方向、数量也会发生改变,仅关注中青年子女与老年父母间的财富流转,难以揭示子女成长过程中亲子财富流转的总体状况,以及相应财富流转对子女、父母,以及家庭产生的结果与影响。由生命历程理论可知,在个体的教育、就业、结婚和生育等重要生命事件中个体的角色地位不同[2],亲子财富流转的内容和方式也各异。家庭教育资源的分配决策决定着家庭的兴衰,也决定着代际流动[3]。子女成长过程中不同生命事件中亲子的财富流动与转移作为家庭资源在成员中的福利分配,不仅影响着子女的成长与发展,也影响着父母的养老方式、养老资源与养老质量。基于生命历程理论,系统分析城市第一代独生子女这一特定群体成长过程中教育、就业、结婚等事件中亲子财富流转的状况及结果,以及老年独生子女父母养老中的亲子代际往来,将更好地认识和把握城市第一代独生子女的成长历程、独生子女父母的养老状况与预期。同时,城市独生子女家庭又是城市家庭的重要组成部分,有关城市独生子女家庭亲子财富流转的研究,也将有助于认识和把握城市家庭代际功能的整体状况与发展趋势。

研究表明,在中国,国家政策和社会变迁会改变并塑造个体的

---

[1] 郭志刚:《老年人家庭的代际经济流动分析》,《中国老年学杂志》1996年第5期;陈皆明:《投资与赡养——关于城市居民代际交换的因果分析》,《中国社会科学》1998年第6期;郭志刚、陈功:《老年人与子女之间的代际经济流量的分析》,《人口研究》1998年第1期;刘爱玉、杨善华:《社会变迁过程中的老年人家庭支持研究》,《北京大学学报》(哲学社会科学版)2000年第3期;靳小怡、李树茁、朱楚珠:《农村不同婚姻形势下家庭财富代际转移模式的初步分析》,《人口与经济》2002年第1期;王跃生:《中国家庭代际关系的理论分析》,《人口研究》2008年第4期。

[2] 佟新:《人口社会学》,北京大学出版社2003年版,第195—196页。

[3] Gary S. Becker, "On the Relevance of the New Economics of the Family", *The American Economic Review*, 1974, Vol. 64, No. 2, pp. 317–319.

生命历程，对个体的观念与行为产生持续性的影响①。中国当前正处于前所未有的社会转型时期，经济体制改革，教育、就业、住房、户籍、社会养老保障等各项制度的变迁不仅在宏观上对社会结构、经济发展产生了深刻影响，也在微观层面上影响着家庭结构与家庭财富的获得，进而使民众的生存方式、家庭代际功能关系也随之发生改变。经济方面，随着经济体制改革的深化，20世纪90年代中期以来，在"抓大放小"的改革思路指引下，国有企业开始进行减员增效，雇员数量大幅度减少，工资支付体制日趋市场化，工资水平大幅度提高而且内部差距扩大；国家机关及事业单位的工资水平也在不断提高，国有部门的职工工资高于非国有部门②。随着竞争性的劳动力市场的形成，下岗职工在再就业与工资收入上处于明显的劣势③。就业市场引致的收入差异也带来了城市家庭间收入的差异，以及相应子女养育、教育等资源的不同。教育方面，1985年《中共中央关于教育体制改革的决定》提出"实行九年义务教育"，高等学校"可以在计划外招收少量的自费生，学生应缴纳一定数量的培养费"。1989年国家教委等三部委联合发出《关于普通高等学校收取学杂费和住宿费的规定》，从政策上肯定了高等教育应该实行成本分担和成本补偿制度，并从该年开始，对新入学的本专科学生收取学杂费和住宿费；1997年开始全面实行收取学费制度；2000年进一步完善了有关政策，调整了收费标准。九年义务教育制度的实施在一定程度上减少了家庭在子女义务教育阶段的支出；但在实行高等教育收费后，家庭对子女的教育支出压力陡增。

---

① Davis D., "'Skidding': Downward Mobility among Children of the Maoist Middle Class", *Modern China* 1992, Vol. 18, No. 4; Zhou X., Tuma N. B., Moen P., et al., "Stratification Dynamics under State Socialism: The Case of Urban China, 1949 – 1993", *Social Forces*, 1996, Vol. 74, No. 3; 包蕾萍：《中国独生子女生命历程：家国视野下的一种制度化选择》，《社会科学》2012年第5期。

② 夏庆杰、李实、宋丽娜、Simon Appleton：《国有单位工资结构及其就业规模变化的收入分配效应：1988—2007》，《经济研究》2012年第6期。

③ 夏庆杰、宋丽娜、John Knight、Simon Appleton：《20世纪90年代中国国有企业改革对城镇劳动力市场的影响》，《世界经济》2009年第4期。

第一章 绪论

在高等教育收费制度改革的同时，20世纪90年代中期，为适应市场经济发展，一改过去"包分配"和"包当干部"的传统模式，经过供需见面、双向选择、自主择业等阶段，初步建立起"市场导向、政府调控、学校推荐、学生与用人单位双向选择"的毕业生就业新机制。至此，子女的就业也开始成为父母提供支持和帮助的又一重要事件。另外，1994年城镇开始推行住房制度改革，停止住房实物分配，逐步实行住房分配货币化，1999年开始在全国全面实行住房市场化政策。虽然城市第一代独生子女父母大多已依靠福利分房及后续住房货币化改革解决了家庭住房问题，但独生子女购买住房作为其婚嫁安居中的大事，也会在一定程度上增大独生子女家庭亲子两代的经济负担。另外，随着改革开放，中国城镇经济的快速发展，城市、区域间的经济发展水平差异逐渐扩大，户籍对人口流动的限制降低，城镇人口跨区域就业增多，也加快了亲子两代的居住分离；城镇地区相对完善的社会保障制度使得城镇居民在退休或年老后均能取得一定的退休金或养老金收入，为老年城镇居民提供了一定的经济保障，这些均无疑会对老年父母与子女间的财富流转的数量与方向产生影响，进而对老年人的养老方式与养老意愿产生影响。

自中国独生子女政策实施以来，国内外学者从心理学、教育学、社会学、人口学、体育学等学科角度对独生子女问题展开了研究，这些研究大致可归为两种视角：一种视角为把独生子女作为研究对象，探讨独生子女的个体特征、社会化、社会适应等问题；另一种视角是把独生子女作为研究变量，探讨独生子女现象对家庭和社会的影响[1]。虽然不乏有关独生子女家庭代际关系的研究，但在社会转型背景下，基于生命历程理论，关注独生子女、独生子女父母生命历程中的教育、就业、婚育、养老等重要事件，对城市第一代独生子女亲子财富流转的系统性研究尚比较缺乏。本书基于生命

---

[1] 肖富群、风笑天：《我国独生子女研究30年：两种视角及其局限》，《中州学刊》2010年第4期；风笑天：《适当降低对独生子女期望值》，《南京日报》2012年6月29日。

历程理论，利用2015年五省（市）城市独生子女家庭状况调查数据，对城市第一代独生子女的教育、就业、婚嫁、育儿和独生子女父母养老等生命事件中的亲子财富流转进行系统分析。本书的研究结果对于认识当代中国家庭代际关系、丰富家庭人口学理论具有重要意义。

另外，虽然2014年1—6月全国各省陆续实施单独二孩政策，2015年10月29日十八届五中全会公布一对夫妻可以生育两个孩子，但早期自愿或遵照计划生育政策仅生育一孩的独生子女家庭、未来自愿生育一孩的少子女家庭还将在较长时期内存在，本书分析独生子女家庭亲子财富流转状况，以及由此给独生子女、独生子女父母带来的结果及影响，揭示城市第一代独生子女家庭代际功能关系的现状、特征及发展趋势，也将为应对少子女家庭中子女社会化、老年父母养老等问题，制定促进个体与家庭和谐发展的公共政策提供决策参考，对促进家庭发展、积极应对老龄化的挑战、健全社会养老保障体系具有重要的现实意义。

第二节　概念界定

一　第一代独生子女

独生子女源于中国计划生育政策的调整与实施。中华人民共和国成立后，针对人民相对较高的生育意愿，政府实行了宽松的生育政策，在20世纪50年代出现了第一次婴儿潮。1955年，面对过快的人口增长，中共中央发出了《关于控制人口问题的指示》，提出要适当地节制生育，但这一指示未得到落实。1962年中共中央发出了《关于认真提倡计划生育的指示》，提出在城市和人口稠密的农村提倡节制生育，这一年，中国开始出现了第二次婴儿潮。1973年国务院成立了计划生育领导小组。当年提出了"晚、稀、少"的政策，即鼓励晚婚晚育，生育间隔至少3年，一对夫妻最多生育两个孩子，也即从这时候开始出现了独生子女。1978年10月中央发布69号文件，提出一对夫妻生育孩子的数量"最好一个，最多2

个"。1979年1月全国计划生育会议召开,贯彻69号文件,把"最多"两个去掉,变成"最好一个",至此独生子女政策正式开始。1980年中共中央发出了《关于控制我国人口增长问题致全体共产党、共青团员的公开信》,提倡一对夫妻只生一个孩子,独生子女数量逐步增加。持续至今,形成了数量庞大的独生子女和独生子女家庭。

法律意义上的"独生子女"是指独生子或独生女,无同胞兄弟姐妹,或无同父异母、同母异父、收养的兄弟姐妹。简言之,独生子女指一对夫妇一生仅生育一个子女,包括以下情况:一对夫妻依法生育一个子女后不再生育;再婚夫妻双方依法累计仅生育(包括收养)一个子女,再婚后符合生育第二个子女条件但不再生育;夫妻生育的第一个子女死亡后,又生育了一个子女,不再生育;夫妻依法生育了两个子女,其中一个死亡,现只有一个子女,书面表示不再生育;夫妻依法收养一个子女后,书面表示不再生育。学术研究中,不同的学者对第一代独生子女给出了不同的定义。风笑天考虑1979年首批领证独生子女中除当年出生的儿童外,还包括一部分出生于1979年以前的儿童,进而将1976—1986年出生的独生子女作为第一代独生子女[①]。赵莉莉认为,1979—1984年是中国独生子女增长最快时期,而将此阶段出生的独生子女定义为城市第一代独生子女[②]。宋健、黄菲则将出生于1975—1989年的且没有兄弟姐妹的人界定为第一代独生子女[③]。

基于已有研究,考虑到20世纪70年代初期国家提倡"晚、稀、少"政策时期即有夫妇仅生育一个孩子的情况,本书中第一代独生子女既包括1980年独生子女政策实施后出生并领取了独生子女证的独生子女,也包括1980年前出生并领取了独生子女证的独

---

① 风笑天:《中国第一代城市独生子女的社会适应》,《教育研究》2005年第10期。
② 赵莉莉:《我国城市第一代独生子女父母的生命历程——从中年空巢家庭的出现谈起》,《青年研究》2006年第6期。
③ 宋健、黄菲:《中国第一代独生子女与其父母的代际互动——与非独生子女的比较研究》,《人口研究》2011年第5期。

生子女。相应地，将这些独生子女的父母定义为城市第一代独生子女父母。

二 财富流转

国内外较多学者对家庭财富流转进行了界定。考德威尔在"财富流理论"中指出，家庭内长幼辈之间存在财富流动关系，并将财富定义为金钱、物品、服务和各种担保[1]。Lee将家庭的转移财富界定为父母所期望的子女对父母的支持、子女期望从父母处得到的遗产和父母对子女的养育成本[2]。在国内，丁士军将家庭的财富界定为"家庭收入、家庭资源、家庭劳动力等"，并指出，家庭内部的代际转移主要指家庭内代际货币性转移、时间的转移（主要是代际之间家务劳动的帮助）以及生活照料（包括子女对老年人的生活照料和老年人照看孙辈）[3]。靳小怡等将代际间的日常照顾或劳务、以货币或实物形式的经济交流视为亲子代际财富流[4]。郭志刚将财富从子代流向亲代定义为供养，将财富从亲代流向子代定义为抚养，通过财富流动判断代际经济流动关系类型，相应地将子代与父代的财富流动划分为父代抚养子代、子代供养父代、子代与父代之间的双向经济流动量相等，或者两代之间根本不存在经济流动[5]。

本书将家庭财富界定为金钱收入、家庭各类物质资源、家庭劳动力等，亲子财富流转主要指家庭中父母与子女之间的货币性转移（钱、物两类）、时间的转移（如亲子见面、聊天等情感联络等），以及生活照料等。特别地，老年人照顾孙辈是体现代际关系、血缘

---

[1] Caldwell J. C., "Toward a Restatement of Demographic Transition Theory", *Population Development Review*, 1976, Vol. 2, No. 3/4.

[2] Lee, Y. J., W. L. Parish and R. J. Willis, "Sons, Daughters, and Intergenerational Support for the Elderly in Taiwan", *American Journal of Sociology*, 1994, Vol. 99, No. 4.

[3] 丁士军：《关于家庭财富代际转移动机的几种假说》，《江汉论坛》1999年第5期。

[4] 靳小怡、李树茁、朱楚珠：《农村不同婚姻形势下家庭财富代际转移模式的初步分析》，《人口与经济》2002年第1期。

[5] 郭志刚：《老年人家庭的代际经济流动分析》，《中国老年学杂志》1996年第5期。

关系的一种代际支持行为，需要老年人付出时间、劳动、物质、金钱等，也会对子女给予老年人的养老回报等产生影响[①]。为此，本书将父母给予孙子女的钱、物，以及对孙子女的照料等计入父母给予子女的财富。

三　家庭生命周期

家庭生命周期指从一对夫妇婚后形成家庭开始，经历家庭扩展、收缩，直至解体的过程。家庭生命周期研究从家庭视角把握家庭结构、家庭成员的生存方式、家庭成员关系等的变迁。格利克、杜沃尔等分别提出了针对核心家庭的六阶段和八阶段生命周期理论[②]。家庭生命周期以家庭中重要的生命事件——结婚、生育、子女成年离家和配偶死亡作为划分标志，除少数终身不婚或不育者外，这些重要生命事件均是社会上多数成年人一生中需要经历的事件[③]。

在独生子女家庭中，夫妇婚后建立了夫妇核心家庭，随着独生子或独生女出生，家庭扩展成为标准核心家庭，形成了亲子代际。进而，父母开始养育、教育子女。因为家中仅有一个孩子，独生子女家庭的扩展阶段相对较为简单。待子女离开家庭，独生子女家庭既完成了收缩，也进入独生子女父母的空巢时期。但如果子女成年、婚后也未与父母分开生活，则独生子女家庭一直处于稳定，直至独生子女父母双方离世，独生子女家庭解体。基于独生子女家庭生命周期的特点，在亲子财富流转研究中更需要将以父母为主体的家庭生命周期与以子女为主的个体生命历程结合起来。

[①] 宋璐、李树茁、李亮：《提供孙子女照料对农村老年人心理健康的影响研究》，《人口与发展》2008年第3期；孙鹃娟、张航空：《中国老年人照顾孙子女的状况及影响因素分析》，《人口与经济》2013年第4期。

[②] P. C. Glick, "Family Life Cycle and Social Changes", *Family Relations*, 1989, Vol. 38, No. 2; Duvall E. M., Miller B. C., *Marriage and Family Development*, New York: Harper & Row, 1985.

[③] 王跃生：《家庭生命周期、夫妇生命历程与家庭结构变动——以河北农村调查数据为基础的分析》，《社会科学战线》2011年第6期。

四 生命历程

生命历程理论作为社会科学的分析范式，起源于芝加哥学派对移民的研究，20世纪六七十年代以来得到了迅速发展。生命历程是指个体在一生中不断扮演的社会规定的角色和事件，这些角色或事件的顺序是按年龄层级排列的，为阐明变动的环境对个体的生活和发展轨迹的影响，埃尔德归纳了生命历程理论研究范式的四个核心原理[①]。

（一）一定时空中的生活

在社会变迁中，出生在不同年代的人所面对的社会景观不同，个体所拥有的社会机会和个体所受到的社会限制也不同。"人在哪一年出生和人属于哪一个同龄群体基本将人与某种历史力量联系起来。"[②]

（二）个人的能动性

人总是在一定的社会建制之中有计划、有选择地推进自己的生命历程。人在社会中所做出的选择除了受到社会情景的影响外，还要受到个人的经历、性格特征的影响。个体的主动性和自主选择使得个体在生命阶段和社会变迁中建构着自身的生命历程。如相同年龄的人并非同步地经历生命历程中的各个主要生活事件。

（三）相互联系的生活

人总是生活在由亲戚和朋友所构成的社会关系之中，个人正是通过一定的社会关系才被整合入一定的群体，得到一定的社会支持，承担一定的社会义务。每一代人注定要受到他人生命历程中所发生的生活事件的巨大影响。

（四）生活的时间性

生活的时间性指在生命历程中变迁所发生的社会性时间，它还

[①] Elder Glen H., *Human Lives in Changing Societies: Life Course and Developmental Insights*, New York: Cambridge University Press, 1996; Elder G. H., "The Life Course as Developmental Theory", *Child Development*, 1998, Vol. 69, No. 1.

[②] Ibid..

指个体与个体之间生命历程的协调发展。这一原理强调人与环境的匹配，生活转变或生命事件的发生对于某一个体的影响，取决于这些事件何时发生在该个体的生活中。

生命历程理论着重从一生去看发展，寻求个体与社会的结合点，强调个人生物意义与社会意义的结合①。虽然个体在自己的生命历程中具有一定的能动性，但个体的行为总会处于一定的背景之中，嵌套于各种具体的社会关系中，并受到他人生命历程中相关事件的影响。从已有研究来看，个体的生命事件一般包括接受教育、离开父母独立生活、结婚或离婚、生育子女、参加工作或辞职等；通常考察的角色或地位大致包括教育、婚姻和受雇的状况等②。教育、就业、婚育不仅是独生子女自身成长与发展所要经历的重要环节，也是父母一生中最为关切的重要事件。达到一定的受教育水平、获取一份满意的工作、适时成家立业等既需要子女自身付出努力，也离不开父母的持续支持。父母给予子女的早期付出，不仅影响着子女给予父母的养老支持，也影响着父母的养老水平和养老意愿。在中国社会变迁的背景下，从生命历程视角，关注独生子女的教育、就业、结婚和生育，以及独生子女父母的养老等亲子两代生命历程中的重要事件，分析各事件中亲子财富流转的水平与方向，是认识独生子女这一特定群体的成长历程，独生子女家庭的发展状况及趋势，把握家庭代际功能关系特征及变化趋势的重要途径和方法。

第三节　研究目标与内容

本书旨在中国社会经济转型时期，针对城市第一代独生子女群

---

① 杨菊华、谢永飞：《累计劣势与老年人经济安全的性别差异：一个生命历程视角的分析》，《妇女研究论丛》2013年第4期。
② 李强、邓建伟、晓筝：《社会变迁与个人发展：生命历程研究的范式与方法》，《社会学研究》1999年第6期。

体，关注独生子女家庭的亲子财富流转，基于生命历程理论，以独生子女群体为研究对象，深入系统地研究独生子女生命历程中教育、就业、婚姻与生育等重要事件中亲子财富流转的状况及其产生的结果；以独生子女作为相应的研究变量，分析独生子女给予老年父母的养老支持，以及相应养老支持对独生子女父母的预期养老方式的影响，揭示独生子女生命历程中亲子财富流转的现实状况及其发展轨迹，以及由此反映出的城市第一代独生子女家庭的代际功能关系特征及发展趋势。包括以下具体目标。

第一，在评述国内外已有有关亲子代际财富流转和代际功能关系研究的基础上，结合中国社会、市场、政策制度等的变迁，提出生命历程视角下城市第一代独生子女家庭亲子财富流转模式；分析亲子代际财富流转影响因素，建立独生子女家庭亲子代际财富流转分析框架，作为后续城市第一代独生子女亲子财富流转实证研究的前提和基础。

第二，以独生子女为研究对象，分析独生子女生命历程中教育、就业、结婚、生育事件中亲子财富流转模式、财富流转结果，探寻给予子女不同前期投入的家庭子女当前的受教育水平、职业发展层次和收入水平的差异，明确子女婚育中亲代的责任与义务，揭示独生子女早期成长过程中、成年后结婚、生育时亲子代际功能关系特征。

第三，以独生子女为分析变量，对独生子女与父母的财富流转，特别是独生子女与老年父母的财富流转进行研究，明确日常生活中独生子女与父母间亲子财富的流量、方向及其影响因素；揭示独生子女与父母间的财富流转特征，明晰独生子女父母的养老需求与供给状况，以及预期养老意愿的影响因素，明确独生子女父母对子女的早期财富投入对其预期养老方式的影响。

基于研究目标，本书的研究框架如图1-1所示。具体研究内容包括以下几点。

第一章 绪论

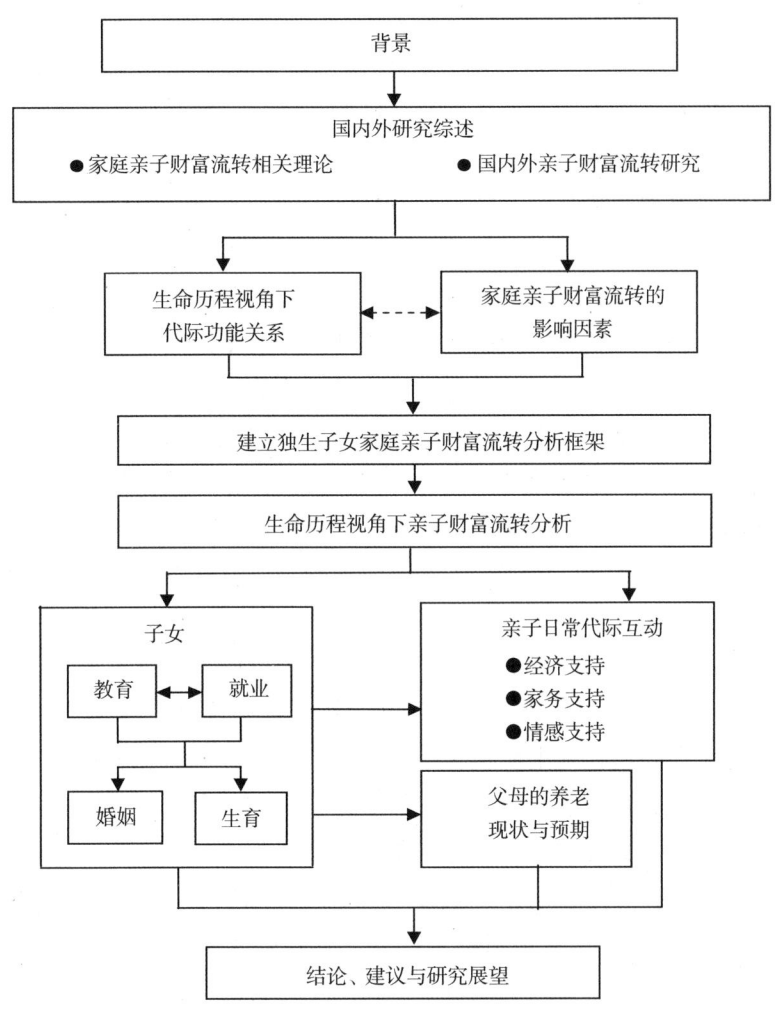

图1-1 课题研究框架

第一,对国内外有关家庭代际财富流转的相关理论、家庭代际财富流转的现状及影响因素等研究进行评述,进一步明确本书的研究空间与研究问题。

第二,在评述已有研究、明确本书的研究问题的基础上,结合中国社会转型、经济转轨、人口转变过程中社会、经济、教育、就业、社会保障等制度变迁，基于生命历程理论，确立家庭亲子财富流转分析框架。通过分析子女生命历程中教育、就业、结婚、育儿，以及父母养老等重要生命事件中子女、父母所承担的责任与义务特征，结合各事件间的相互关系，以及子女、父母的个体特征、家庭状况和社会环境等因素对各事件的影响，建立家庭代际财富流转分析框架，提出本书的研究路线。

第三，依据独生子女家庭亲子财富流转分析框架，对子女生命历程中教育、就业、结婚、生育事件中的亲子财富流转状况及其影响因素进行分析。子女教育中的亲子财富流转主要分析独生子女不同学习阶段家庭的教育投入、独生子女当前的受教育程度，以及子女受教育阶段家庭的经济压力状况，揭示独生子女不同教育阶段家庭的财富流转情况。在此基础上，分析家庭的教育投入对独生子女最终受教育水平的影响。子女就业中的亲子财富的流转主要分析子女的就业和收入状况，在此基础上，比较代际职业流动状况，并分析代际职业流动的影响因素。子女婚事操办中亲子财富的流转，明确独生子女婚事花费的总体情况，分析彩礼/嫁妆、购买婚房、购买汽车、办婚礼等主要花费中亲子财富流转情况、礼金的归属、是否为操办子女婚事借债及债务的偿还方式、子女结婚时家庭的经济压力等。子女育儿过程中的亲子财富流转主要分析女儿或儿媳从怀孕至生产父母给予的经济资助、祖父母给（外）孙子女的见面礼、女儿/儿媳月子期间的照料，以及（外）孙子女在成长过程中祖父母给予其的经济支持和照料等。在以上分析的基础上，分别总结相应事件中亲子的责任与义务，揭示独生子女家庭的代际功能关系特征。

第四，从经济支持、家务支持和情感支持三个方面分析过去12个月亲子日常互动中的财富流转。考虑居住安排对亲子日常互动的影响，分别从亲子同住、不同住两个方面探析日常生活中独生子女家庭亲子经济支持、家务支持和情感支持等代际互动的现状及其影响因素，揭示亲子财富流转的动机与本质特征。

第五，分析老年独生子女父母的养老现状和预期，主要包括老年独生子女父母的家庭养老状况、社区养老服务的需求和利用状况，以及机构养老意愿等。在此基础上，分析亲代给予子女的前期投入、子代给予亲代的代际支持等因素对亲代养老预期的影响。

第六，基于前述研究结果，总结研究的主要发现，提出独生子女家庭亲子财富流转的改善途径，并指出今后进一步研究的方向。

第二章 国内外相关研究评述

代际财富流转是家庭代际关系的重要内容，关系着子代的人力资本投资、社会化，以及亲子之间的代际支持。本章从家庭代际财富流转的相关理论研究、国内外学者有关家庭代际财富流动和转移的实证研究两个方面对已有有关家庭财富流转研究进行评述，进一步明确本书的研究问题。

第一节 家庭代际财富流转的相关理论及评述

一 家庭代际财富流转行为的相关理论

（一）财富流动理论

澳大利亚国立大学人口学家考德威尔教授于20世纪60年代在研究家庭生育率、人口转变过程中提出了"财富流动"理论[①]。该理论指出，财富在家庭内代际之间流动与交换，从而影响了家庭生育率。在工业化以前的传统社会中，儿童从幼年开始就成为家庭财富的创造者，家庭财富从子女流向父母，子女对家庭经济具有重要的贡献和价值，因而父母的生育意愿高。工业化后，随着社会化大生产的发展，年幼子女不再具有生产价值，家庭的养育成本上升，经济负担加重，财富流从父母流向子女，因而多数人希望控制生育。抛开生育率的改变，财富流动理论也指出了家庭中的亲子两代在不

[①] Caldwell J. C., "Toward a Restatement of Demographic Transition Theory", *Population Development Review*, 1976, Vol. 2, No. 3/4.

同时代或不同生命时期,受现代化的影响子女与父母的财富流方向不同。在大多数发达国家,家庭财富一般是向下转移,即从老年人转向年轻人。与此相反,也有学者认为,亚洲国家中家庭的经济资源转移主要是向上转移①。不同财富流下家庭代际关系的类型不同:当财富流从子代流向亲代,亲子代间是子代赡养亲代;当财富流从亲代流向子代时,亲代与子代间的代际关系为抚养型、互换型。

(二)合作群体理论

加里·贝克尔提出了合作群体模型(Altruism, or Corporate Group Model),该理论认为,不同家庭成员之间(尤其是代际之间)存在有效的利益共同性,家庭成员间的关系犹如合作群体,他们的行为以个人利益最大化为原则,由一位公正的家庭成员(通常为家庭中的年长者)控制并且有效分配家庭资源,达到家庭成员福利最大化;家庭中所有资源被集中并有效分配,以保证每一位家庭成员的生存;家庭的资源分配达到帕累托最优,即不存在任何一种以不降低其他成员的福利为前提的,改善某个成员福利的资源重新分配方案②。

学者们对中国家庭的研究提出了不同的观点。Lee 和 Xiao 研究了中国城市和农村家庭中子女为老年人提供经济支持的影响因素,发现子女的经济支持基于老年人的需求而产生,合作群体理论能够更好地解释子女的经济支持行为③。Sun 的研究也表明,合作群体理论能较好地解释子女与父母之间的经济交流和日常照料等活动④。

---

① Secondi, G., "Private Monetary Transfers in Rural China: Are families Altruistic?", *Journal of Development Studies*, 1997, Vol. 33, No. 4; Duncan Thomas, James P. Smith, Kathleen Beegle, Graciela Teruel & Elizabeth Frankenberg, "Wages, Employment and Economic Shocks: Evidence from Indonesia", *European Society for Population Economics*, 2002, Vol. 15, No. 1.

② Becker, G. S., "A Theory of Social Interactions", *Journal of Political Economy*, 1974, Vol. 82; Becker, G. S., *A Treatise on the Family*, Enlarged ed., Cambridge, Mas: Harvard University Press, 1993.

③ Lee Y-J, Xiao Z., "Children's Support for Elderly Parents in Urban and Rural China: Results from a National Survey", *Journal of Cross-cultural Gerontology*, 1998, Vol. 13, No. 1.

④ Sun, R., "Old Age Support in Contemporary Urban China From Both Parents' and Children's Perspectives", *Research on Aging*, 2002, Vol. 24, No. 3.

张文娟和李树茁通过对劳动力外流背景下农村老年人的家庭养老支持的研究发现，社会经济状况好的子女为父母提供经济支持的可能性更高，经济状况差、健康状况差的老年人得到子女的经济支持和器械支持的可能性更高，经济状况差的子女得到父母的经济支持的可能性更高，在一定程度上合作群体理论能够较好地解释农村老年人亲子代际支持①。但也有学者提出了异议。刘爱玉和杨善华认为，合作群体理论强调家庭代际间利益的一致性，父母给予子女的金钱、实物、劳务等支持是父母对子女的长期投资，子女对父母的赡养则是相应投资的回报，但这种回报需要以家庭责任与义务关系的建立为前提②。合作群体模型意在实现家庭成员的利益最大化，但随着社会转型、家庭变迁，父母对子女的控制力减弱，子代个人意识兴起，亲代控制并分配家庭资源的代际权利义务失衡，作为年长的亲代是否能控制家庭资源，并有效实现家庭资源在亲子间的流转，实现家庭成员利益的一致性值得商榷。

（三）权力与协商理论

权力与协商模型（Power and Bargaining Model）认为，父母从子女或其他家庭成员处获得支持的程度与其对资源（如财产）的控制有关③。家庭中，子女是否提供代际支持，很大程度上取决于父母能否提供其他资源作为回报。掌握较多资源（如财产）的老年人能够得到子女更多的关注和支持④。研究表明，相对于年轻人而言，随着社会现代化的发展，老年人的社会地位下降⑤。子女成年后知

---

① 张文娟、李树茁：《农村老年人家庭代际支持研究——运用指数混合模型验证合作群体理论》，《统计研究》2004年第5期。
② 刘爱玉、杨善华：《社会变迁过程中的老年人家庭支持研究》，《北京大学学报》（哲学社会科学版）2000年第3期。
③ Goode, W. J., *World Revolution and Family Patterns*, New York: Free Press, 1970.
④ Bernheim, B. D., A. Schleifer and L. H., Summer, "The Stratified Bequest Motive", *Journal of Political Economy*, 1985, Vol. 93; Chen, X. and Silverstein, M., "Social Support and Psychological Well Being of the Elderly in China", *Research on Aging*, 2000, Vol. 22, No. 1; Lillard, L. A. and R. J. Willis, "Motives for Intergenerational Transfers: Evidence from Malaysia", *Demography*, 1997, Vol. 34.
⑤ 戴维·L. 德克尔：《老年社会学》，沈健译，天津人民出版社1986年版，第86页。

识、能力的提高使得其社会地位上升,经济独立性增强,进而削弱了老年父母在家庭中的地位。老年人权威的下降以及子女经济地位的提升导致子女对老年父母的代际支持减少[1]。部分子女会通过提供更多的经济支持而不与老年父母同住,并促使其他子女为父母提供日常照料以及共同居住安排[2]。

受该理论所依据的社会文化的约束,权力与协商模型并不符合中国家庭亲子代际资源流转的现实情况。刘爱玉和杨善华2000年对保定市老年人家庭养老支持的研究发现,社会经济地位等变量对老年人家庭支持的获得没有显著性的影响,需要帮助的父母仍然能够从子女处得到足够的家庭支持[3]。在中国,受传统的社会伦理、孝道等的约束与影响,为人子女需要对父母"尽孝"[4],这种独特的文化传统影响和调节着人们的行为,使得亲子间的代际财富流转并不完全取决于父母或子女所拥有的资源。尤其在家庭变迁中,社会经济的发展赋予子代更多的机会,多数子代获取资源的能力远高于其父辈,子代资源的丰富也提高了他们为父母提供支持的可能。为此,对于中国家庭亲子代际财富流转,也需要考虑社会文化、伦理道德等对人们的意识与行为的影响。虽然老年人抚育子女甚至孙辈、子女照顾生病的老年父母等体现了家庭代际关系中的功能性特征,但现阶段代际间的亲密联系与互助也源于中国孝道文化中关于亲属责任与义务的规定[5]。

---

[1] Caldwell J. C. , "Toward a Restatement of Demographic Transition Theory", *Population Development Review*, 1976, Vol. 2, No. 3/4.

[2] Hermalin, A. I. , M. C. Chang, H. S. Lin, M. L. Lee and M. B. Ofstedal, "Patterns of Support among the Elderly in Taiwan and Their Policy Implications", *Comparative Study of the Elderly in Asia Research Reports*, Ann Arbor: Population Studies Center, University of Michigan, 1990, No. 90-94.

[3] 刘爱玉、杨善华:《社会变迁过程中的老年人家庭支持研究》,《北京大学学报》(哲学社会科学版)2000年第3期。

[4] 杨国枢:《中国人孝道的概念分析》,载杨国枢主编《中国人的心理》,桂冠图书公司1989年版。

[5] 石金群:《转型期家庭代际关系流变:机制、逻辑与张力》,《社会学研究》2016年第6期。

（四）交换理论

交换理论（Exchange Model）认为代际关系按照"投桃报李"的原则进行[1]，交换者以自己的福利最大化为目标[2]。不同年龄的人在经济和社会活动中处于不同位置，其拥有的资源不同，能够提供的产品和劳动存在差异，对社会产品和劳动服务的需求也不尽相同，因此产生了代际交换的必要性，导致了代际财富流转行为的发生。

现实生活中，家庭成员间存在广泛的互助与交换，短期内的交换包括照看孩子、家务及物品等；长期交换更具有投资性，如父母对子女的教育投入以及对其开创事业的资金赞助等。在未成年人、成年人和老年人中，成年人是主要生产者，他们养育未成年人，为其提供生活资料、生活服务、医疗保健和教育等财产，家庭财富从父母流向子女。在成年人进入老年以后，未成年人长大成人，开始为老年人提供生存所需的资料和劳动服务，家庭财富从子女向老年父母流动。依据交换理论，成年人对未成年人的抚养是一种对未来的"投资"，而老年人得到的供养则是对以前投资的"回收"。

在提出交换理论后，Cox 先后与其他学者证明了美国、秘鲁家庭中亲子代际财富流转均具有交换特征[3]。国内一些学者对中国家庭代际财富流转进行了研究，认为中国家庭中代际财富转移在一定程度上也存在一定的交换特征。杜亚军将成年人与其子女及老年父

---

[1] Cox, D., "Motives for Private Income Transfers", *Journal of Political Economy*, 1987, Vol. 95; Morgan, P. S. and K. Hirosima, "The Persistence of Extended Family Residence in Japan", *American Sociological Review*, 1983, Vol. 48.

[2] Simpson, R. L., *Theories of Social Exchange*, Morristown, NJ: General Learning Press, 1972; Nye, F. I., "Choice, Exchange, and the Family", *Contemporary Theories about the Family*, In W. R. Burr. R. Hill, F. I. Nye. & I. L. Reiss (Eds.), New York: Free Press, 1979.

[3] Cox, D. & Rank, M. R., "Inter-vivos Transfers and Intergenerational Exchange", *The Review of Economics and Statistics*, 1992, Vol. 74, No. 2; Cox, D., & Jimenez, E., "Risk Sharing and Private Transfers: What about Urban Households?", *Economic Development & Cultural Change*, 1998, Vol. 46, No. 3.

母间的供养关系视为代际间的产品和劳动的一种经济交换①。陈皆明对中国城市代际间资源交换研究表明，老年父母与其成年子女之间存在广泛的资源交换②。熊跃根认为，互惠就是家庭内部成年子女与老年父母两代人之间在金钱、物质、时间、感情等有价值资源方面的双向支持和交换，具体表现为经济上的支持、家务上的帮助和情感上的安慰③。王跃生则认为父母与子女之间的交换关系只发生在生命周期的若干时期，这种交换关系实际是两代之间相互协作的关系，彼此都感到对方对自己有"用"④。然而也有一些学者认为，父母与子女之间的财富转移动机并不简单地服从利他动机或交换动机，如 Park 通过研究韩国子女与父母之间的财富转移发现，父代与子代之间的财富转移同时存在交换动机与无私动机⑤。当父母收入较低时，子女对父母的代际财富转移更多地由无私动机驱动，而当父母的收入较高时，子女对父母的代际财富转移更多地由交换动机驱动。

（五）利他主义理论

利他主义理论（Altruism Model）注重家庭代际转移的贡献和付出。加里·贝克尔认为，家庭作为一个小的经济单位，其主要目标是使得家庭利益最大化；家庭代际间的财富流转基于利他主义动机，且这种利他主义行为与财富转移的接收者的收入水平有关⑥。在父母给予子女的财富转移中，父母出于无私，将调整代际财富转

---

① 杜亚军：《代际交换——对老化经济学基础理论的研究》，《中国人口科学》1990 年第 3 期。

② 陈皆明：《投资与赡养——关于城市居民代际交换的因果分析》，《中国社会科学》1998 年第 6 期。

③ 熊跃根：《中国城市家庭的代际关系与老人照顾》，《中国人口科学》1998 年第 6 期。

④ 王跃生：《婚事操办中的代际关系：家庭财产积累与转移——冀东农村的考察》，《中国农村观察》2010 年第 3 期。

⑤ Cheolsung, Park, "Why do Children Transfer to the Parents? Evidence from South Korea", *Pacific Economic Review*, 2010, Vol. 15, No. 4.

⑥ Gary S. Becker, "On the Relevance of the New Economics of the Family", *The American Economic Review*, 1974, Vol. 64, No. 2.

移的规模以应对子女间天资的差异[①],父母对各个子女的代际支持并不是均等的。Mcgarry 和 Schoeni 运用美国健康与养老数据分析发现,美国父母对子女的财富转移受利他主义动机的驱动,父母对收入低的子女给予更多的经济帮助[②]。有关英国家庭代际财富转移的研究证明,子女会基于利他主义动机,给予经济状况较差的父母更多的经济支持[③]。

国内研究发现,中国家庭代际财富转移也具有利他主义特征。Lee 和 Xiao 的研究表明,中国子女对父母的财富转移受利他主义动机驱动,父母的需求越多子女给予的帮助越多[④]。孙鹃娟和张航空认为,老年人对子女家庭的时间支持,即老年人帮助照看孙子女与子女是否给予经济帮助没有关系,老年人照顾孙子女更多是由无私动机所驱动,是家庭中利他主义的一种体现[⑤]。但有学者指出,在传统的中国家庭中,父母与子女的利他主义动机并不是孤立存在的,需要父慈子孝这种传统的道德约束及角色定位为前提,现代社会变迁中对社会养老所规定的法律性或制度性约束实质上是一种被动的互惠的法律强制性的利他主义[⑥]。

(六) 反馈理论

费孝通提出了"反馈模式"[⑦]。在西方社会,子女没有赡养父

[①] Becker, G. S., Nigel Tomes, "An Equilibrium Theory of the Distribution of Income and Intergenerational Mobility", *Journal of Political Economy*, 1979, Vol. 87, No. 6.

[②] Mcgarry K., Schoeni R. F., "Transfer Behavior in the Health and Retirement Study: Measurement and the Redistribution Within the Family", *Journal of Human Resources*, 1995, Vol. 30.

[③] Frank A. Sloan, Harold H. Zhang, Jingshu Wang, "Upstream Intergenerational Transfers", *Southern Economic Journal*, 2002, Vol. 69, No. 2.

[④] Lee Y-J, Xiao Z., "Children's Support for Elderly Parents in Urban and Rural China: Results from a National Survey", *Journal of Cross-cultural Gerontology*, 1998, Vol. 13, No. 1.

[⑤] 孙鹃娟、张航空:《中国老年人照顾孙子女的状况及影响因素分析》,《人口与经济》2013 年第 4 期。

[⑥] 毕文章、马新龙:《利他主义视角下的中国传统家庭养老在社会转型情境中的代际关系转变》,《高等教育与学术研究》2009 年第 4 期。

[⑦] 费孝通:《家庭结构变动中的老年赡养问题——再论中国家庭结构的变动》,《北京大学学报》(哲学社会科学版) 1983 年第 3 期。

母的义务，但在中国，子女在赡养自己的父母方面有着义不容辞的责任。用公式来表示，西方的公式是 F1→F2→F3→Fn，中国的公式是 F1←→F2←→F3←→Fn，其中，F 代表世代，→代表抚养，←代表赡养。在西方，甲代抚育乙代，乙代抚育丙代，是一代一代接力的模式，简称"接力模式"；在中国，甲代抚育乙代，乙代赡养甲代，乙代抚育丙代，丙代又赡养乙代……即下一代对上一代都要给予反馈的模式，简称"反馈模式"。反馈模式认为，亲子关系是整个社会结构中的基本关系，这个关系不仅保证了人本身的再生产，而且构成了社会群体的基础和每个人最亲密的社会生活的核心。亲子关系包括抚养和赡养两个方面，父母有抚育子女的义务，这是中国社会与西方社会的共同点；而在子女有没有赡养父母的义务方面，中西方社会却存在差异。

陈皆明通过分析河北省保定市的社会调查数据，发现父母与子女间存在广泛的资源交换关系，父母对子女的财富转移与子女抚养父母之间存在一定的因果关系①。王树新认为，父母抚养下一代是对未来进行投资，而赡养老年人实际上是偿还上一代在其未成年时对未来的投资，对未成年人的投资也就自然产生了其成人后对老年人投资的回报问题②。郭于华则指出，中国家庭的反馈型代际关系中存在交换的逻辑，这种交换既包含物质、经济等的有形交换，也有情感和象征方面的无形交换③。反馈模式的基础用一句通俗的话来表述就是"养儿防老"，多数父母把子女视为年老时的依靠与慰藉。然而，随着社会转型、家庭结构变迁，以及物质生活水平的提高，中国社会出现了"啃老族"这一特殊群体。子女单方面的受惠使得被"啃老"家庭的代际关系丧失了互惠性与利他性。仅有一个子女使得独生子女家庭中子代的养育压力"相对"降低，子女成年

---

① 陈皆明：《投资与赡养——关于城市居民代际交换的因果分析》，《中国社会科学》1998 年第 6 期。
② 王树新：《人口老龄化过程中的代际关系新走向》，《人口与经济》2002 年第 4 期。
③ 郭于华：《代际关系中的公平逻辑及其变迁——对河北农村养老事件的分析》，《中国学术》（第八辑）2001 年。

后亲子财富流转状况如何,亲子之间是否只是单纯的利他关系,还是交换抑或互惠关系需要进一步深入分析。

(七)责任内化论

在代际支持方面责任内化论[①]认为由于几千年儒家文化对"孝"的强调,赡养老人的义务已经成为每个中华儿女内在的责任要求和自主意识,是其人格的一部分。责任内化论的哲学论据可以追溯到思想家李泽厚的文化积淀说或心理学家 E. 弗洛姆的"集体无意识"论。责任内化论具有差序格局的特征,即"人与人的关系有亲疏远近之别,这就好像一个石子投入水中,形成了不同的涟漪,呈同心圆式分布。自己是圆心,不同的涟漪代表了不同的关系层,与自己这个圆心的来往越密切,道德感与责任感越重"[②]。费孝通认为,中国传统乡土社会是一个社会关系构成的"差序格局",是一个"一根根私人联系所构成的网络",犹如水的波纹,"社会关系是逐渐从一个一个人推出去的","愈推愈远,也愈推愈薄"。由"家"到"小家族"再到"外人"。而在家庭内部,父子关系是主轴,夫妻关系是"配轴",子女成为赡养老人的主要人选。

二 对家庭代际财富流转相关理论的评述

前述家庭代际财富流转的相关理论均能在一定程度上对微观家庭中亲子财富流转进行相应的阐释。财富流动理论源于解释家庭财富与人口生育率变化间的关系,但其也为家庭中亲子代际关系的量化分析提供了基础。权利与协商模型、合作群体模型、交换理论和反馈理论等均从代际支持的角度对亲子代际交往的动机和行为机制给出了有针对性的解释,责任内化理论则突出了中国社会文化对家庭代际支持的作用。中国家庭代际经济流动存在双向性,不仅重视上代对下代的抚育,也重视下代对上代的反哺[③]。在家庭生命周期

---

① 张新梅:《家庭养老研究的理论背景和假设推导》,《人口学刊》1999 年第 1 期。
② 费孝通:《乡土中国 生育制度》,北京大学出版社 1998 年版,第 24—30 页。
③ 费孝通:《家庭结构变动中的老年赡养问题——再论中国家庭结构的变动》,《北京大学学报》(哲学社会科学版) 1983 年第 3 期。

的不同阶段，亲子代自身的重要生命事件，如子女的教育、就业、结婚与生育，父母的养老等事件中亲子间财富流动较为频繁；亲子角色、身份的变动使得在家庭生命周期的不同阶段，父母与子女的财富流动数额、方向不同：子女成长过程中父母抚育子女，家庭财富由父母流向子女，表现为父母对子女的抚育与投资；子女成年后，家庭财富由子女流向父母，则体现为子女对父母的赡养[1]。

家庭是社会的基本细胞，微观家庭的亲子财富流转源于一定的社会体系，受相应社会制度、政策的约束与影响，亲子代际财富流转研究需要将之置于一定的社会制度体系内加以分析。在中国，受独生子女政策的影响，某种程度上，子女的养育成本、子女成年后的预期回报并未对城市第一代独生子女父母的生育意愿与行为产生重要影响。仅有一个子女在一定程度上增强了独生子女家庭亲子家庭利益的一致性，与多子女家庭相比，独生子女在成长期拥有相对更多的资源。随着家庭轴心向子代转移，以"子代"为中心的家庭观念也改变了独生子女家庭财富的分配与使用模式[2]。独生子女家庭中子女在成长期对家庭资源的占有具有一定的"唯一性"，相对丰富的家庭资源是否会使得独生子女父母对子女的教育、就业给予更多的投资，以换取父母自身年老时来自独子或独女的更多的养老回报？或为了子女未来有更好的发展而"无私地"给予更多的教育、就业等的投入，不计较自身年老后的养老需求？还是子女与父母间是一种基于各自"需求"的互惠动机而实施养育与回报？独生子女家庭中无兄弟姐妹协助承担父母的养老责任，在一定程度上，丧失了权力与协商理论所需要的其他子女的配合，在子女不能提供日常照料、共同居住等情况下，为了满足自身的养老需求，独生子

---

[1] 郭志刚：《老年人家庭的代际经济流动分析》，《中国老年学杂志》1996年第5期；郭志刚、陈功：《老年人与子女之间的代际经济流量的分析》，《人口研究》1998年第1期；陈皆明：《投资与赡养——关于城市居民代际交换的因果分析》，《中国社会科学》1998年第6期。

[2] 柳玉芝、蔡文媚：《中国城市独生子女问题》，《人口研究》1997年第2期；乐章、陈璇、风笑天：《城市独生子女家庭的养老问题》，《青年研究》2000年第3期。

女父母是否更可能寻求家庭之外的养老服务，如社区养老服务、雇用保姆、入住养老院等养老服务，这些问题尚需要利用专项调查数据对独生子女亲子生命历程中的各个重要事件所涉及的亲子间的财富流动进行系统分析。

第二节 家庭亲子财富流转的实证研究

代际财富流转是社会普遍存在的现象，对公平与发展也具有重要的影响。青年一代的发展需要家庭与社会为其投入健康、教育和可持续性的资源，老年人的生活又需要家庭的支持和社会的相关保障[1]。已有研究主要关注子女的教育和婚姻、亲子日常生活和老年父母的养老等方面的代际财富流转状况及其影响因素。

一 子女教育中的财富流转研究

教育投资行为是关系孩子成长与发展的重要因素，家庭对子女教育的投资是代际重要的财富流转形式。目前在中国，家庭对子女的教育投入可划分为学校教育支出和学校外教育支出，前者包括学杂费、课本文具等资料费、住宿费、上学交通费、择校费、捐集资费等，后者包括课外学习班学费及相应的书本工具费、家教费等[2]，家庭对子女的教育投入具有区域和城乡差异。吴翔利用全国省会城市抽样调查数据，对中国省会城市居民家庭中小学教育的平均投入的研究发现，中部地区最高，东部地区次之，西部地区最低[3]。城镇居民在各级教育阶段，特别是较高教育阶段的学校内外的教育投入均已达到非常高的水平，大多数有在学人口的家庭的教育支出占

---

[1] Mason A., Lee R, Tung A. C., et al., "Population Aging and Intergenerational Transfers: Introducing Age into National Accounts", In *Developments in the Economics of Aging*, edited by D. Wise, Chicago: NBER and University of Chicago Press, 2009.

[2] 王远伟、朱苏飞:《中国城镇居民家庭教育投入的状况和特征》,《教育与经济》2009年第4期。

[3] 吴翔:《我国东、中、西部地区省会城市家庭中小学教育投入差异研究》,《教育财会研究》2017年第1期。

家庭各项消费支出的前列，占家庭收入的比例也很高，大多数城镇居民承受着沉重的经济负担[1]。李立荣和林荣日利用上海居民家庭教育投资状况问卷调查数据，着重对请家教、报辅导班、留学三种常见的扩展性教育投资行为进行分析，发现教育的投资状况与家庭居住区域、孩子就读层级及父母自身特征有密切的相关性[2]。李普亮和贾卫丽对广东农村的调查发现，农村家庭对子女教育的投资动机不尽一致，农村家庭的子女教育支出负担较重，经济因素是制约农村家庭对子女教育投入的首要因素[3]。

家庭收入水平、子女性别、父母的受教育水平等对家庭教育投入具有重要影响。Becker 的人力资本投资理论认为，家庭收入是影响子女教育水平的重要因素，高收入父母会对子女进行更多的教育投资，这不仅增加教育年限，而且增加教育质量，而教育质量的增加提高了教育收益预期，进一步提高教育年限[4]。中国父母的收入水平不仅影响着子女的受教育水平，也影响着他们的受教育结果[5]。区域家庭收入水平、家长受教育程度和教育质量满意度的差异直接影响了家庭对子女的教育投入，西部地区省会城市居民家庭中小学教育投入明显低于中部和东部地区，主要受西部地区居民家庭经济收入的制约和家长受教育程度偏低的影响[6]。在马来西亚和越南，女孩的学校教育更易受到家庭收入的影响[7]。在中国，父母对男孩

---

[1] 王远伟、朱苏飞：《中国城镇居民家庭教育投入的状况和特征》，《教育与经济》2009 年第 4 期。

[2] 李立荣、林荣日：《上海居民家庭教育投资行为的调查》，《上海教育科研》2009 年第 7 期。

[3] 李普亮、贾卫丽：《农村家庭子女教育投资的实证分析——以广东省为例》，《中国农村观察》2010 年第 3 期。

[4] Becker, G., *Human Capital*, Chicago University Press, 1975.

[5] 袁诚、张磊：《对低收入家庭子女大学收益的观察》，《经济研究》2009 年第 5 期。

[6] 王远伟、朱苏飞：《中国城镇居民家庭教育投入的状况和特征》，《教育与经济》2009 年第 4 期。

[7] DeTray, D., "Government Policy, Household Behavior, and the Distribution of Schooling: A Case Study of Malaysia", *Research in Population Economics*, 1988, Vol. 6; Behnnan, J. R. and J. C. Knowles, "Household Income and Child Schooling in Vietnam", *The World Bank Economic Review*, 1999, Vol. 13, No. 2.

和年龄大的孩子的教育投入要大于对女孩和年龄小的孩子的投入；家庭收入和父母的初婚年龄对孩子的教育费用具有正向影响，实行晚婚的父母要比早婚父母拥有更多的经济资源，因而能够对孩子的教育给予更多的投入，相反家庭人口规模越大，对孩子的教育投资就越少；父母高的文化水平和职业地位会扩张父母对孩子的教育期望，进而增加对孩子的教育投入[1]。

有关独生子女的教育的研究表明，与多子家庭相比，独生子女家庭对子女有相对更高的文化程度与职业期望[2]。独生子女家庭经济文化背景显著优于非独生子女家庭，独生子女易获得丰富多样的智力投资[3]，教育获得普遍高于非独生子女[4]。特别地，独生子女享受了更优质的高等教育，在校支出更高[5]；在农村独生子女中这种优势更为明显，他们的文化水平更高，上重点学校的可能性更大，享有更多的家庭教育投入[6]。随着独生子女政策的执行，子女性别对教育投资的影响已减小[7]。但截至目前，独生子女各个教育阶段家庭给予的教育投资，以及家庭的经济压力等的研究尚比较缺乏。

二 子女婚姻花费中的财富流转研究

子女婚姻缔结是家庭的大事，在父系家庭体系下，儿子的婚姻花费通常是家庭支出的最主要项目，也是亲子代际财产转移的途径，其过程体现着亲代对子代所承担责任的履行情况。广义上的婚姻花费指完成婚姻形式的过程中所付出的时间、情感、金钱、机会

---

[1] 叶文振：《论孩子的教育费用及其决定因素》，《统计研究》1999年第5期。
[2] 罗凌云、风笑天：《城市独生子女与非独生子女家庭教育的比较研究》，《青年探索》2001年第6期。
[3] 陈一心、王玲：《独生子女家庭的亲子关系》，《上海教育科研》2006年第12期。
[4] 王晓焘：《城市青年独生子女与非独生子女的教育获得》，《广西民族大学学报》（哲学社会科学版）2011年第5期。
[5] 黄琳、文东茅：《大学生独生子女与非独生子女学业状况比较》，《教育学术月刊》2008年第2期。
[6] 肖富群：《农村独生子女的学校教育优势——基于江苏、四川两省的调查数据》，《人口与发展》2011年第2期。
[7] 刘祯：《影响农村家庭教育投资的因素分析》，《科学与管理》2008年第2期。

等一系列物质与精神的总和。依据婚姻习俗，目前在中国大多数地区，特别是农村地区，对男方及其父母而言，结婚的基本支出包括准备婚房及装修、向女方支付彩礼和婚礼花费等。在嫁娶婚姻中，彩礼是重要的家庭策略，有助于确认婚姻协议，嫁妆则是父母对女儿结婚的一种馈赠，相对而言，彩礼远比嫁妆重要，彩礼与居住条件是嫁娶婚姻中的重要条件①。

改革开放后，随着社会经济的发展，中国居民收入普遍增加，消费水平也逐步提高，子女结婚花费也逐年增加。调查发现，当代青年婚姻成本高，城乡差异显著，男性是婚姻成本的主要承担方，且婚姻花费有激增趋势②。聂佩进和王振威对河北农村家庭的亲子财富流转研究发现，子女结婚和分家事件中家庭财富主要由亲代大规模流向子代，且亲子财富流转会直接导致老年亲代的养老困境③。王跃生研究发现，在冀东农村，儿子结婚是一项需父母多年积累才能完成的"事业"，结婚费用随经济发展和生活标准的提高而增加，是否为儿子结婚建新房是父母负担轻重的决定因素，新房产权多归已婚儿子所有，彩礼也由象征性做法逐渐变为男方家庭代际财富转移的一种途径④。另外，子代结婚费用中亲子贡献份额有明显的时期差异，随着子女受教育时间延长，晚婚比例上升，子代成婚前对家庭的经济贡献降低，父母成为儿子结婚费用的主要承担者。在婚姻事件中，通过父母为子代建房、筹备婚事，家庭财富一步步实现了转移；父母将为子女完婚当作"一项任务"，心甘情愿地将家庭财富传给子代，而子代则视之为"合理"，这对子代婚后家庭代际之间的关系产生了很大影响，尤其是家庭养老问题，部分父母

---

① 李树茁、靳小怡、费尔德曼：《当代中国农村的招赘婚姻及其人口与社会后果：来自三个县的调查发现》，《西安交通大学学报》（社会科学版）2006年第5期。
② 朱考金、杨春莉：《当代青年的婚姻成本研究》，《中国青年研究》2007年第4期。
③ 聂佩进、王振威：《农村家庭代际间财富流转研究——以河北农村为例的实证研究》，《西北人口》2007年第3期。
④ 王跃生：《婚事操办中的代际关系：家庭财产积累与转移——冀东农村的考察》，《中国农村观察》2010年第3期。

因此致贫，导致家庭养老危机[1]，在实现家庭财富代际转移的同时，使得家庭代际关系从"家庭本位"转向"个人本位"[2]。

三 子女就业中的财富流动

就业途径对子女是否顺利就业具有一定的影响，以大学毕业生为例，研究发现，大学毕业生中受教育年限越高、在校时的学业表现越好，越倾向于通过正式途径找寻工作；而毕业生的家庭收入越高、社会联系越广泛，就越倾向于通过非正式途径找寻工作；担任过班干部、学历层次高、学习成绩好和获得过资格证书等人力资本变量，以及家庭收入高、父亲从事管理技术类职业和家庭社会关系广泛等家庭背景因素对毕业生能否找到工作有显著的正向影响[3]。家庭背景对求职结果有显著影响，这不仅表现在就业机会获得方面，也表现在起薪和工作满意度上[4]，具有更多社会资本的学生在体制内就业的可能性更大[5]。

此外，就业后多数个体会发生职业流动。国外学者认为，狭义的职业流动一是指工作转换[6]，二是指职业类属发生变化[7]，也有工

---

[1] 李拾娣、刘启明：《农村婚姻消费中家庭财富的代际转移机制与影响研究——以S村为例》，《理论观察》2015年第5期。

[2] 熊凤水：《从婚姻支付实践变迁看农村家庭代际关系转型》，《中国青年研究》2009年第3期。

[3] 岳昌君、程飞：《人力资本及社会资本对高校毕业生求职途径的影响分析》，《中国高教研究》2013年第10期。

[4] 尉建文：《父母的社会地位与社会资本——家庭因素对大学生就业意愿的影响》，《青年研究》2009年第2期。

[5] 邓淑娟、戴家武、辛贤：《家庭背景对大学生毕业去向的影响》，《中国农业大学学报》（社会科学版）2012年第3期。

[6] Bartel, Ann P. & George J. Borjas, "Wage Growth and Job Turnover: An Empirical Analysis", *Studies in Labor Markets*, edited by S. Rosen, Chicago: University of Chicago Press, 1981; Peter Gottschalk, "Wage Mobility within and between Jobs", LoWER Working Papers wp1, AIAS, Amsterdam Institute for Advanced Labour Studies, 2001.

[7] Kanmbouro, Guergui & Iourii Manovskii, "Occupational Mobility and Wage Inequality", *Review of Economics Studies*, 2009, Vol. 76.

作转换与职业类属两种同时发生变动的情况①。李若建将职业流动定义为个人职业的改变②；黄建新将职业流动解释为人力资源在不同区域、不同产业间的流动与配置③。王春光认为职业流动是寻找和变换工作的过程，即工作单位变动或在同一单位内因职务、职称、行政级别或职业获得的变更而造成的工作内容和工作性质的重大变化，并将职业流动划分为代际职业流动和代内职业流动两个方面：代际职业流动指父母的职业与子女初始职业之间的关系，体现了家庭背景对职业流动的影响；代内职业流动体现为现职与初职之间的关系，一个人的初始职业如何，会直接影响其后来的职业选择④。

四 亲代养老中的财富流转研究

亲代养老中的财富流转一直是家庭财富流转研究的主要内容，国内外学者给予了较多关注。

（一）国外相关研究

在美国，子女给予老年父母的财富支持与其所拥有的资源成正比，经济富裕的父母得到子女的经济支持相对越少，他们也更倾向于居住在距离子女相对较远的区域⑤；中老年女性更可能通过参加工作以给子女提供资金支持，同时在保持其原有工作量的条件下，牺牲闲暇时间照顾孙子女⑥。在菲律宾，半数老年人会为不与自己共同生活的子女提供物质资源，相对而言，老年人给予与自己共同生活的子女各种财富的数量更高；与孙子女同住也是一种间接地向

---

① Ronald Bachmann, Thomas K. Bauer & Peggy Davjd, "Labor Market Entry Conditions, Wages and Job Mobility", IZA Discussion Paper, 2010, No. 4965.
② 李若建：《1990—1995年职业流动研究》，《管理世界》1999年第5期。
③ 黄建新：《农民职业流动：现状、问题与对策》，《重庆工学院学报》（社会科学版）2008年第12期。
④ 王春光：《中国职业流动中的社会不平等问题研究》，《中国人口科学》2003年第2期。
⑤ Frank A. Sloan, Harold H. Zhang and Jingshu Wang, "Upstream Intergenerational Transfers", Southern Economic Journal, 2002, Vol. 69, No. 2.
⑥ 雷晓燕：《中老年女性劳动供给及代际转移在子女间的差异》，《人口与经济》2009年第6期。

未与自己共同生活子女转移资源的方式①。在泰国东北部传统农业地区,经济的发展促使社区结构与社会经济背景发生改变,家庭代际间的财富流转模式也发生变化,房产主要沿母系转移,收入一直沿袭着父系和母系双系流转,但土地资产已从单纯的母系转移改变为双侧转移②。在韩国,当父母收入较低时,亲子间财富向上流动,更多地体现了利他主义动机;但在父母经济收入高的情况下,财富向上流转转变为对孙子女的照顾和子女探视父母的次数增加③。

(二)国内相关研究

Logan 和 Bian 对中国城市父母和不同住的子女之间的财富流转研究发现,亲子财富流转主要表现为从子女流向父母,子女给予父母的经济支持几乎占父母收入的 1/3,父母得到的代际支持与父母的需求息息相关④。田青等采用 CHARLS 2013 年全国基线调查数据发现,中国家庭代际财富呈现向上转移的特征,同时年轻一代存在明显的"啃老"现象⑤。农村父代对子代的财富转移偏向儿子,但女儿更有可能给予父母财富转移,父代对子代的财富转移主要由父代特征变量决定,子代对父代的财富转移由子代与父代的特征变量共同决定;帮忙照顾孙子女会促进父母对子女家庭财富转移的可能性与规模,收入是影响子代与父代之间财富转移的重要因素,离家较远

---

① Agree E. M., Biddlecom A. E., Chang M. C., et al., "Transfers from Older Parents to Their Adult Children in Taiwan and the Philippines", *Journal of Cross-cultural Gerontology*, 2003, Vol. 17, No. 4.

② Wanichcha Narongchai, Dusadee Ayuwat, Oranutda Chinnasri, "The Changing of Intergenerational Transfers of Economic Capital in Rural Households in Northeastern, Thailand. Kasetsart", *Journal of Social Sciences*, 2016, Vol. 37.

③ Cheolsung, Park, "How are Upstream Transfers Determined?", New Evidence from South Korea", *Pacific Economic Review*, 2010, Vol. 15, No. 4, pp. 532 – 553; Cheolsung Park, "Why do Children Transfer to the Parents? Evidence from South Korea", *Review of Economics of the Household*, 2014, Vol. 12, No. 3, pp. 461 – 485.

④ John R. Logan and Fuqin Bian, "Parents' Needs, Family Structure, and Regular Intergenerational Financial Exchange in Chinese Cities", *Sociological Forum*, 2003, Vol. 18, No. 1.

⑤ 田青、郭汝元、高铁梅:《中国家庭代际财富转移的现状与影响因素——基于 CHARLS 数据的实证研究》,《吉林大学社会科学学报》2016 年第 4 期。

的子女会给予父母更多的财富转移[1]。但也有学者研究发现，收入水平高的子女并没有用经济帮助来替代时间照料，相反，收入水平较低的子女给予父母经济帮助和时间照料的概率也较高；空间距离远的子女同时减少了对父母的时间照料和经济帮助，兄弟姐妹数量对给予父母的两种私人转移支付均无影响[2]。孙鹃娟比较亲子两代的代际双向经济支持发现，老年人家庭中的经济资源以"向上"净转移为主体，但城市老年人的"向下"转移比例和程度较高；多子并不一定多福，老年人收入水平不但与先赋条件有重要关系，其生命历程中累积起来的多个社会因素也对晚年的收入产生影响，某些先赋因素与社会累积因素所发挥的作用对于城市和农村老年人而言有很大差别[3]。另外，年龄、健康、性别和拥有的经济资源情况等也是影响亲子财富流转，特别是老年人为子女提供财富资源的关键因素[4]。总体上，在中国，子女是其父辈家庭经济支持、生活照料和精神慰藉等方面的供养的主要支柱，在老年人与子女之间的代际经济关系上，财富流动表现得十分复杂，既有下一代向上一代的转移，也有上一代向下一代的流动，具有明显的互惠互利特征[5]。

另外，一些学者对独生子女家庭中亲代养老中的代际财富流转进行了研究。原新在结合独生子女家庭代际成员年龄构成和相应家庭成员可能生活的家庭结构的基础上指出，伴随着血缘家庭向婚缘家庭的转变，配偶或非子女在老年支持中所扮演的角色越来越重要，

---

[1] 田青、郭汝元、高铁梅：《中国家庭代际财富转移的现状与影响因素——基于CHARLS数据的实证研究》，《吉林大学社会科学学报》2016年第4期。
[2] 解垩：《中国老年人保障与代际间向上流动的私人转移支付——时间照料与经济帮助》，《世界经济文汇》2014年第5期。
[3] 孙鹃娟：《中国城乡老年人的经济收入及代际经济支持》，《人口研究》2017年第1期。
[4] Agree E. M., Biddlecom A. E., Chang M. C., et al., "Transfers from Older Parents to Their Adult Children in Taiwan and the Philippines", *Journal of Cross-cultural Gerontology*, 2003, Vol. 17, No. 4.
[5] 郭志刚：《老年人家庭的代际经济流动分析》，《中国老年学杂志》1996年第5期。

独生子女家庭老年人的赡养并不会成为沉重的负担①。但也有学者研究发现，独生子女相对于非独生子女，更可能在住房和日常家庭代际支持中"啃老"，这不可避免地对独生子女父母的养老带来负面冲击②。周长洪利用调查数据分析了农村50岁以上独生子女父母与其子女的经济互动，发现父母在子女结婚、买（建）房、子女生病、孙子女教育，甚至子女下岗失业、收入低时均会给予经济补贴；50岁以上的独生子女父母家庭大多已由父母养育子女转向子女反哺父母阶段③。宋健和黄菲利用全国城市抽样调查数据，考虑子女的就业、结婚和生育这3个主要生命事件，比较分析了独生子女与非独生子女的居住关系、经济来往和情感联络等代际互动状况及其影响因素，发现独生子女比非独生子女更可能与父母同住，并得到父母较多的经济帮助；独生子女与非独生子女在给予父母经济支持和情感联络方面并无显著差异；就业、结婚和生育等生命事件，对代际互动有重要影响，在业、在婚、已育子女更可能与父母分开居住，更少接受父母的帮助，更少与父母情感联络，但会给予父母更多的经济支持④。田青等采用CHARLS 2013年全国基线调查数据，分析发现，独生子女家庭中父母与子女家庭间的双向代际财富转移规模均大于非独生子女家庭⑤。根据实际调查分析，独生子女家庭的经济收入水平不但比非独生子女家庭高，而且相对稳定⑥，因而独生子女家庭的生活方式和生活需求相对更为稳定，为独生子女夫妇"养老

---

① 原新：《独生子女家庭的养老支持——从人口学视角的分析》，《人口研究》2004年第5期。

② 宋健、戚晶晶：《"啃老"：事实还是偏见——基于中国4城市青年调查数据的实证分析》，《人口与发展》2011年第5期。

③ 周长洪：《农村50岁以上独生子女父母与子女经济互动及养老预期——基于对全国5县调查》，《人口学刊》2012年第5期。

④ 宋健、黄菲：《中国第一代独生子女与其父母的代际互动——与非独生子女的比较研究》，《人口研究》2011年第5期。

⑤ 田青、郭汝元、高铁梅：《中国家庭代际财富转移的现状与影响因素——基于CHARLS数据的实证研究》，《吉林大学社会科学学报》2016年第4期。

⑥ 边燕杰：《试析我国独生子女家庭生活方式的基本特征》，《中国社会科学》1986年第1期。

育小"奠定了稳定的经济基础。

在进行代际财富流转现状及影响因素等研究的同时,学者们也对中国家庭代际财富流转进行了理论上的解释。Secondi 通过对中国农村相关数据的研究表明,利他主义并不能充分解释所观察到的代际转移,因为拥有更高收入的家庭倾向于能得到更多的财富转移[1]。姚远认为,随着社会发展,崇老文化的衰退使得传统的家庭养老日趋弱化,并且"日益显现出行为模式的特征"[2]。由于家庭养老的这种日趋弱化,甚至出现厌老、弃老和不养老的现象,使得许多家庭中子女对父母的财富代际转移也在逐渐弱化。陈皆明研究认为父母在照看孩子、家务、经济方面给子女的帮助都是影响子女是否对父母进行代际转移的重要因素[3]。在中国城市家庭中,父母与其成年子女之间仍然保持着广泛而持久的物资和服务交流,父母投资与子女养老之间呈正相关关系。由此看来,子女对父母进行财富代际转移不再是纯粹的无私动机,而是出于一定的交换关系(即作为父母对子女所提供的帮助的货币支付)。也有学者研究发现,中国家庭中子女和父母之间的代际转移存在一定的交换关系,在这种关系中子女的无私动机和交换动机并存,且社会养老保障对家庭养老存在一定的"挤出"效应[4]。江克忠等利用 CHARLS 2008 年先导调查数据对中国家庭代际转移的模式及动机进行了研究,发现中国家庭代际转移总体呈现交换动机的特征,这种交换关系的存在使得政府的养老保障并不会对家庭养老产生"挤出"效应[5]。

家庭亲子财富的流转贯穿于整个家庭生命周期阶段,自子女出

---

[1] Secondi, G., "Private Monetary Transfers in Rural China: Are families Altruistic?", *Journal of Development Studies*, 1997, Vol. 33, No. 4.

[2] 姚远:《对中国家庭养老弱化的文化诠释》,《人口研究》1998 年第 22 期。

[3] 陈皆明:《投资与赡养——关于城市居民代际交换的因果分析》,《中国社会科学》1998 年第 6 期。

[4] 王梦淇:《父母收入水平是否影响子女对父母的代际转移——基于 CHARLS 2011 年数据的研究》,《经济资料译丛》2017 年第 1 期。

[5] 江克忠、裴育、夏策敏:《中国家庭代际转移的模式和动机研究——基于 CHARLS 数据的证据》,《经济评论》2013 年第 4 期。

生后的养育、成长、婚娶、生育，直至父母的养老。但目前，对独生子女就业的研究主要集中于独生子女的职业期望[1]、职业适应[2]、职业特征[3]；对独生子女生育的研究主要集中于生育意愿[4]和育儿[5]，而与独生子女就业、生育相关的亲子财富流转却鲜有研究涉及。虽然已有研究对家庭养老中的代际财富流量与流向进行了考察[6]，但多数研究并未专注于独生子女家庭亲子财富流转。即使有研究以独生子女家庭亲子财富流转为主要分析内容，但所用数据中被调查的独生子女父母大多处于中年，尚未进入实质性养老时期，难以据此准确把握独生子女老年父母与子女间的财富流转状况、独生子女父母的养老状况及其预期的养老安排。独生子女参加工作有独立的经济收入后、结婚后、生育后等时期亲子净财富流量及其流向更需要进行全面分析。

---

[1] 风笑天：《独生子女青少年的社会化过程及其结果》，《中国社会科学》2000年第6期。

[2] 风笑天、王小璐：《城市青年的职业适应：独生子女与非独生子女的比较研究》，《江苏社会科学》2003年第4期。

[3] 宋长青、叶礼奇：《独生子女就业——值得关注的社会问题》，《调研世界》1998年第7期；肖富群：《农村独生子女的学校教育优势——基于江苏、四川两省的调查数据》，《人口与发展》2011年第2期。

[4] 李嘉岩：《北京市独生子女生育意愿调查》，《中国人口科学》2003年第4期；侯亚非：《北京市独生子女生育意愿调查分析》，《北京社会科学》2003年第10期；徐映梅、瞿凌云：《独生子女家庭育龄妇女生育意愿及其影响因素——基于湖北省鄂州、黄石、仙桃市的调查》，《中国人口科学》2011年第2期。

[5] 风笑天：《青年独生子女比例与育儿模式的再讨论》，《中国青年研究》2008年第4期；张艳霞：《独生子女家庭背景中女孩的性别角色社会化——对独生女父母育儿观的调查与分析》，《中州学刊》2006年第3期；包蕾萍：《独生子女比例及其育儿模式的年龄模型》，《中国青年研究》2007年第4期。

[6] 郭志刚、陈功：《老年人与子女之间的代际经济流量的分析》，《人口研究》1998年第1期；宋健、黄菲：《中国第一代独生子女与其父母的代际互动——与非独生子女的比较研究》，《人口研究》2011年第5期；周长洪：《农村50岁以上独生子女父母与子女经济互动及养老预期——基于对全国5县调查》，《人口学刊》2012年第5期；夏传玲、麻凤利：《子女数对家庭养老功能的影响》，《人口研究》1995年第1期；张航空、李双全：《城市老年人口家庭经济流动类型及其影响因素分析——以上海为例》，《南方人口》2008年第23期；王树新、赵志伟：《第一代独生子女父母养老方式的选择与支持研究——以北京市为例》，《人口与经济》2007年第4期。

第三节　本章小结

从已有有关代际财富流动理论，以及国内外有关家庭代际财富流动状况、影响因素等研究来看，亲子代际财富流转研究涵盖了子女教育、婚育、父母养老中代际财富流转的内容、流转方向等，形成了阐释家庭财富流转动机的财富流转理论、交换理论、反馈论等理论，但尚存在以下方面的不足。

首先，目前的研究多关注于养老中亲子代代际财富流转状况，强调老年亲代的养老支持状况，虽然一些研究对子女教育、结婚中的代际财富流转有所涉及，但多就单一问题进行分析，对各事件间的联系缺乏考量，难以全面把握家庭生命周期中代际财富流转的全貌、特征与动机。在家庭生命周期中，随着亲代年龄的增长、子代成年，亲代、子代在家庭中的角色、地位、所拥有的资源及对资源的支配和使用权利不同，亲子间代际财富流转的内容和方向会发生变化。依据个体生命历程理论，子代的教育、结婚、生育、亲代的养老等重要事件均是家庭支出的重要领域，是考察亲子代际财富流转的主要契机。以子代的成长为主线，家庭给予教育投资，达到一定的受教育水平后进入社会，就业工作，依靠自身努力获取收入，结婚、生育子女；随着子女成年婚育，亲代年老，开始老年生活。因此，亲子代际财富流动特征需要考虑个体年龄因素，以及因年龄变化而发生的相应个体的资源、权益的变化从亲代、子代两个视角分析把握。

其次，已有研究大多关注于多子女家庭进行亲子代际财富流转研究，对独生子女家庭中亲子财富流转研究相对较少。中国传统家庭的建立和传承以男系为纽带，并与相应的权利和义务相联系。独生子女家庭只有单性别子女，传统代际传承模式受到冲击，单系向双系转化模式在城市已初步产生，独生子女家庭代际财富流转必将呈现出新的特征。城市第一代独生子女作为一个特殊的社会群体，他们生命历程中的教育、就业、收入、婚姻、生育等备受社会各界关注，在此过程中亲子代际财富流转的水平、方向，及其财富流转所形成的直接结果需要加以分析。城市第一代独生子女的父母也已步入老年，早期给予子女的各类支持，特别是经济支持，会对其养老有何影响，基于目前的养老现状，他们有何养老预期也需要进行深入探讨。

　　已有研究认为中国家庭中亲子财富流转具有交换、利他主义特征。父母早期给予子女的投入可能仅仅是为了子女未来的发展，但也可能期望年老时获得养老支持，独生子女家庭亲子财富流转是否更多地源自亲代或子代的实际需求，是否具有交换特征、利他主义动机尚有待检验。

第三章　独生子女家庭代际财富流转理论分析框架

第一节　生命历程视角家庭代际功能关系的内容

一　生命历程视角亲子代际财富流转的重要事件

家庭关系是具有血缘、姻缘和收养关系成员之间所形成的关系，作为一种社会关系，是家庭成员间的人际互动或联系，包括夫妻、兄弟姐妹、妯娌、姑嫂等代内关系，也包括亲子、婆媳、翁婿、祖孙等代际关系。在中国，婚姻是建立家庭的起始点，形成家庭的横向轴心，由婚姻产生的亲子关系形成了家庭的纵向轴心[①]。作为纵向的家庭代际关系一直是中国家庭的核心关系之一。王跃生将家庭代际关系划分为代际成员之间的义务关系、责任关系、权利关系、交换关系和亲情关系，并从家庭生命周期角度对父母从子女出生到父母离世，子女从未成年到中年阶段亲子涉及的权利、义务、责任等代际功能关系进行了分析[②]。如前所述，生命历程理论着重从一生去看发展，寻求个体与社会的结合点，强调个人生物意义与社会意义的结合[③]。个体的生命事件一般包括接受教育、离开

---

① 郭志刚：《北京市家庭户规模的分解研究》，《人口研究》1999年第3期。
② 王跃生：《中国家庭代际关系内容及其时期差异——历史与现实相结合的考察》，《中国社会科学院研究生院学报》2011年第3期。
③ 杨菊华、谢永飞：《累计劣势与老年人经济安全的性别差异：一个生命历程视角的分析》，《妇女研究论丛》2013年第4期。

父母独立生活、结婚或离婚、生育子女、参加工作或辞职等[①],这些事件均是个体从"自然人"转变为"社会人"的社会化过程中的主要实践性行为或经历。在以亲代为主体的家庭生命周期中,资助子女接受一定的教育,达到一定的教育水平是父母必须承担的责任;子女的就业不仅是其步入社会的主要途径,也是子女获得社会认可,逐步自立的必由之路;子女结婚是父母完成子女养育的基本标志;子女生育实现了家庭的延续、子嗣的传承;父母的养老则是父母在完成相应的责任与义务后休养生息、收获回报的过程,在这些事件中亲代、子代在财富流转过程中都具有一定的义务,承担了一定的责任,形成了相应的代际功能关系。

(一)子女的教育

长期以来,教育一直是影响社会进步和个人发展的重要因素,教育等人力资本投资能够显著促进经济增长的观点已成为社会共识,个体接受的教育程度不同会带来社会收入的分化[②]。家庭对子女教育的投资是重要的代际财富转移方式。微观家庭对子女的教育投入会影响子女未来的智力、知识和技能。在全面分析有关早期教育、家庭和收入差距等研究后,Jencks 指出,家庭在子女是否能够接受教育、接受教育的质量以及教育回报率等方面都有明显的影响[③]。国内研究表明,教育投入对劳动者的收入具有正向影响[④]。父母在养育子女过程中要为子女提供受教育的条件,这不仅是父母

[①] 李强、邓建伟、晓筝:《社会变迁与个人发展:生命历程研究的范式与方法》,《社会学研究》1999 年第 6 期。

[②] J. Mincer, "Schooling, Experience, and Earnings", *National Bureau of Economic Research*, 1974, Vol. 1; Becker, G., *Human Capital*, Chicago University Press, 1975; Behrman J. R., Deolalikar A. B., "Health and Nutrition", *Handbook of Development Economics*, 1988; Strauss J., Thomas D. C., "Human Resources: Empirical Modeling of Household and Family Decisions", *Handbook of Development Economics*, 1995; Kevin Sylwester, "Can Education Expenditures Reduce Income Inequality", *Economics of Education Review*, 2002, Vol. 21.

[③] C. Jencks., "The Effects of Family Background, Test Scores, Personality Traits and Schooling on Economic Success", *Academic Achievement*, 1977.

[④] 马和民:《当前中国城乡人口社会流动与教育之关系》,《社会学研究》1997 年第 4 期。

对子女应尽的义务，也是一种责任。洪恺等认为，在中国，家长对教育投资的选择受交易动机和利他动机的混合驱动，既期望子女未来能有好的发展与收益，也希望自身的投资能在未来得到回报[①]。

另外，独生子女父母大多对子女具有较高的教育期望，这种期望又会影响父母对子女的教育投资。对独生子女教育的财富流转分析，既能揭示独生子女父母对子女教育责任与义务的履行情况，也能通过独生子女的受教育程度检验独生子女父母教育投资的直接结果与教育期望的满足程度。

（二）子女的就业

就业是有劳动能力人口获取劳动报酬的社会活动，"成家立业"是个体社会化过程中的重要阶段，也是多数人生命历程中的必由之路。找到一份自己满意的工作不仅是诸多学子离开学校后最重要的目标，也是父母、家庭的要务之一。在计划经济体制下，城镇居民就业主要通过政府的行政手段配置，统包就业，即对大学、中专、技校等毕业生实行国家统一分配，对不再升学的初高中毕业生也包干安置。随着改革开放政策的实施，中国的就业制度发生了根本性变化，彻底由传统体制下统包统配的就业制度逐步过渡到适应市场经济体制要求的市场型就业制度。中共十六届三中全会通过的《中共中央关于完善社会主义市场经济体制若干问题的决定》提出，要坚持劳动者自主择业、市场调节就业和政府促进就业的方针。1999年高校扩招后，大学毕业生的就业压力陡增，社会、家庭等各界对青年就业的关注度提高。在凭借人力资本寻求职业的同时，为了顺利就业，父母托关系、花钱，各种社会资本也介入其中。顺利就业了，有了工作收入，在一定程度上实现了自立，降低了对父母的经济依赖；未能就业，在家待业，则需要父母继续养育，成为"啃老族"。可见，成年独生子女的就业途径、就业状态不同，家庭亲子财富的流转内容不同。独生子女的就业与职业是父母在独生子女教

[①] 洪恺、李克强、周亚家：《家庭教育投资的动机与行为分析》，《北京师范大学学报》（自然科学版）2008年第10期。

育阶段财富流转的直接结果，考察独生子女的就业状况也是揭示亲代财富流向子代的直接收益的重要途径。

（三）子女成婚

子女婚姻缔结是家庭的大事，其过程体现着亲代对子代所承担的责任的履行情况。在父系家庭体系下，儿子的婚姻花费通常是家庭支出的最主要项目，也是亲子代际财产转移的途径。王跃生调查发现，尽管1949年以来中国农村出现强烈的制度变革和社会转型，男女婚姻自主基本实现，但父母仍主要为儿子准备结婚所需要的物质条件，这些婚姻花费往往要父母积攒多年①。马春华等在广州、杭州、郑州、兰州和哈尔滨5个城市实施的中国城市家庭变迁调查表明，子代在经济上缺乏自立性，子女婚姻成本上升，男女双方父母对子女婚嫁的经济资助增加，但资助差距拉大，更加回归于传统的男娶女嫁②。并认为出现这一结果，一方面，可能源于市场机制引入后，城市居民的收入出现明显分化；另一方面，观念上对于男娶女嫁模式的回归。仅有一个子女的情况下，独生子女父母与子女间的婚嫁费用的分担情况，父母对子女婚嫁责任的履行情况需要进行深入探究。

（四）子女生育

生育标志着家庭的扩展和家系的传承。随着第一代独生子女成年、结婚、生育，一些独生子女已为人父母，育儿成为日常生活的重要组成部分。独生子女夫妇怀孕、生育常常牵动着亲子两代，满足了祖辈繁衍子嗣的愿望，关注新生命的孕育、生产、养育也丰富了家庭生活的内容，祖父母日常对孙子女的照料、给予孙子女的钱、物等形成了独生子女与父母间新的财富流转通道。已有研究表明，诸多已生育的独生子女居住在三代直系家庭中，由祖辈帮着带

---

① 王跃生：《婚事操办中的代际关系：家庭财产积累与转移——冀东农村的考察》，《中国农村观察》2010年第3期。
② 马春华、石金群、李银河、王震宇、唐灿：《中国城市家庭变迁的趋势和最新发现》，《社会学研究》2011年第2期。

孩子、养孩子①，有学者将其称为"跨代育儿组合"②。研究表明，农村老年人帮助照顾孙子女，在为子女提供支持的同时，也对子女给予的养老支持产生了影响③。基于独生子女的生育事件，独生子女父母给予的代际支持需要进一步明晰。

（五）父母养老

受传统观念的影响，家庭养老一直是中国老年人的主要养老方式。在家庭养老中，为老年亲代提供经济支持、给予日常照料是子女对父母应尽的义务。子女给予的养老支持作为亲子间的财富转移，影响着父辈的养老方式与养老质量。交换理论常被用于诠释微观层面的家庭养老支持。杜亚军将成年人与其老年父母间的供养关系视为代际间产品和劳动的一种经济交换④，熊跃根则认为亲子之间的支持具有互惠与交换特征⑤。王跃生进一步将亲子代际关系视为两代之间相互协作的关系，彼此都感到对方对自己有"用"⑥。陈皆明则认为子女与父母之间是一种彼此互助、互惠的过程，主要取决于子女与父母的需求⑦。基于独生子女老年父母的养老而形成的亲子财富流转状况，以及所体现的家庭代际特征需要进行深入探究。

另外，除子女的教育、就业、婚姻和生育，以及父母养老等重要事件外，对于日常生活中亲子财富流转中所体现出的亲子权责关

---

① 陈建强：《重视"独生子女养育独生子女"现象》，《当代青年研究》2004年第3期；余颖、谢孝国：《独生子女当上"独生父母"》，《中国妇女报》2004年；包蕾萍、陈建强：《中国"独生父母"婚育模式初探：以上海为例》，《人口研究》2005年第4期。

② 程福财、于贤荣：《"跨代育儿组合"与中国独生子女的养育——评〈中国独生子女政策与多重照顾〉》，《当代青年研究》2012年第8期。

③ 宋璐、李树茁：《照料留守孙子女对农村老年人养老支持的影响研究》，《人口学刊》2010年第2期。

④ 杜亚军：《代际交换——对老化经济学基础理论的研究》，《中国人口科学》1990年第3期。

⑤ 熊跃根：《中国城市家庭的代际关系与老人照顾》，《中国人口科学》1998年第6期。

⑥ 王跃生：《婚事操办中的代际关系：家庭财产积累与转移——冀东农村的考察》，《中国农村观察》2010年第3期。

⑦ 陈皆明：《投资与赡养——关于城市居民代际交换的因果分析》，《中国社会科学》1998年第6期。

系也是本书考察的范围。

二 独生子女家庭亲子代际功能关系考察的内容

依据家庭生命周期理论,在家庭生命周期的不同阶段,亲子代际所拥有的资源、能力不同,相应所承担的责任、义务不同。子女出生后,父母作为家庭资源的主要提供者,承担起抚育、教育未成年子女的义务,为其提供衣食住行,支持子女接受学校教育;子女完成学业后,求职过程中父母会为其提供经济、社会资本等方面的支持,以便其顺利进入职场。相应地,子女就职后的收入及其收入是否交给父母等均体现着亲子财富的流转。在子女婚嫁中,受社会惯习的约束,承担起为子女操办婚事的责任;子女生育后将自己的责任与义务延展至孙子女,照料孙子女,提供一定的经济支持。在父母年老后,子女则承担起赡养和照料老年亲代的义务和责任。在日常生活中,亲子则基于亲情、情感,以及需要,相互间进行着经济、劳务和情感上的交往与互动。基于以上分析,以独生子女父母(或单亲)为主体,在独生子女出生后的家庭生命周期中,仅考虑子女与在世父母(或单亲)之间的财富流转,在子女的教育、就业、婚姻、生育和父母的养老,以及亲子日常生活中的代际财富流转的内容及结果见表3-1所示。

表3-1　生命历程视角亲子代际财富流转的内容及结果

财富流转	生命历程中的重要事件					
	子女教育	子女就业	子女婚姻	子女生育	日常生活	父母养老
财富流	父母给予子女的教育投入	找工作花费	婚嫁费用	经济资助 月子照料 孙子女的花费与照料	经济支持 家务支持 情感支持	经济支持 家务支持 情感支持
财富流转结果	子女的受教育水平	在业状况 子女收入 代际职业流动	婚房 债务偿还			养老状况 养老预期

依据相应生命事件中亲子财富流转的内容及其流转结果，分析亲子代际功能关系，揭示家庭代际关系的本质特征。

第二节 家庭代际财富流转的影响因素

家庭中亲代与子代的个体因素、家庭因素和社会政策制度等均会对独生子女家庭代际财富流转产生影响。

一 亲子代个体因素

亲代的健康状况、受教育程度、婚姻状况、经济状况等因素，以及子代的性别、年龄、受教育程度、职业、婚育、收入等均会对家庭中亲子代际财富流转产生影响。其中，子女的教育、就业与婚育一方面是家庭中亲子财富流转的主要领域，另一方面作为相应财富流转的结果，其又作用于家庭中子女给予父母的财富流转，影响着亲子间财富流转的数量与方向。

（一）子女教育

父母的收入水平不仅影响着子女的受教育水平，也影响着他们的受教育结果[1]。父母亲对较高文化水平和职业地位的追求会扩张父母对孩子的教育期望，进而增加对孩子的教育投入。分子女性别看，父母对男孩、独生子女和年龄大的孩子的教育投入要大于对女孩、非独生子女和年龄小的孩子的投入[2]。随着独生子女政策的执行，子女性别对教育投资的影响已减小[3]。另外，不同家庭背景子女接受高等教育的机会及受教育结果明显不同，父亲的受教育程度与子女可获得的家庭的教育投入正相关[4]。父母亲的受教育程度越高，对子女的教育期望越高，更可能激发子女的学习动力，更易于

---

[1] 袁诚、张磊：《对低收入家庭子女大学收益的观察》，《经济研究》2009年第5期。
[2] 叶文振：《论孩子的教育费用及其决定因素》，《统计研究》1999年第5期。
[3] 刘祯：《影响农村家庭教育投资的因素分析》，《科学与管理》2008年第2期。
[4] 文东茅：《家庭背景对我国高等教育机会及毕业生就业的影响》，《北京大学教育评论》2005年第3期。

获取学业成功。

家庭收入是影响子女教育水平的重要因素[①]。Becker的人力资本投资理论认为，高收入父母会对子女进行更多的教育投资，这不仅增加教育年限，而且增加教育质量，而教育质量的增加提高了教育收益预期，进一步提高教育年限[②]。国内研究表明，当前城镇家庭既要向学校缴纳教育费用，又要向校外教育培训机构缴纳费用；分教育阶段比较，小学和初中校外教育支出占教育总支出的比例更高，高中（包括中专、职高）的校内教育支出占家庭教育支出的比例更高；不同经济收入、社会地位、个人家庭特征的人群之间存在巨大的教育投入差异，而且这种差异仍在持续扩大[③]。

（二）子女就业

受劳动力就业最低年龄的限制，以及国家义务教育规定的影响，青年子代大多在接受一定的教育后进入就业市场。随着高校扩招和毕业生就业制度改革，大学毕业后就业在城市青年子代中越来越普遍。大学毕业生中受教育年限越高、在校时的学业表现越好，就越倾向于通过正式途径找寻工作；而毕业生的家庭收入越高、社会联系越广泛，就越倾向于通过非正式途径找寻工作；家庭收入高、父亲从事管理技术类职业和家庭社会关系广泛等家庭背景因素对毕业生能否找到工作有显著正向影响[④]。虽然父亲的职业地位对子女的职业获得不产生直接影响，但从子女的工作单位所有制部门来看，父亲工作单位所有制部门的直接影响显著，说明先赋性因素对个人地位获得的直接影响在中国不仅存在而且举足轻重[⑤]。另外，

[①] Becker, G. and N. Tomes, "Human Capital and the Rise and Fall of Families", *Journal of Labor Economics*, 1986, Vol. 4, No. 3, Part 2: The Family and the Distribution of Economic Rewards.

[②] Becker, G., *Human Capital*, Chicago University Press, 1975.

[③] 王远伟、朱苏飞：《中国城镇居民家庭教育投入的状况和特征》，《教育与经济》2009年第4期。

[④] 岳昌君、程飞：《人力资本及社会资本对高校毕业生求职途径的影响分析》，《中国高教研究》2013年第10期。

[⑤] 许欣欣：《当代中国社会结构变迁与流动》，社会科学文献出版社2000年版，第306页。

在就业后个体会发生职业流动，一个人的初始职业如何，会直接影响其后来的职业选择[①]。

（三）子女婚姻

子女婚姻花费是亲子间重要的财富流转，其过程体现着亲代对子代所承担责任的履行情况。当代青年婚姻成本高，城乡差异显著，在父系家庭体系下男性是婚姻成本的主要承担方[②]。王跃生研究发现，农村子代结婚费用中亲子贡献份额有明显的时期差异，随着子女受教育时间延长，晚婚比例降低，子代成婚前对家庭的经济贡献缩小，父母成为儿子结婚费用的主要承担者[③]。马春华等对5个城市辖区居民家庭的调查发现，子代婚姻成本上升，双方父母的经济资助增加，嫁妆或聘金仍然普遍流行，男方家庭经济社会地位高的比例更大，父母给予子女的经济资助相对更多；子女的结婚年份、性别、所在的城市、户口等均对父母结婚时给予的资助具有显著影响[④]。如果没有父母的资助，多数子女将无法成婚；部分家庭中子代成婚后父母因此致贫，导致家庭养老危机[⑤]。

（四）亲子代际支持

从婚姻形式看，嫁娶与招赘婚姻形式对家庭关系、居住安排、家庭养老都有显著的影响，与嫁娶婚姻相比，招赘婚姻在向父母提供家庭养老的可能性和质量上有着更大的优势。招赘夫妻婚后与父母共居的时间也比嫁娶夫妻长，他们在经济、家务和农活上能更好地为老年父母提供支持。同时，由于避免了嫁娶婚姻家庭中普遍存

[①] 王春光：《中国职业流动中的社会不平等问题研究》，《中国人口科学》2003年第2期。

[②] 朱考金、杨春莉：《当代青年的婚姻成本研究》，《中国青年研究》2007年第4期。

[③] 王跃生：《婚事操办中的代际关系：家庭财产积累与转移——冀东农村的考察》，《中国农村观察》2010年第3期。

[④] 许欣欣：《当代中国社会结构变迁与流动》，社会科学文献出版社2000年版，第306页。

[⑤] 李拾娣、刘启明：《农村婚姻消费中家庭财富的代际转移机制与影响研究——以S村为例》，《理论观察》2015年第5期。

在的婆媳矛盾,招赘婚姻家庭的代际关系更加和谐[1]。

Lee 和 Xiao 指出父母的受教育程度与父母对子女的代际支持正相关,反过来,受教育程度高的子女对父母的代际财富转移也越多[2]。年龄越大、健康状况越差的父母得到的子女的帮助越多,经济状况差或健康状况不好的子女给予父母的财富转移相应越少[3]。时代变迁给老年母亲带来了更多来自子女的经济支持,子女为老年父亲提供的器械支持量随着父亲年龄的增大而有显著的增长[4]。McGarry 和 Schoeni 运用健康与养老数据对美国家庭亲子财富流转的研究表明,父母对收入低的子女给予更多的经济帮助[5]。从国内看,胡仕勇、刘俊杰研究发现,农村成年子女更倾向于给父母经济支持,大部分农村家庭子女对父母的代际经济支持能够满足父母的生活所需,但仍有少数存在经济支持不足的情况,并且发现子女性别对子女对父母的经济支持没有显著影响[6]。丁志宏研究发现大部分城市家庭中父母与子女间没有经济交往,子女的经济状况、教育水平、排行和居住距离对于亲子间的代际经济支持数量有显著影响[7]。陶涛通过研究家庭及生育状况调查数据发现,中国农村儿子、女儿对父母的经济支持存在差异,女儿对父母的经济支持可能性更大,

---

[1] 李树茁、靳小怡、费尔德曼:《当代中国农村的招赘婚姻及其人口与社会后果:来自三个县的调查发现》,《西安交通大学学报》(社会科学版)2006 年第 5 期。

[2] Lee, Y. J. and Xiao Z., "Children's Support for Elderly Parents in Urban and Rural China: Results from a National Survey", *Journal of Cross-cultural Gerontology*, 1998, Vol. 99.

[3] Sun, R., "Old Age Support in Contemporary Urban China From Both Parents' and Children's Perspectives", *Research on Aging*, 2002, Vol. 24, No. 3.

[4] 左冬梅、吴正:《中国农村老年人家庭代际交换的年龄轨迹研究》,《人口研究》2011 年第 1 期。

[5] McGarry K., Schoeni R. F., "Transfer Behavior in the Health and Retirement Study: Measurement and the Redistribution Within the Family", *Journal of Human Resources*, 1995, Vol. 30.

[6] 胡仕勇、刘俊杰:《农村家庭代际经济支持状况与对策》,《农村经济》2013 年第 3 期。

[7] 丁志宏:《城市子女对老年父母经济支持的具体研究》,《人口学刊》2014 年第 4 期。

但是儿子对父母经济支持的力度更大①。老年人照顾孙辈是体现代际关系、血缘关系的一种代际支持行为，需要老年人付出时间、劳动、物质、金钱等，会影响老年人及子女、孙子女的生活质量。孙鹃娟和张航空研究发现，低龄、身体健康、受过良好教育、经济条件居中的老年人照顾孙子女的比例更大，农村老年人照顾孙子女的劳动强度更大②。

另外，子女的教育、就业、婚姻、生育，以及父母养老事件间相互也具有一定的联系。研究发现，父母给予子女的早期帮助也会对近期亲子资源交换产生影响③。有别于多子女家庭，父母对独生子女的成长更为重视，日常生活中尽力满足子女吃、穿、用等方面的要求，注重子女的智力开发、技能培养与教育投资④，以期子女健康成长、得到良好的教育，成年后具有较好的就业机会和较高的收入。就业、结婚和生育是子女成年后的主要生命事件，这些事件对代际互动又有重要影响。一方面，父母会为子女的就业、婚事操办和生育后孙子女的照顾提供支持和帮助；另一方面，在业、在婚、已育子女与父母情感联络减少，但会给予父母更多的经济支持⑤。

二 家庭因素

中国当代家庭关系伴随着社会变革和制度演变发生了重要变

---

① 陶涛：《农村儿子、女儿对父母的经济支持差异研究》，《南方人口》2011年第1期。

② 孙鹃娟、张航空：《中国老年人照顾孙子女的状况及影响因素分析》，《人口与经济》2013年第4期。

③ 郭志刚：《老年人家庭的代际经济流动分析》，《中国老年学杂志》1996年第5期；陈皆明：《投资与赡养——关于城市居民代际交换的因果分析》，《中国社会科学》1998年第6期；靳小怡、李树茁、朱楚珠：《农村不同婚姻形势下家庭财富代际转移模式的初步分析》，《人口与经济》2002年第1期。

④ 郝玉章：《独生子女结婚成家过程中父母的参与和影响》，《广西民族大学学报》（哲学社会科学版）2011年第5期；陈森斌、刘爽：《第一代独生子女教育观研究》，《兰州学刊》2012年第12期。

⑤ 宋健、黄菲：《中国第一代独生子女与其父母的代际互动——与非独生子女的比较研究》，《人口研究》2011年第5期。

动,家庭成员平等的局面基本形成。随着家庭的小型化和核心化,家庭内部关系更为平等,以亲子关系为主导的家庭关系转变为以夫妇为主导①。家庭结构也会对亲子财富流转产生影响,财富流转的内容和频率因个体特征、家庭结构,以及社会环境条件等的差异而不同②。

教育的投资状况与家庭居住区域密切相关③。受区域家庭收入水平、父母的受教育程度和教育质量等影响,中国中部地区家庭对子女的教育投入最高,东部地区次之,西部地区最低④。家庭背景对求职结果有显著影响,这不仅表现在就业机会获得方面,也表现在起薪和工作满意度上⑤,具有更多社会资本的学生在体制内就业的可能性更大⑥。家庭人口规模越大,对孩子的教育投资就越少⑦。家庭经济条件越好,能为子女提供的教育机会越多,子女接受的基础教育越好,获得好的高考成绩的可能性越大;在进入高等学校后,子女从家庭获得的用于学习、社交、求职的资源越多,学习和求职条件越好⑧。

---

① 杨善华、沈崇麟:《城乡家庭:市场经济与非农化背景下的变迁》,浙江人民出版社 2000 年版;王跃生:《中国当代家庭关系的变迁:形式、内容及功能》,《人民论坛》2013 年第 23 期;徐安琪:《家庭结构与代际关系研究——以上海为例的实证分析》,《江苏社会科学》2001 年第 2 期。

② Lowenstein, A. and Ogg, J. (Eds.), *OASIS: Old Age and Autonomy —The Role of Service Systems and Intergenerational Family Solidarity*, Haifa: University of Haifa, 2003.

③ 李立荣、林荣日:《上海居民家庭教育投资行为的调查》,《上海教育科研》2009 年第 7 期。

④ 吴翔:《我国东、中、西部地区省会城市家庭中小学教育投入差异研究》,《教育财会研究》2017 年第 1 期。

⑤ 尉建文:《父母的社会地位与社会资本——家庭因素对大学生就业意愿的影响》,《青年研究》2009 年第 2 期。

⑥ 邓淑娟、戴家武、辛贤:《家庭背景对大学生毕业去向的影响》,《中国农业大学学报》(社会科学版)2012 年第 3 期。

⑦ 叶文振:《论孩子的教育费用及其决定因素》,《统计研究》1999 年第 5 期。

⑧ 文东茅:《家庭背景对我国高等教育机会及毕业生就业的影响》,《北京大学教育评论》2005 年第 3 期。

第三章 独生子女家庭代际财富流转理论分析框架

三 社会政策制度因素

家庭中亲子代际财富流转不仅与亲子所拥有的资源有关,也与社会政策、社会福利水平等密切相关[①]。社会福利制度及其水平影响着家庭代际财富流转。研究发现,欧盟父母和子女之间存在持续的财富流动,且净财富流为从父母流向子女的向下流动。在欧盟的部分国家中,由于最低退休养老金制度的建立,大部分老年人具有经济上的独立性,有能力将富余的财富转移给子女或孙子女[②]。在美国,虽然总体上亲子代际财富转移表现为从子代净流向亲代[③],但公共转移支付在一定程度上减少了家庭中子代给予亲代的代际转移[④]。

中国当前正处于前所未有的社会转型时期,经济体制改革,教育、就业、住房、户籍、社会养老保障等各项制度的变迁,以及家庭关系的转变也引起了家庭内亲子代际财富流转发生变化。

伴随着经济体制改革、企业改制,国有企业开始进行减员增效,大量职工下岗,工资支付体制日趋市场化,工资水平大幅度提高而且内部差距扩大;国家机关及事业单位的工资水平也在不断提高;不同部门工资差异扩大。就业、工资的差异也引起城市家庭收入差别扩大。尤其是下岗职工家庭的经济收入迅速减少。研究表明,国企改革会产生一定的微观成本,在家庭层面主要体现为下岗职工子女的教育:下岗导致家庭资源减少,推迟了子女受教育的时

[①] Kohli, M., "Private and Public Transfers between Generations: Linking the Family and the State", *European Societies*, 1999, Vol. 1; Attias – Donfut, C., Ogg, J. & Wolff, F. – C., "European Patterns of Intergenerational Financial and Time Transfers", *European Journal of Ageing*, 2005, Vol. 2; Lee, Ronald, *Demographic Change, Welfare, and Intergenerational Transfers*: A Global Overview, 2003, *Genus* v. LIX, No. 3 – 4.

[②] Attias – Donfut, C., Ogg, J., & Wolff, F. – C., "European Patterns of Intergenerational Financial and Time Transfers", *European Journal of Ageing*, 2005, Vol. 2.

[③] Kotlikoff, Laurence, *Generational Accounting—Knowing Who Pays, and When, for What we Spend*, New York: The Free Press, 1992.

[④] Frank A. Sloan, Harold H. Zhang and Jingshu Wang, "Upstream Intergenerational Transfers", *Southern Economic Journal*, 2002, Vol. 69, No. 2.

间，进而对子女教育产生负面影响①。

在教育领域，九年义务教育的实施减少了小学、初中阶段家庭给予子女的教育支出。高等教育实行收费制改革后，在弥补高等教育经费不足，推动高等教育扩张的同时，也致使家庭教育支出陡增，家庭经济压力增大。一方面，部分经济困难家庭的子女或丧失受教育机会，或受教育结果不理想，引致后续在就业市场缺乏竞争力②。另一方面，部分家庭出资资助子女出国留学，更加剧了子女受教育水平的差异。

子女成婚一直是中国父母的主要责任，随着社会变迁，婚姻成本上升，子女对父母的经济依赖增强。特别是在城市住房制度改革后，出于对子女的"责任"，购买婚房成为城市大多数父母沉重的经济负担。

中国的社会保障政策对亲子代际财富流转产生了影响。在农村地区，新型农村社会养老保险制度也影响了亲子代间的代际财富转移。研究发现，新型农村社会养老保险制度对家庭代际经济支持有显著的挤出作用，该政策提高了参保老人的经济独立性，降低了老人在经济来源和照料方面对子女的依赖，减轻了农村子女的养老负担③。程令国等研究发现，新农保参保老人对社会正式照料的需求有所增加；同时，提高了参保老人在居住意愿和实际居住安排上与子女分开居住的可能性④。在城镇地区，相对完善的社会保障制度使得城镇居民在退休或年老后均能取得一定的退休金或养老金收入，为城镇老年人提供了一定的经济保障，在增强亲子经济交换资源的同时，也在一定程度上降低了子女对父母养老应尽的义务。已

---

① 赵颖：《员工下岗、家庭资源与子女教育》，《经济研究》2016 年第 5 期。
② 向晋文：《高等教育收费制度对学生主体教育机会平等的影响》，《华中农业大学学报》（社会科学版）2007 年第 1 期。
③ 陈华帅、曾毅：《"新农保"使谁受益：老人还是子女？》，《经济研究》2013 年第 8 期；范辰辰、李文：《新农保、宗族网络与农村家庭代际转移》，《北京社会科学》2015 年第 1 期。
④ 程令国、张晔、刘志彪：《"新农保"改变了中国农村居民的养老模式吗？》，《经济研究》2013 年第 8 期。

有研究表明，与农村相似，城市社会保障政策对子女给予父母的家庭支持同样具有挤出效应[1]。父母退休前有正式职业，退休后享有退休金或养老金，城镇养老保障制度对独生子女家庭亲子财富流转的影响还需要进一步深入分析。

另外，家庭养老、社区养老和机构养老是当前中国主要的养老方式。随着社会化养老体系的完善，城市社区养老服务和机构养老资源日趋丰富。有学者指出，社会养老服务是家庭养老日渐式微的产物，社会养老服务需求在很大程度上取决于家庭养老的可替代性[2]。而家庭养老中独生子女是老年父母养老责任的唯一承担者，子女提供的家庭养老支持水平也会对独生子女父母对社区养老服务的需求、入住养老院意愿产生影响。需要对已步入老年的独生子女父母从家庭、社区、社会得到的养老支持状况，独生子女父母对社会化养老服务的需求及其影响因素进行深入的探讨。

第三节　独生子女家庭代际财富流转分析框架

基于前述分析，图3-1给出了独生子女家庭代际财富流转分析框架。

依据图3-1的分析框架，随着时间的推移，在社会转型、制度变迁的影响下，独生子女家庭亲子间进行着代际财富流转。首先，独生子女父母建立家庭后，生育独生子/女，开始了自己的家庭生命周期，独生子女也开始了自己的生命历程。从独生子女角度看，成长过程中接受了一定的教育，达到一定的教育水平，具有了一定的技能，而后就业、结婚和生育。在此过程中，随着子女年龄的增长，生活技能和经济收益能力逐渐提高，从最初由父母提供经济、日常照料等支持，到自己具备了一定的经济、物质等财富，与

---

[1] 丁志宏：《城市子女对老年父母经济支持的具体研究》，《人口学刊》，2014年第4期。

[2] 田北海、王彩云：《城乡老年人社会养老服务需求特征及其影响因素——基于对家庭养老替代机制的分析》，《中国农村观察》2014年第4期。

父母间进行相应财富的流转。从独生子女父母角度，子女出生后，开始抚育养育未成年子女，给予子女经济、家务、情感等支持，待子女成年后，父母从最初作为主要责任承担者，付出金钱、劳务等，到亲子间开始日常的财富流转。在独生子女父母步入老年后，基于成年子女给予的养老支持、父母的居住安排及经济状况等，在子女因素、老年父母自身因素，以及目前的家庭养老支持等的共同影响下，独生子女父母产生对社区养老服务需求，以及预期入住养老院的意愿。

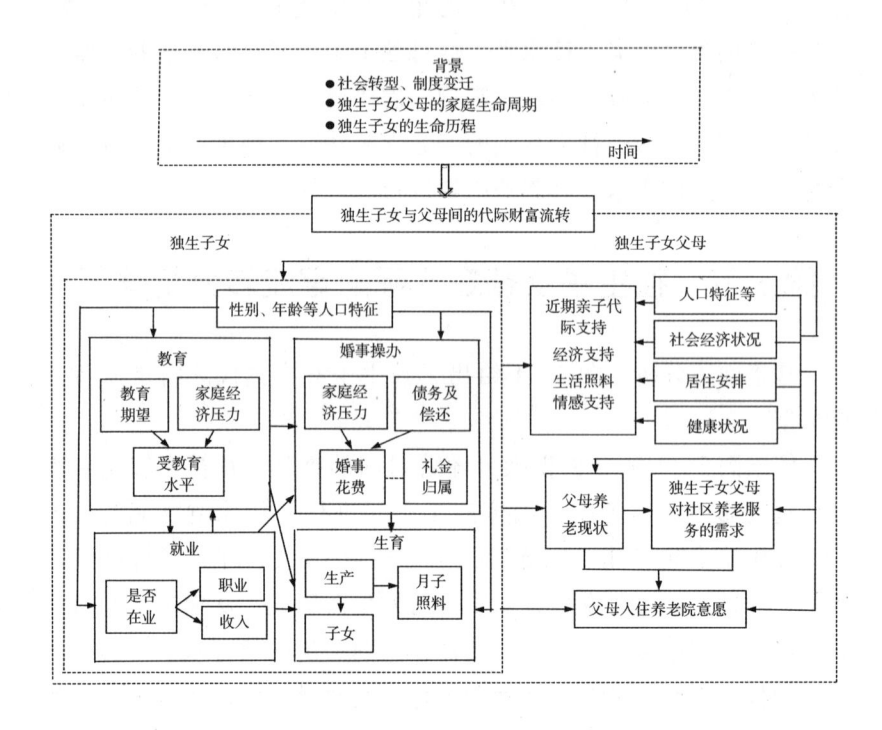

图3-1 独生子女家庭亲子财富流转分析框架

第四节 本章小结

本章基于生命历程理论，确立了独生子女的教育、就业、结婚和生育，独生子女父母养老等作为独生子女家庭亲子财富流转分析

第三章 独生子女家庭代际财富流转理论分析框架

中所关注的主要生命事件,以及相应生命事件中代际功能关系分析的主要内容。在此基础上,从理论上分析了独生子女亲子个体因素、家庭因素和社会政策制度等因素对独生子女的教育、就业、婚姻和生育,独生子女父母的养老等生命事件的影响。进而依据以独生子女父母为主体的家庭生命周期中独生子女与其父母生命历程阶段间的关系,确立了独生子女家庭亲子财富流转分析框架。

依据独生子女家庭亲子财富流转分析框架,本书后续内容主要分两部分:首先以独生子女为研究对象,分析独生子女的教育、就业、婚姻和生育等事件中亲子财富流转状况。进而从经济支持、家务支持和情感支持等方面考察近期亲子代际财富流转情况。其次,以独生子女父母为研究对象,分析独生子女父母的家庭养老支持现状,考察老年独生子女父母对社区养老服务的需求和入住养老院意愿状况。并以独生子女为分析变量,揭示老年独生子女父母养老现状、预期养老方式的影响因素。

第四章 数据与方法

本章主要对城市独生子女家庭状况调查的目标、内容、抽样方法、调查实施和数据质量控制，以及分析方法加以介绍。

第一节 数据采集

本书采用的数据来自中国社会科学院人口与劳动经济研究所2015年6—7月在浙江省、湖北省、重庆市、甘肃省和黑龙江省5省（市）进行的"城市第一代独生子女家庭状况"调查数据。

一 调查抽样与实施

本次调查采用标准组群抽样方法（Probability Proportion to Size, PPS），在省（市）、市、区、社区逐级抽样，确定最终调查对象。

首先，结合全国各省直辖市的经济、社会和人口等指标，进行省级单位抽样。考虑区域的代表性和调查组织实施的可行性，最终选取重庆市、湖北省、山东省、甘肃省和黑龙江省5个省（市）作为本次调查的省（市）级实施地区。

其次，在各省（市）内，仍采取标准组群抽样方法，结合区域人口数、经济发展状况，在各个省（市）各抽取3个城市（重庆市为下辖区）。考虑省会城市在相应省份中社会经济发展的优势地位、人口规模相对较大等特点，在5个省（市）各选取包含省会城市的3个城市（重庆市为三个下辖区）。本次调查各省市所选中的城市依次为：甘肃省的兰州市、白银市和陇南市，山东省的济南市、潍坊市和泰安市，重庆市的南岸区、巴南区和涪陵区，湖北省的武汉市、鄂州市和咸宁市，黑龙江省的哈尔滨市、大庆市和鸡西市。

最后，在所选取的城市中，依据家庭人口数和人口规模，随机抽取两个区（个别城市仅有一个区，后续即将该区视为调查区）。在所选中的各市（区），依据行政规划中下辖的街道、社区的排列顺序，结合家庭规模和人口数，仍采用标准组群抽样方法，在每个区选取 5 个社区作为最终的调查点以上各级抽样时，省内城市（区）、各城市（区）内的区、各区内的社区均为调查协助单位提供若干个备选方案。调查省市涵盖中国东、中、西部和东北部地区，各省市包含省会城市等 3 个城市（区），从地理区位与社会经济发展水平上具有一定的代表性。

本次调查于 2015 年 6—7 月组织实施，共在 5 个省（市）下辖的 15 个市（区）的 150 多个社区开展现场调查。在所选中的每个社区随机调查 21 户（每户 1 份问卷），每个省级单位入户调查不低于 630 户。城市独生子女家庭状况实地调查以出生于 1973—1987 年的城市独生子女的父亲或母亲为调查对象。实地调查中依据被访者家庭为独生子女家庭，且独生子女在 1985 年以前出生两个条件，严格确定被访者。

为保证调查数据质量，在正式调查前对所有调查督导员和调查员进行了调查培训，并进行现场试调查。实地调查时由调查督导员对每个调查员进行 1—3 次跟访，帮助调查员正确理解问项的内容，掌握调查内容与技巧，以便获取准确的调查信息。调查员对所完成的每一份问卷进行仔细检查，调查员间进行问卷互检，督导员对每位调查员提交的问卷进行修改、逻辑关系检测。在调查实施过程中督导员每日对调查员已提交的问卷随机进行复访，以保证调查数据的真实性和数据质量的可靠性。

在完成实地调查后，由专门的数据录入公司将数据录入数据库，并借助于数据库语言对数据进行初步的逻辑检错。在数据录入后，由编辑计算机程序，对数据进行清洗，以保证数据在有效值范围内，并符合数据信息间的逻辑关系。对检测出存在问题的问卷中的相应错误进行修正。必要时，打电话与被访者进行再次确认。总体上，调查组织者在抽样调查中严格审核回收问卷，在数据录入中尊重问卷事实，在数据清洗中进行了严密的逻辑检测，并对问卷信息进行了校验和修正，保证和提高了调查数据的质量。

二 问卷内容

本次调查的问卷设计始于 2014 年 6 月，基于已有有关独生子女家庭的研究及调查，结合本书的研究目标，历经多次修改完善，并在北京市朝阳区曙光西里等社区进行多次试调查。最终的调查问卷从城市独生子女的父亲或母亲视角设计调查问项。问卷内容共包括 9 个部分。

第一，家庭人口信息，包括与被访者共同生活的所有成员和未共同生活的配偶的情况，涵盖与被访者的关系、性别、年龄、健康状况、受教育程度、职业与工作状况、婚姻状况等信息。

第二，被访者的婚姻与生育信息，包括被访者的婚姻状况，初婚时、子女出生后、子女上学的不同时期与被访者共同生活的人的信息，孩子不同成长阶段经济上、日常生活中给予帮助的人的信息等。

第三，子女的基本情况，包括子女的性别、年龄、受教育程度、不同受教育阶段夫妻的收入及孩子花费情况，子女的就业情况、婚姻状况、子女的生育状况、被访者给予孙子女的日常帮助与经济支持等。

第四，亲子关系与亲子财富流转情况，包括子女结婚时的花费、出资人，被访者与子女的居住安排、亲子日常代际互动等。

第五，被访者与父辈关系信息，包括被访者与配偶的父母是否在世、职业等信息，被访者给予自己的父母、配偶父母的代际支持等信息。

第六，家庭经济状况，包括被访者夫妻年收入、住房及产权归属、家庭经济水平等信息。

第七，被访者的社会支持状况，包括被访者所居住小区的活动场所、社区养老服务信息，以及社会交往情况。

第八，60岁及以上被访者的养老情况，包括自己最为担心的养老问题、养老保障情况、入住养老院打算、家庭幸福感和生活满意度等信息。

第九，计划生育政策对个体与家庭的影响，包括计划生育政策所带来的积极影响和遗憾，以及被访者的生育意愿、对子女婚后生育子女的期望等信息。

三 样本基本信息

实地调查共得到3150份问卷，在对问卷信息进行校验和修正后，最终得到3093份有效问卷。在有效样本中男性占31.5%，女性占68.5%；最小年龄为48岁，最大为79岁，年龄为54岁及以下、55—59岁、60—64岁和65岁及以上者分别占14.5%、35.5%、38.6%和11.9%；87%在婚有配偶，4.3%离异，8.7%丧偶；78.5%离/退休，10.1%在职，11.3%一直无工作。被访者子女中56.6%为独生子，43.4%为独生女；平均年龄为32.9岁，29岁及以下、30—34岁、35—39岁、40岁及以上者所占比例分别为4.8%、63.7%、28.1%和3.5%；18.3%未婚，77.9%已婚，3.8%离婚/丧偶。

第二节 研究方法

本书是基于2015年城市独生子女家庭调查数据进行分析得到的研究成果。研究结合社会学、人口学和统计学的研究方法，采用实证研究方法，以定量研究为主，辅之以定性研究。

第一，采用数值推算和比较分析方法，分析早期由独生子女的教育、就业、结婚和生育等事件所引起的亲子物质财富与非物质财富的流转状况；并利用统计检验方法，分析独子家庭与独女家庭、不同调查区域、不同时期独生子女的教育、就业、结婚和生育事件中亲子代际财富流的差异。

  第二，采用多项 logistic 回归方法，分析独生子女受教育程度的影响因素；采用二分 logistic 回归方法，分析独生子女职业流动的影响因素。

  第三，采用数值推算和比较分析方法，分析近期独生子女家庭亲子财富流转状况，并利用统计检验方法，分析独子家庭与独女家庭、不同的父母居住安排方式下独生子女家庭亲子代际财富流转的差异。

  第四，采用数值推算和比较分析方法，分析近期独生子女家庭亲子净财富流转状况，并采用统计方法，从独生子女个人特征、父母特征、家庭特征等角度分析独生子女家庭财富流转模式的差异，揭示社会转型期独生子女家庭代际关系的本质特征。

  第五，采用多元线性回归、Logistic 回归等方法，分析独生子女及其父母的个体社会人口特征、家庭状况、社区状况等因素，以及早期亲子财富流对近期代际物质财富流与非物质财富流的影响，揭示独生子女家庭代际关系的本质特征。

第五章 独生子女教育中亲子财富的流转

对于个人而言，教育既是目的又是工具，其具有价值和手段的双重性质。教育一直是影响个人发展的重要因素，家庭对子女的教育投入会影响子女未来的知识和技能水平。中国的教育学制主要包括幼儿教育、初等教育（小学）、中等教育（初中和高中）、高等教育（大学专科、大学本科和研究生）等。受就业年龄、就业对劳动者技能等的要求，绝大多数子女在接受学校教育时尚无稳定的收入，相应地，各教育阶段教育费用均主要由父母承担。为子女提供受教育的机会和条件既是父母的责任，也是父母的义务。

在幼儿教育阶段，中国城市地区学龄前儿童普遍上幼儿园，这一阶段多数家庭对于子女的学龄前教育需要承担保育费、餐费、兴趣班费用等。从中国城市地区幼儿园发展历史看，1956年后，国家提出调动社会各方面的力量兴办幼儿园，企业、机关、团体开始创办幼儿园，为单位职工解除后顾之忧。1982年12月4日，第五届全国人民代表大会通过的《中华人民共和国宪法》规定："国家鼓励集体经济组织、国家企业事业组织和其他省会力量依照法律规定举办各种教育事业。"1992年中国改革开放深入发展，十四大要求改变国家包办教育的局面，支持鼓励民间办学，这一阶段，企事业单位幼儿园"关、停、并、转"。至此，民办幼儿园大量出现。本次调查的城市第一代独生子女出生于1973—1987年，大多在父母单位的幼儿园度过学龄前期。在调查中也获知，当时作为单位给予职工的福利，基本不收入园费，或只是象征性地收取孩子在幼园的餐费，相对而言，城市第一代独生子女幼儿教育阶段父母的投入较少，同龄孩子的这部分支出差别较小。故此，本书中父母对子女幼儿教育的投入不做具体分析。

在初等教育、中等教育和高等教育阶段，子女的教育费用又有所不同。小学、初中和高中阶段，父母对子女的教育投入主要包括学费、杂费、课本费、文具作业本费、辅助参考资料、课外辅导和兴趣培养费等。1985年5月中共中央做出《关于教育体制改革的决定》，1986年4月12日第六届全国人民代表大会第四次会议通过并颁布《中华人民共和国义务教育法》，同年7月1日施行。在小学和初中的九年义务教育阶段免收学杂费，目前有些地区也免除了书本费；在中专/技校/高等职业学校、高中、大专和大学阶段则不免除学杂费。本书中子女的教育费主要包括择校费、学杂费，以及校外学习、辅导费，其中，学杂费主要指孩子上学期间每年交给学校的费用，如学费、书本费、辅导材料费、校服、住宿费等；校外学习、辅导费主要包括给孩子报课外课程辅导班、音乐、美术、舞蹈、游泳等为提高孩子学习成绩、培养孩子技能而发生的费用。

本章主要对独生子女不同学习阶段的教育支出、独生子女的受教育程度、子女受教育阶段父母的经济压力等进行分析，揭示独生子女不同教育阶段家庭的财富流转情况。在此基础上，分析家庭的教育投入对独生子女最终受教育水平的影响。城市第一代独生子女大多出生在20世纪80年代前后，接受小学教育的时间多在80年代中后期，初中、高中阶段则在90年代初期至中期，大学时期则主要在20世纪90年代后期和2000年后。考虑到不同时代独生子女群体就读期间相应教育政策的变迁，如义务教育的实施、1989年开始允许大学招收自费生、1997年开始大学生普遍缴纳学费、2000年大学学费上涨等，后续在有关学杂费分析中均以年龄组为主进行。为剔除价格上涨因素，使不同年龄组的独生子女学费具有可比性，将结合相应年份城镇居民可支配收入进行比较分析。

第一节 独生子女的教育费用

一 学杂费

（一）小学阶段的学杂费

由独生子女小学期间年学杂费的支出情况可知（见表5-1），总体上，独生子女就读小学期间年学杂费随年龄的上升而降低。从年学杂费的极值看，最高达每学年5000元，即使考虑不同就读年份价格上涨因素，不同独生子女间小学期间的年学杂费也存在较大差异。从独生子女的出生年龄看，29岁及以下的独生子女，即1985年之后出生的独生子女小学期间年平均缴纳的学杂费最低；30—34岁，即1980—1984年出生的独生子女年平均缴纳的学杂费次之；35岁及以上，即1975—1979年、1974年之前出生的独生子女年平均缴纳的学杂费依次降低。这一结果，一方面源于出生早的子女，学费、课本费等学杂费内容较少，费用也较低，且当时物价上涨指数低；而出生晚的子女，虽然部分独生子女就读小学期间适逢义务教育，免除了学费，但相继增加了购买学习资料、校服，甚至住宿费等费用，加上物价上涨等原因，年平均学杂费反而有所增加。

表5-1　　　独生子女小学期间的年学杂费　　　单位：元

年龄组	极小值	极大值	均值	标准差	样本数
29岁及以下	5	1000	98.73	142.478	96
30—34岁	2	5000	86.39	207.295	1304
35—39岁	2	2000	51.65	117.759	578
40岁及以上	2	100	21.43	24.615	75

资料来源：2015年5省（市）城市独生子女家庭状况调查。

分独生子女性别看，不同出生年代的独生子和独生女就读小学期间的年平均学杂费在数额上较接近，但较大的标准差也在一定程度上表明，出生于相同年代的独生子、独生女内部各个体间的年平均学杂费存在一定差异。

表5-2　　　　分性别的独生子女小学期间的学杂费　　　　单位：元

年龄组	性别	极小值	极大值	均值	标准差	样本数
29岁及以下	男	5	1000	98.73	142.478	96
	女	10	700	107.34	134.532	47
30—34岁	男	2	2000	86.39	207.295	1304
	女	2	5000	98.52	267.597	560
35—39岁	男	2	2000	55.23	140.872	328
	女	2	800	46.95	77.674	250
40岁及以上	男	2	100	22.36	25.767	49
	女	3	100	19.70	22.669	26

资料来源：2015年5省（市）城市独生子女家庭状况调查。

分省（市）看，相对而言，重庆市各年龄组独生子女小学期间的学杂费在5个省（市）中最低，各年龄组内独生子女间的差异也相对较小；湖北省各年龄组独生子女就读小学期间的年均学杂费相对较高，各年龄组内个体间存在较大差异。

总体上，随着时间的推移，小学阶段城市独生子女的年平均学杂费呈上升趋势，且存在较大的省市差异。一方面，随着社会经济的发展，人们生活水平的提高，物价水平有所上涨，教育领域的学杂费也同样呈上升趋势；另一方面，学杂费的内容也逐渐增加，20世纪70年代学杂费主要为学费、书费，后来陆续增加了辅导材料费、校服，以及住宿生的住宿费等，导致即使在20世纪80年代中期中国城乡普遍实行了义务教育，免除了学费，但小学期间的年学杂费仍呈上升趋势。

表5-3　　　分省/直辖市的独生子女小学期间的学杂费　　　单位：元

年龄分组	重庆 均值	重庆 标准差	湖北 均值	湖北 标准差	山东 均值	山东 标准差	甘肃 均值	甘肃 标准差	黑龙江 均值	黑龙江 标准差
29岁及以下	65.29	83.787	143.67	214.466	104.74	153.202	84.60	92.161	74.09	72.209
30—34岁	47.66	60.331	119.04	373.940	88.20	133.956	96.48	186.830	82.02	149.275
35—39岁	29.37	37.614	55.02	193.677	50.19	79.751	60.16	70.180	69.04	152.977
40岁及以上	16.65	15.788	19.36	27.645	30.22	35.925	32.00	24.658	20.93	35.372

资料来源：2015年5省（市）城市独生子女家庭状况调查。

（二）初中阶段的学杂费

1980年12月3日，中共中央颁发了《中共中央、国务院关于普及小学教育若干问题的决定》，明确提出："普及教育，涉及学制问题：中小学学制准备逐步改为十二年制；今后一段时期，小学学制可以五年制和六年制并存，城市小学可以先实行六年制，农村小学学制暂时不动。"[1] 1981年4月17日，教育部发出通知："决定将中学的学制逐步改为六年，并要求多数地区在一九八五年以前完成由现行的五年制向六年制的过渡。"自此，在中国，特别是城市地区逐步稳定了"六三三"学制，小学六年，初中、高中各三年。据此推算，绝大多数城市第一代独生子女小学阶段为六年制，相应地，就读初中阶段的时间应该在1987—2000年，且均处于实行九年义务教育阶段。

从独生子女在初中阶段的年学杂费看，调查时点40岁及以上的独生子女年平均学杂费不足100元，但后续较之年龄低的独生子

---

[1] 何东昌：《中华人民共和国重要教育文献（1976—1990）》，海南出版社1998年版，第1915页。

女的年均学杂费却迅速上升。从各年龄组学杂费的最大值和最小值看,同组内个体间初中阶段的学杂费存在较大差异。这一结果除就读学校学杂费内容上的差异外,部分独生子女就读私立学校形成了独生子女群体内年均学杂费的巨大差距。

表 5-4　　　　　独生子女初中阶段的年学杂费　　　　　单位:元

年龄组	极小值	极大值	均值	标准差	样本数
29 岁及以下	10	1500	276.70	271.825	97
30—34 岁	3	20000	269.62	743.471	1315
35—39 岁	3	4150	144.63	268.683	553
40 岁及以上	5	800	73.17	102.750	72

资料来源:2015 年 5 省(市)城市独生子女家庭状况调查。

分性别看,35 岁及以上的独生女初中阶段的平均年学杂费低于独生子,但在 34 岁及以下人群中,独生女初中阶段的年平均学杂费却高于独生子。另外,从均值的标准差看,各年龄组中独生女之间、独生子之间学杂费也存在较大的差距。上述结果在一定程度上表明,随着独生子女在城镇的普遍化,20 世纪 80 年代后出生的独生女在初中阶段的教育中同样得到了家庭的重视,独生子女父母在子女初中教育上未表现出性别偏好。

分省(市、自治区)看,各省(市、自治区)1990 年左右就读初中的独生子女年平均学杂费均相对较低,1995 年左右就读初中的独生子女学杂费相对有所上升,其中湖北省和山东省上升幅度较大。研究表明,在中国义务教育阶段,财政责任由乡、村乃至街道一级地方政府承担,教育成本越来越多地落在家庭身上[①]。由于地方收入差距,经济越贫困地区,教育的公共支出越不足,家庭的

---

① Tsang, M. C. , "Costs of Education in China: Issues of Resource Mobilization, Equality, Equity, and Efficiency", *Education Economics*, 1994, Vol. 2, No. 3

教育成本越高[1]。Wei 等对中国中西部地区 6 个省份的 23 个县 3000多个农村家庭初中教育成本的调查表明，中部地区家庭的教育成本相对最高，西南部次之[2]。湖北省和山东省同属中国的教育大省，但湖北省财政实力偏弱，成为制约义务教育发展的重要因素[3]；山东省虽然有一定的经济实力，但小学和初中摊子大，底子薄，教育投资不足[4]。作为教育大省，教育的公共支出总量跟不上教育发展需求时，相应家庭的教育支出会随之上升。另外，在初中阶段初三面临中考，直接影响着学生后续升学，学校和家庭也更为重视，校内教辅资料费、补课费等的增加也促进了初中阶段学杂费的提高。

表5-5　　　　独生子和独生女初中阶段的年学杂费　　　　单位：元

年龄组	性别	极小值	极大值	均值	标准差	样本数
29 岁及以下	男	10	800	216.67	182.026	48
	女	20	1500	335.51	328.938	49
30—34 岁	男	4	4000	232.72	372.562	742
	女	3	20000	317.40	1042.071	573
35—39 岁	男	3	4150	156.81	333.013	312
	女	4	1000	128.87	147.957	241
40 岁及以上	男	9	800	81.47	117.766	48
	女	5	300	56.58	61.800	24

资料来源：2015 年 5 省（市）城市独生子女家庭状况调查。

---

[1] 谷宏伟：《教育成本、技术进步与劳动力市场均衡——对中国 80 年代义务教育发展的一个理论解释》，《财经问题研究》2012 年第 10 期。

[2] Wei, X., Tsang, M. C., Xu, W. B., Chen, L. K., "Education and Earning in Rural China", *Education Economics*, 1999, Vol. 7, No. 2.

[3] 段云华、张勇：《新机制以来湖北省义务教育投入分析》，《湖北经济学院学报》（人文社会科学版）2012 年第 9 期。

[4] 尹钧荣、杨文法：《山东省本世纪末实现九年制义务教育战略研究》，《山东教育科研》1987 年第 1 期。

(三) 高中阶段的学杂费

目前,在中国,高中阶段不属于义务教育阶段,学生不仅需要缴纳学费,由于需要应对高考,各种学习资料费也相应增加,甚至为了节约时间,部分学生住校学习,相应也有了住宿费开支。如以前述"六三三"学制推算,按相应年级均正常升学计算,绝大多数城市第一代独生子女就读高中阶段的时间应在1990—2000年。本次调查发现,样本中约90.1%的子女就读过高中,其中独生女就读高中的比例约为92.91%,独生子就读高中的比例约为87.91%,相对而言,独生女就读高中比例高于独生子(见表5-6)。

表5-6　　　分区域的独生子女初中阶段的学杂费　　　单位:元

年龄组	重庆 均值	重庆 标准差	湖北 均值	湖北 标准差	山东 均值	山东 标准差	甘肃 均值	甘肃 标准差	黑龙江 均值	黑龙江 标准差
29岁及以下	199.41	189.785	354.35	347.587	317.62	329.786	266.80	208.001	178.18	161.544
30—34岁	174.62	287.272	277.37	521.227	315.17	783.948	228.73	320.282	372.78	1384.197
35—39岁	140.90	420.119	123.10	218.847	144.53	188.616	152.00	150.895	167.65	302.384
40岁及以上	59.16	45.966	60.15	77.971	69.00	58.061	94.44	53.645	155.83	316.045

资料来源:2015年5省(市)城市独生子女家庭状况调查。

由表5-7可知,1979年及以前出生的独生子女高中阶段的年平均学杂费相对低于1980年及以后出生的独生子女。研究表明,1996年全国高中生平均缴纳学杂费330元[①],虽然存在物价上涨因素,本次调查中各年龄段独生子女高中阶段的学杂费均高于1996年的平均水平,年龄越大的独生子女高中阶段缴纳的年平均学杂费

---

① 陈国良:《大学、高中收费问题与成本分担》,《上海高教研究》1998年第1期。

相对越少。另外，从各个年龄段独生子女高中阶段的年平均学杂费均值的标准差看，各年龄组中独生子女间年平均学杂费存在一定差异，且年龄越小的独生子女间年平均学杂费的差异越大。这在一定程度上表明，随着时间的推移，中国各地区高中阶段的学杂费呈逐步上升趋势，相应地，父母为子女读高中的花费也呈上升趋势。加之，高中阶段面临高考，相对于中考更会得到学校与家庭的重视，这也是高中阶段学杂费增加不可忽略的重要因素。

表5-7　　　　　　　独生子女高中阶段的年学杂费　　　　　单位：元

年龄	极小值	极大值	均值	标准差	样本数
29岁及以下	40	20000	1033.19	2570.384	80
30—34岁	15	20000	932.27	1810.864	977
35—39岁	3	10000	530.87	909.69	328
40岁及以上	5	2000	264.27	333.121	41

资料来源：2015年5省（市）城市独生子女家庭状况调查。

由表5-11可知，分性别看，同一年龄组的独生子高中阶段的年平均学杂费均高于独生女，从均值的标准差看同年龄组中独生子间年学杂费的差异也均大于独生女。在一定程度上表明，相对于独生女父母，高中阶段独生子父母投入了更多的财富，独生子父母"望子成龙"更为心切。

由表5-12可知，分区域看，20世纪90年代中期以前各省（市）内高中学杂费均在500元左右，20世纪90年代后期各省均有不同程度的上涨，且山东省、湖北省上涨较快，超过了1000元；重庆市和甘肃省上涨水平相对较低。相对而言，90年代后期湖北省、山东省独生子女就读高中的年学杂费差异较大。这一结果与初中阶段家庭学杂费分析结果相似，作为两大教育大省，相应省（市）的独生子女父母为子女就读高中投入了相对更多的财富。

表 5-8　　　　独生子与独生女高中阶段年学杂费　　　　单位：元

年龄组	性别	极小值	极大值	均值	标准差	样本数
29 岁及以下	男	40	20000	1109	3105.410	40
	女	40	12000	957.38	1930.749	40
30—34 岁	男	15	20000	994.86	2146.172	547
	女	20	10000	852.65	1259.698	430
35—39 岁	男	3	10000	628.07	1119.983	159
	女	5	6000	439.41	643.185	169
40 岁及以上	男	20	2000	306.92	390.515	26
	女	5	700	190.33	188.400	15

资料来源：2015 年 5 省（市）城市独生子女家庭状况调查。

表 5-9　　　　分区域的独生子女初中阶段的学杂费　　　　单位：元

年龄组	重庆 均值	重庆 标准差	湖北 均值	湖北 标准差	山东 均值	山东 标准差	甘肃 均值	甘肃 标准差	黑龙江 均值	黑龙江 标准差
34 岁及以下	757.85 (199)	1654.176	1170.97 (201)	2475.430	1310.3 (198)	2447.084	648.79 (272)	768.171	916.52 (187)	1717.477
35 岁及以上	596.08 (79)	1377.208	474.94 (64)	713.600	500.35 (93)	756.576	420.42 (72)	448.517	502.79 (61)	700.474

注：括号中的数据为样本数。

资料来源：2015 年 5 省（市）城市独生子女家庭状况调查。

总体上，高中阶段独生子女父母为子女完成学业投入的家庭财富仍呈上升趋势，独生子的学杂费高于独生女，出生越早的独生子女高中阶段的学杂费越低，出生越晚的独生子女的学杂费越高。不同省市的独生子女高中阶段的学杂费存在较大差异，20 世纪 90 年代重庆市和甘肃省高中学杂费呈缓慢上涨趋势，学杂费上涨相对比较趋缓，但山东省和湖北省的学杂费上涨较快。

(四) 中专、职业高中阶段的学杂费

中专、职业高中是中国中等教育的重要组成部分，作为培养专门人才的学历教育阶段，学生也需要支付相应的学杂费。本次调查样本中，约18.88%的被访者子女就读初中、中专或职业高中，独生子约占60%，独生女约占40%。按照学制规定，绝大多数城市第一代独生子女就读初中中专、职业高中阶段的时间应在1990—2000年。由调查结果可知，作为学历教育阶段，中专、职业高中阶段独生子女的学杂费远高于同龄人高中阶段的学杂费。具体地，就读中专、职业高中的时间越晚，相应的学杂费越高。除物价上涨因素外，随着中专、职业高中教学、实习等的规范化也不可避免地带来了学生学杂费的上升。

表 5-10　　独生子女在中专、职业高中阶段的学杂费　　单位：元

年龄	极小值	极大值	均值	标准差	样本数
29 岁及以下	50	15000	3162.11	3419.406	19
30—34 岁	9	20000	2422.72	2777.636	330
35—39 岁	15	20000	1858.59	2258.970	216
40 岁及以上	50	4000	690.32	932.505	19

资料来源：2015 年 5 省（市）城市独生子女家庭状况调查。

由表 5-11 可知，分性别看，35—39 岁的独生子与独生女就读中专、职业高中阶段时的学杂费在数额上差别不大，但 30—34 岁组的独生子与独生女的学杂费差别有所扩大。由均值的标准差可知，同年龄组的独生子间的学杂费差异均低于相应年龄组独生女间的差异。是否由于所读学校、专业等的差异尚需要后续继续关注。

由表 5-12 可知，分区域看，不同就学时期内，各省（市）独生子女就读中专、职业高中的年学杂费均有不同程度的上涨；在相同时期内，山东省学杂费均值最低，黑龙江省最高。

表 5-11　分性别的独生子女在中专、职业高中阶段的学杂费　　单位：元

年龄组	性别	极小值	极大值	均值	标准差	样本数
29 岁及以下	男	50	15000	3310.00	4377.518	10
	女	80	7000	2997.78	2166.113	9
30—34 岁	男	20	10000	2232.82	2344.048	177
	女	9	20000	2642.41	3201.061	153
35—39 岁	男	50	10000	1830.30	1962.626	135
	女	15	20000	1905.74	2694.186	81
40 岁及以上	男	90	4000	868.46	1070.17	13
	女	50	800	304.33	347.149	6

资料来源：2015 年 5 省（市）城市独生子女家庭状况调查。

表 5-12　分区域的独生子女中专、职业高中阶段的学杂费　　单位：元

年龄组	重庆 均值	标准差	湖北 均值	标准差	山东 均值	标准差	甘肃 均值	标准差	黑龙江 均值	标准差
34 岁及以下	2386.29 (73)	2470.427	2646.54 (78)	3450.064	1808.09 (89)	2035.284	2297.38 (65)	2121.285	3834.09 (44)	3810.676
35 岁及以上	1492.71 (48)	1588.589	1819.85 (62)	2345.873	1235.37 (67)	1356.512	2292 (25)	1625.044	2727.88 (33)	3697.198

注：括号中的数据为样本数。

资料来源：2015 年 5 省（市）城市独生子女家庭状况调查。

总体上，随时间的推移独生子女就读中专、职业高中的学杂费呈上升趋势，存在一定的区域差异和性别差异。本次调查中就读中专、职业高中的比例相对较低，受调查样本的限制相关结果还需要后续继续检验。

（五）大学专科阶段的学杂费

由表 5-13 可知，大学专科阶段，独生子女的年学杂费仍一路

攀升，40岁及以上独生子女就读时学杂费在2000多元水平，至35—39岁独生子女时已上升至3500元，到34岁及以下的"80后"已远超过了4000元。可见，20世纪90年代初期大专院校的学杂费相对较低，至20世纪末及其后大专院校的学杂费已大幅上升。除物价上涨因素外，2000年国家政策规定的大学学费上涨应该是学杂费上涨的最主要原因。

表5-13　　　　独生子女大学专科阶段的学杂费　　　　单位：元

年龄	极小值	极大值	均值	标准差	样本数
29岁及以下	100	10000	4650.00	3197.360	38
30—34岁	100	70000	4980.65	5727.023	386
35—39岁	100	40000	3555.34	4220.876	174
40岁及以上	106	10000	2233.11	2850.110	18

资料来源：2015年5省（市）城市独生子女家庭状况调查。

分性别看，35岁及以上的独生子大学专科阶段的年平均学杂费低于相应年龄段的独生女，34岁及以下的独生子大学专科阶段的学杂费则高于独生女（见表5-14）。

表5-14　　分性别的独生子女大学专科阶段的学杂费　　单位：元

年龄组	性别	极小值	极大值	均值	标准差	样本数
34岁及以下	男	100	70000	5112.83	6647.635	233
	女	100	30000	4753.61	3800.072	191
35岁及以上	男	100	10000	2815.88	2590.713	102
	女	100	40000	4128.96	5287.697	90

资料来源：2015年5省（市）城市独生子女家庭状况调查。

分区域看，20世纪90年代末黑龙江省被访者子女就读大学专科时年平均学杂费最低,其次为山东省、甘肃省和湖北省,重庆市最高。至 21 世纪初期,被访者子女就读大学专科的学杂费均有所增加,黑龙江省最高,其次为重庆市,山东省和甘肃省相对较低。均值的标准差也表明,在 21 世纪初各省(市、自治区)就读大学专科的独生子女间的学杂费具有较大差异(见表 5-15)。

表 5-15　　　分区域的独生子女大学专科阶段的学杂费　　　单位:元

年龄组	重庆 均值	重庆 标准差	湖北 均值	湖北 标准差	山东 均值	山东 标准差	甘肃 均值	甘肃 标准差	黑龙江 均值	黑龙江 标准差
34 岁及以下	5405.14 (70)	7193.690	4690.80 (87)	3458.008	4300 (91)	2545.759	4324.71 (104)	3164.137	6551.39 (72)	9576.909
35 岁及以上	4568.97 (39)	6941.084	3574.51 (39)	3808.829	3012.59 (54)	2358.261	3071.43 (28)	3162.378	2892.19 (32)	2713.411

注:括号中的数据为样本数。
资料来源:2015 年 5 省(市)城市独生子女家庭状况调查。

总体上,独生子女就读大学专科期间的年学杂费存在较大差异。年龄较大的、早期就读大学专科的独生子女的年学杂费相对低于年龄较小、较晚就读大学专科的独生子女;不同时期各省(市、自治区)独生子女就读大专时的年平均学杂费也具有一定差异。

(六)大学本科阶段的学杂费

本次调查的独生子女中,约 38.93% 受教育程度为大学本科及以上,其中,独生子中约 35.42%、独生女中约 43.51% 接受了大学本科及以上的教育,独生女上大学的比例高于独生子。由表 5-16 可知,分年龄看,35 岁及以上的独生子女在大学期间的平均学杂费低于 30—34 岁的独生子女。换言之,20 世纪 90 年代初期大学本科的学杂费较低,至 20 世纪 90 年代末期,本科年学杂费上涨,进入 21 世纪后,独生子女读大学的学杂费上升得更快。

表5-16　　　分年龄的独生子女大学期间的年学杂费　　　单位：元

年龄分类	最小值	最大值	均值	标准差	样本数
29岁及以下	500	20000	6021.57	4216.933	51
30—34岁	100	80000	6490.21	7228.691	687
35—39岁	120	40000	4576.36	4908.345	198
40岁及以上	400	4000	2180.00	1569.713	10

资料来源：2015年5省（市）城市独生子女家庭状况调查。

分性别看，不同时代就读大学本科的独生子的年平均学杂费均高于独生女，且独生子间的年平均学杂费也高于独生女（见表5-17）。

表5-17　　　分性别的大学本科阶段独生子女的年学杂费　　　单位：元

年龄组	性别	极小值	极大值	均值	标准差	样本数
34岁及以下	男	100	80000	6977.70	8386.022	384
	女	300	40000	4892.52	5479.373	107
35岁及以上	男	100	50000	5893.89	5213.517	354
	女	120	30000	4004.16	3999.297	101

资料来源：2015年5省（市）城市独生子女家庭状况调查。

分区域看，不同时期不同省（市）独生子女就读大学本科期间的年平均学杂费不同，20世纪90年代中期前后甘肃省、黑龙江省的独生子女年学杂费相对较高；90年代后期学杂费普遍上涨，湖北省、山东省和黑龙江省相对较高。

大学本科期间的学杂费随就读院校、专业等的不同而具有较大的差异，本次调查未收集独生子女就读的大学及专业信息，难以对省/直辖市父母给予子女的学杂费差异做出准确判断。但总体上，随着高等教育收费制度的实施，大学本科阶段独生子女的年平均学杂费持续上升，家庭为子女的教育投入也呈上升趋势。

表 5-18　分区域的独生子女中专、职业高中阶段的学杂费　　单位：元

年龄组	重庆 均值	重庆 标准差	湖北 均值	湖北 标准差	山东 均值	山东 标准差	甘肃 均值	甘肃 标准差	黑龙江 均值	黑龙江 标准差
34岁及以下	5987.50 (104)	7816.633	6997.58 (165)	6425.938	6663.04 (141)	6950.198	5400.88 (181)	6631.764	7289.29 (147)	7684.036
35岁及以上	4719.23 (26)	4592.604	4293.91 (46)	2707.852	3170.19 (52)	2127.026	4925.00 (42)	6201.153	5619.05 (42)	6990.036

注：括号中的数据为样本数。
资料来源：2015年5省（市）城市独生子女家庭状况调查。

（七）各教育阶段学杂费的比较分析

通过以上分析，比较自小学至大学本科各教育阶段独生子女的年平均学杂费可知，分独生子女的年龄看，年龄为29岁及以下的独生子女在小学、初中、高中、中专/高职、大学专科、大学本科阶段的年平均学杂费最高，30—34岁独生子女次之，35—39岁独生子女的年平均学杂费又低于30—34岁的独生子女，40岁及以上的独生子女的年平均学杂费最低。换言之，在城市第一代独生子女中，年龄越大的独生子女读书期间父母为其承担的教育费用相对越低，年龄越小的独生子女相应的教育费用越高。另外，从独生子女不同教育阶段年平均学杂费的标准差也可以看出，29岁及以下、30—34岁、35—39岁和39岁及以上各年龄组独生子女的年平均学杂费的差异逐渐扩大；相似地，在同一年龄组内，小学、初中、高中、中专/高职、大专和大学本科的年平均学杂费差异也逐级增大。潘立新于1992年对江苏省部分城乡独生子女社会化过程中家庭投入的调查得出的结论与本章相似，

当年处于小学阶段的独生子女年人均智力投资低于中学阶段的独生子女，其中学杂费约占整个智力投资的一半；从小学至初中，学杂费及其他学习费用均略有提高①。

总体上，在同一受教育阶段，不同年龄组的城市第一代独生子女的年平均学杂费呈上升趋势；在相同年龄组的独生子女从小学、初中、高中，到大学专科、大学本科的学杂费明显增加。在义务教育阶段，独生子女的教育费用相对较低；在学历教育阶段，同一年龄组的独生子女就读大学本科的年学杂费最高，其次为大学专科阶段，中专/高职阶段最低。

独生子女成长过程中各个受教育阶段学杂费呈上升趋势，这一结果一方面源于经济体制改革后，社会经济、科技、文化和教育各方面均有了显著的进步，人民生活水平、收入均普遍提高，教育技术、教育内容的丰富，以及教育在子女发展中的重要性增强均促使家庭增大了对子女的教育投资；另一方面多年来独生子女学杂费的变化也与教育政策，特别是教育收费政策的调整息息相关。中国虽然在1986年开始实行九年义务教育，但同期，教育收费改革逐渐展开，教育收费范围不断扩大，收费额不断增高，高等教育从公费津贴制向教育收费制转变，初等教育中教育收费与教育质量挂钩，部分私立学校对学生收取高额费用，重点学校或质量较好的公立学校对转校借读学生和计划外学生收取较高费用，同时也由无偿教育向有偿教育发展②。城市第一代独生子女中，35岁及以上独生子女小学阶段虽然还未开始实行义务教育，但当时家庭收入相对较低，学杂费也相对较低；初中时期部分独生子女已接受义务教育，免除学费也降低了家庭对子女教育的投入；即使在需要缴纳学费的高中阶段，因当时多数学校尚未完全实现教育质量与收费相挂钩，学费仍相对较低。年龄在

---

① 潘立新：《独生子女在社会化过程中家庭投入的分析与思考——对江苏省4775名独生子女的调查》，《人口学刊》1993年第4期。

② 商丽浩、田正：《20世纪中国教育收费制度的发展》，《上海高教研究》1998年第5期。

35岁及以上的独生子女在大学专科、大学本科阶段就读时，尚属高等教育收费试点时期，未完全实行收费制，学杂费也相对较低。而34岁及以下的独生子女，在就读初中、高中时，民办初等教育与公立学校的竞争与发展促进了家庭对高教育质量的追求，在一定程度上增大了家庭对子女学校教育的支出。待这批独生子女进入大学，公立与民办高校学费节节攀升，使得34岁及以下城市独生子女在高中、大学专科和大学本科的学杂费持续上升，家庭为其教育花费相应增加。

二 课外学习、辅导费

小学、初中和高中阶段，除正常的学校学习外，为取得好的成绩，增加子女的技能，有条件的家庭还会出资让子女在课余时间参加各种课外辅导班和兴趣班。特别是初中阶段面临中考，高中阶段面临高考，家庭更增大了独生子女课外学习、辅导费等的投入。

（一）小学阶段的课外学习、辅导费

在有效样本中，仅5.33%的独生子女参加了课外学习班或各种兴趣班。从年龄看（见图5-1），40岁及以上独生子女小学阶段参加课外辅导班的比例较低，其次为35—39岁独生子女，34岁及以下独生子女中参加课外班的比例有所提高。从性别看，随着年龄的下降独生女中小学阶段参加课外辅导班的比例呈上升趋势，且在各年龄组中参加课外班的比例均高于相应年龄组的独生子。

由表5-19可知，在小学阶段参加课外班的独生子女中，34岁及以下组年平均花费高于35岁及以上组，独生女年平均课外班费用均高于独生子。可见，年龄较大的独生子女在就读小学时上课外班的比例较低，花费也较低，但随着教育的发展，自20世纪80年代末期，独生子女上课外学习班的比例与花费均有所上升。

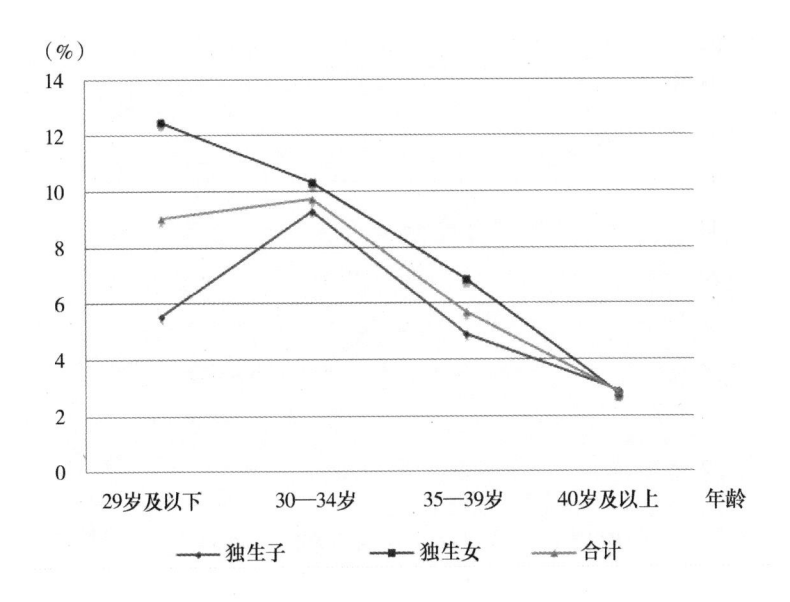

第五章 独生子女教育中亲子财富的流转

图 5-1 独生子女小学阶段参加课外班的比例

资料来源：2015年5省（市）城市独生子女家庭状况调查。

表 5-19 独生子女小学阶段的课外学习费 单位：元

年龄	性别	最小值	最大值	均值	标准差	样本数
34岁及以下	男	2	2000	220.82	358.030	62
	女	2	4000	398.78	617.766	64
	总计	2	4000	311.21	512.716	126
35岁及以上	男	2	600	72.94	149.733	16
	女	2	300	121.67	117.538	12
	总计	2	600	93.82	136.700	28

资料来源：2015年5省（市）城市独生子女家庭状况调查。

（二）初中阶段的课外学习、辅导费

调查发现，初中阶段约10.35%的独生子女参加了课外学习班（见图5-2），随着时间的推移，独生子女中初中阶段参加课外班的比例逐步上升，年龄为34岁及以下的独生子女参加课外班的比例远高于35岁及以上的独生子女。且各年龄组独生女参加课外班的比例高于独生子。

79

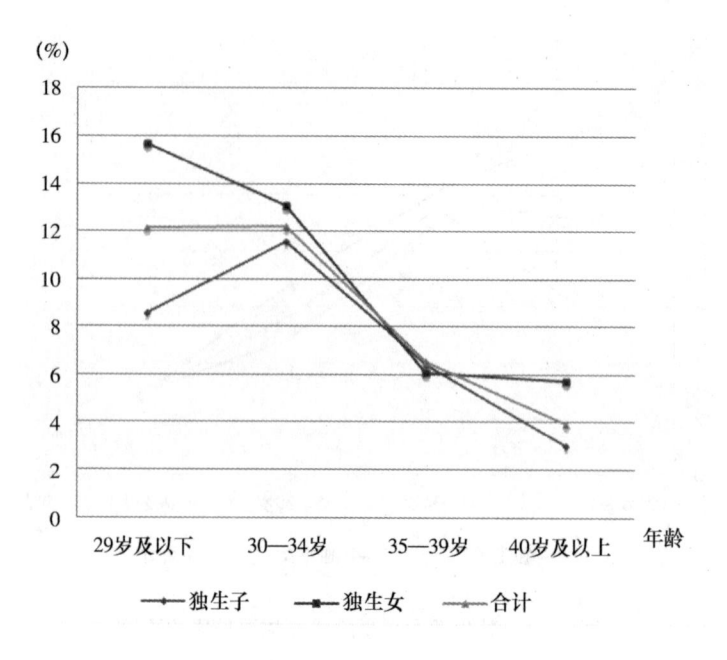

图 5-2　独生子女初中阶段参加课外班的比例

资料来源：2015 年 5 省（市）城市独生子女家庭状况调查。

由表 5-20 可知，在初中阶段参加课外班的独生子女中，34 岁及以下的独生子女中独生子与独生女的年平均花费无明显差别，但独生子、独生女个体间的课外辅导费具有较大差别。一些家庭中初中阶段独生子女的课外学习费用增大，但多数家庭并未在课外辅导、兴趣班等方面对子女投入过多的家庭财富。可见，自 20 世纪 90 年代初，独生子女家庭已较为重视课堂外的补习与辅导，无形中增加了家庭在义务教育阶段对子女的教育投入。

表 5-20　　　　　　　独生子女初中阶段课外学习费　　　　单位：元

年龄	性别	最小值	最大值	均值	标准差	样本数
34 岁及以下	男	2	10000	993.93	1636.220	84
	女	10	10000	991.26	2046.034	88
	总计	2	10000	992.56	1851.842	172

续表

年龄	性别	最小值	最大值	均值	标准差	样本数
35岁及以上	男	2	4800	473.00	1018.367	24
	女	12	15000	2097.86	4369.523	14
	总计	2	15000	1071.63	2825.572	38

资料来源：2015年5省（市）城市独生子女家庭状况调查。

（三）高中阶段的课外学习、辅导费

调查发现，在高中阶段，约13.48%的独生子女参加了课外辅导班，40岁及以上独生子女中仅少数独生子参加过课外辅导班，39岁及以下的独生女参加课外辅导班的比例高于相应年龄组的独生子（见图5-3）。总体上，就读高中越晚的独生子中参加课外辅导班的比例相对越高。

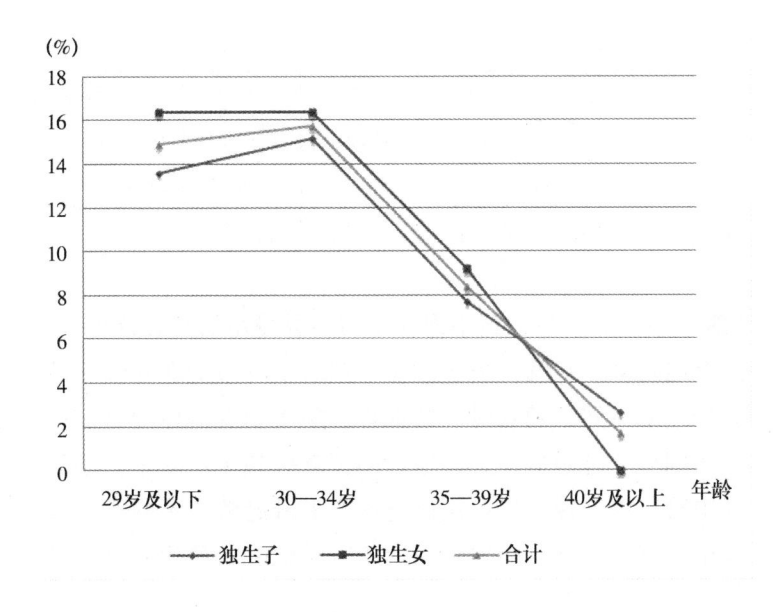

图5-3　独生子女高中阶段参加课外班比例

资料来源：2015年5省（市）城市独生子女家庭状况调查。

由表 5-21 可知,从独生子女高中阶段课外学习费数额看,35 岁及以上独生子女中最高年课外辅导费约为 1 万元;34 岁及以下独生子女中已达到 2 万元,且独生子的年平均辅导费高于独生女。

可见,在 20 世纪 90 年代中后期,部分就读于高中阶段的独生子女在学校学习的基础上,在校外也参加各种学习班,父母在承担学校教育费用的同时,增加了额外的教育投资。知识改变命运,作为中国当前最公平的选才方式,几乎所有学生高中阶段学习的最终目标是通过高考,进入大学,以期未来有更好的个人发展。学业上的激烈竞争在某种程度上演化为家庭对子女教育投入的竞争。

表 5-21　　　　　独生子女高中阶段的课外学习费　　　　单位:元

年龄	性别	最小值	最大值	均值	标准差	样本数
34 岁及以下	男	20	20000	2589.31	4254.040	87
	女	30	10000	1404.08	1798.637	77
	总计	20	20000	2032.83	3377.641	164
35 岁及以上	男	30	10000	1197.33	2571.446	15
	女	70	5000	1782.31	1622.725	13
	总计	30	10000	1468.93	2164.997	28

资料来源:2015 年 5 省(市)城市独生子女家庭状况调查。

(四) 小学、初中、高中课外学习辅导费用的比较分析

由上述独生子女就读小学、初中和高中时参加课外辅导及费用等的分析结果可知,随着时间的推移,独生子女群体中参加课外学习班的比例呈上升趋势,具体地,同年龄段独生子女中在小学、初中、高中阶段参加课外班的比例呈逐步上升趋势;不同年龄段的独生子女中,就读小学、初中、高中各阶段较晚的独生子女中参加课外学习班的比例相对越高。

从独生子女参加课外班的年平均费用看,同年龄段独生子女中高中阶段的花费高于初中阶段,初中阶段又高于小学阶段。分性别看,小学、初中阶段独生女的平均课外辅导费略高于独生子,但在

高中阶段独生子的平均课外辅导费明显高于独生女。

总之,小学、初中和高中阶段独生子女的课外辅导费逐级增加,且在高中阶段上升得尤为明显。这可能源于,小学、初中阶段课外学习辅导更多的是对子女进行音乐、绘画、舞蹈、体育等方面兴趣与能力的培养,相对而言,20世纪80年代和90年代早期此类培训市场尚不成熟,家庭在这方面的投入比较少。而在高中阶段,独生子女面临高考,相应时期的课外学习和辅导更多的是对校内课程学习的巩固与提高,与子女的高考,甚至与未来发展息息相关,相应地得到了更多家长的重视,并付诸实践,家庭对子女的课外辅导支出提高。

三 择校费

中国社会经济的发展一直存在巨大的城乡、区域差异,导致了义务教育阶段教育资源投入的不均衡,城乡、省(市)间,即使在同一区域,校际间也存在教学资源、教学水平、升学率等差异,在家长们"望子成龙""望女成凤"的教育期望下,小学、初中和高中阶段择校成为追逐优质教育资源、实现预期教育期望的重要手段。虽然《中华人民共和国义务教育法》规定,义务教育阶段的适龄儿童实行"就近入学"政策,但择校仍屡禁不止。择校始现于经济发达地区的大中城市,随着高考竞争的加剧,在非义务教育的高中阶段更成为择校的重要领域,且在城市愈加严重。

本次调查发现,在被访独生子女家庭中,子女在小学阶段择校率约为3.28%,初中阶段约3.66%,高中阶段为4.69%,相对而言,独生子女就读初等、中等学校期间的择校率相对较低。从年龄看,29岁及以下的独生子女在小学和初中阶段的择校比例明显高于30—39岁及以上的独生子女,但在高中阶段的择校比例略有下降(见表5-22)。

表5-22 不同年龄独生子女择校比例　　　　　　　　　单位:%

年龄	小学	初中	高中
29岁及以下	7.59	4.90	4.35
30—34岁	3.34	4.17	5.13
35—39岁	2.34	2.37	3.52
40岁及以上	3.77	2.91	5.36
合计	3.28	3.66	4.69

资料来源:2015年5省(市)城市独生子女家庭状况调查。

分性别看,独生子和独生女在小学、初中和高中阶段的择校比例均较低,相对而言,独生子在各学习阶段的择校比例均高于独生女。

表5-23 小学、初中和高中阶段独生子女的择校比例　　　　单位:%

内容	小学	初中	高中
独生子	3.35	4.01	5.94
独生女	3.18	3.20	3.19
合计	3.28	3.66	4.69
样本数	3051	3008	2067

资料来源:2015年5省(市)城市独生子女家庭状况调查。

分年龄看,34岁及以下独生子女在小学、初中和高中阶段的平均择校费用均明显高于35岁及以上独生子女。就34岁及以下独生子女而言,小学阶段的平均择校费低于初中阶段,初中阶段又低于高中阶段,独生子和独生女在小学、初中和高中阶段的平均择校费呈上升趋势,且相应阶段的年平均择校费均明显高于独生女。35岁及以上独生子择校样本较少,在此不做深入讨论。

表 5-24　　　　　　　独生子与独生女的择校费　　　　　　单位：元

年龄	性别	小学 均值	小学 标准差	小学 样本数	初中 均值	初中 标准差	初中 样本数	高中 均值	高中 标准差	高中 样本数
34岁及以下	独生子	1048.95	3263.892	38	3264.4	4878.488	50	7723.92	9332.613	51
	独生女	399.03	769.602	31	1439.33	1937.620	30	4023.33	7428.838	21
	合计	756.96	2482.707	69	2580.00	4114.675	80	6644.58	8930.356	72
35岁及以上	独生子	78.12	195.974	17	169.29	260.575	14	1810.00	2104.106	11
	独生女	650.00	1316.131	5	311.67	344.689	6	3094.44	5919.818	9
	合计	208.09	647.592	22	212.00	283.579	20	2388.00	4125.667	20

资料来源：2015 年 5 省（市）城市独生子女家庭状况调查。

可见，出生于 20 世纪 80 年代的独生子女在小学、初中和高中阶段择校的比例明显高于生于 20 世纪 70 年代的独生子女，且前者在小学、初中和高中阶段的平均择校费也显著高于后者。

现实中，受中考、高考的影响子女就读初中、高中阶段人均支出的教育辅导费和择校费均相对较高，国家统计局城调队 1999 年 9 月调查发现，前述两项费用合计小学人均为 323.51 元、初中为 501.21 元、高中为 1060.71 元[1]。粗略比较而言，相应时间城市第一代独生子女的择校费、课外教育辅导费远高于调查发现的平均水平。父母为了子女能在条件相对更好的学校上学，为了子女能更好地掌握课本知识，额外支出了择校费、课外教育辅导费，在一定程度上增大了家庭经济负担。提高学校的教育质量，降低校际之间的巨大差异，创造良好的教育环境，为更多的人提供平等的受教育机会。

第二节　独生子女教育中亲子代的责任

如前所述，绝大多数子女在接受学校教育时尚无稳定的收入，独生

---

[1] 胡涛：《家庭教育经费支出："昂贵大餐"还是"家常小菜"》，《江苏教育》2002 年第 7 期。

子女的教育费用主要由父母承担。部分子女为减轻父母的负担，在学习期间参加勤工俭学。另外，由于工作需要，一些子女在工作后会参与进修、培训，提高学历水平和技能，这一阶段父母的资助情况也反映着独生子女教育中亲子的责任。本节主要对子女的教育费用与父母收入进行相对比较，更进一步明晰独生子女教育中亲子财富流转状况。

一 独生子女年教育费用占父母年收入的比例
（一）学杂费占父母年收入的比例

表5-25给出了不同年龄独生子女就读小学、初中、高中、高职/技校、大学专科和大学本科阶段学杂费占父母年收入的比例。

首先，对于同一年龄段的独生子女而言，就读小学、初中、高中、高职/技校、大学专科、大学本科阶段的年平均学杂费占父母收入的比例呈上升趋势，小学阶段该比例最低，其次，为初中阶段，高中阶段该比例有所上升，中专/高职、大学专科、大学本科阶段明显提高。总体上，初等教育阶段年平均学杂费占父母收入的比例明显低于中等教育阶段，中等教育阶段又低于学历教育阶段。一方面，从小学至大学阶段，随着学习内容的增多，学杂费本身呈上升趋势，在小学、初中阶段，部分独生子女享受到义务教育，父母所承担的教育费用相对较低，而在高职/技校、大学专科、大学本科阶段，相应的教育费用多由父母承担，学杂费占父母收入的比例上升；另一方面，随着社会经济的发展，独生子女父母的工资也随之上涨，虽然各学习阶段学杂费呈上升趋势，但相应的学杂费占独生子女父母年收入的比例的增长却相对趋缓。

其次，在同一教育阶段，不同年龄的独生子女的年平均学杂费占父母收入的比例不同。小学阶段，年龄在40岁及以上的独生子女的年平均学杂费占父母收入的比例低于35—39岁的独生子女，35—39岁的独生子女又低于30—34岁的独生子女，29岁及以下独生子女的年平均学杂费占父母年收入的比例却又低于30—34岁的独生子女，这主要源于29岁及以下独生子女就读小学期间已普遍实行义务教育，在一定程度上降低了家庭的教育支出。35—39岁、

30—34 岁独生子女初中、高中、高职/技校、大学专科、大学本科的学杂费占父母年收入的比例高于 29 岁及以下的独生子女。

表 5-25　　　独生子女各学习阶段年平均学杂费
占父母年收入的比例　　　单位：%

年龄	内容	小学	初中	高中	高职/技校	大学专科	大学本科
29 岁及以下	极小值	0.14	0.21	0.17	0.83	0.64	1.67
	极大值	46.67	100	250	125	222.22	185.19
	均值	4.03	7.03	12.54	34.69	39.66	30.17
	标准差	6.904	13.664	32.137	32.861	49.414	34.176
	样本数	96	96	80	19	37	49
30—34 岁	极小值	0.04	0.05	0.17	0.17	0.50	0.42
	极大值	416.67	208.33	555.56	833.33	833.33	583.33
	均值	4.51	6.31	11.65	41.2	44.04	40.5
	标准差	13.568	13.022	31.552	82.309	65.838	50.716
	样本数	1272	1288	946	322	372	654
35—39 岁	极小值	0.05	0.1	0.11	0.56	0.83	1.43
	极大值	238.1	238.1	370.37	555.56	566.67	555.56
	均值	3.85	5.65	11.82	40.21	44.59	44.19
	标准差	11.812	13.47	29.378	65.063	78.233	67.409
	样本数	571	542	320	212	168	187
40 岁及以上	极小值	0.03	0.04	0.12	1.04	0.4	4.17
	极大值	41.67	19.61	33.33	67.75	83.33	208.33
	均值	2.47	4.11	6.60	15.56	27.16	39.72
	标准差	5.012	4.118	7.774	20.356	25.667	61.787
	样本数	74	70	40	18	18	10

资料来源：2015 年 5 省（市）城市独生子女家庭状况调查。

有学者研究表明，1996 年全国平均高中生缴纳学杂费 330 元，大学生平均缴纳 1319 元，学生实际负担教育费用相当于家庭收入的比例，城镇大学生为5%，高中生为2%[①]。就受教育程度为大学本科、大学专科的独生子女而言，1980年左右出生的独生子女在1996年正值高中，1975年前后出生的独生子女在1996年大多就读大学，由前述分析结果可知，城市独生子女就读高中、大学时的学杂费，以及学杂费占父母年收入的比例均明显高于全国的平均水平。

  总体上，从学杂费占家庭收入比例的极大值看，每一学习阶段均有一些家庭中子女的年平均学杂费明显高于父母的年收入，甚至高出几倍的状况；各个学习阶段子女的年平均学杂费占父母年收入的比例均小于100%，最高约45%。多数家庭中父母的收入尚能支撑子女的教育支出，但也存在一些家庭子女的学杂费远高于当时家庭的年收入，因为子女上学而使家庭背负着沉重的经济负担。虽然各年龄段独生子女各阶段就学年代不同，但在小学、初中和高中阶段，年平均学杂费占父母收入的比例均较低，且相互间差别不大；在中专/高职、大专和大学本科阶段年平均学杂费占父母收入的比例明显上升，具有较大差别。在同一年龄组内，高职阶段年平均学杂费占父母收入的比例明显高于小学和初中阶段，但中专、大专和大学本科阶段年平均学杂费占父母收入的比例又远高于高中阶段。各年龄段内、各年龄段间，大学专科和本科阶段学杂费占父母年收入的比例普遍较高。可见，初等教育阶段子女上学给父母带来的经济压力相对较低，但中等教育，特别是高等教育阶段随着学杂费的上升，子女教育中父母的经济压力相对增大。

  国际经验表明，非义务教育阶段收费与成本分担有助于提高效率，学生在负担家庭成本的情况下更具有责任感，相应地，会更注重从社会需要、个人就业、自身条件等各方面理性地做出最终学历、专业方向等教育选择。但也必须看到，教育收费也会在一定程度上成为家庭经济困难学生获取高学历的障碍，因学致贫、因贫失学。因此，非义务教育阶段的收费政策也应有无偿助学金、勤工俭

[①] 陈国良：《大学、高中收费问题与成本分担》，《上海高教研究》1998年第1期。

学、学生贷款等资助措施，满足经济确有困难学生的求学需求，使其尽可能地接受更高级别的教育，为未来个人发展奠定基础。

（二）课外辅导费占父母年收入的比例

表5-26的结果表明，独生子女在小学、初中和高中的课外辅导费用占家庭收入的比例均较低，但从小学到初中，再到高中，独生子女的课外学习费用呈上升趋势。在同一学习阶段，不同年龄组的独生子女的课外辅导费用占家庭收入的比例不同，年龄越大的独生子女，读小学、初中和高中时的课外辅导费用占家庭收入的比重相对越低。同一年龄组的独生子女在不同学习阶段的课外辅导费占家庭收入的比例也不同，小学阶段课外学习费占家庭收入的比例明显低于初中阶段，而初中阶段又低于高中阶段。

表5-26　　独生子女课外辅导费占父母年收入的比例　　单位:%

年龄	内容	小学	初中	高中
29岁及以下	极小值	0	0	0
	极大值	16.67	41.67	111.11
	均值	0.26	1.43	3.00
	标准差	1.609	5.760	15.018
	样本数	132	126	104
30—34岁	极小值	0	0	0
	极大值	92.59	555.56	925.93
	均值	0.74	2.38	2.67
	标准差	5.415	24.453	29.013
	样本数	1713	1661	1172
35—39岁	极小值	0	0	0
	极大值	25.00	227.27	166.67
	均值	0.16	0.88	1.63
	标准差	1.585	9.540	12.455
	样本数	772	742	432

续表

年龄	内容	小学	初中	高中
40岁及以上	极小值	0	0	0
	极大值	4.17	529.05	1.19
	均值	0.08	5.72	0.02
	标准差	0.551	54.857	0.167
	样本数	96	93	51

资料来源：2015年5省（市）城市独生子女家庭状况调查。

（三）择校费占父母收入的比例

从表5－27中独生子女择校费与父母年收入的比值看，34岁及以下独生子女小学阶段的年择校费最高是父母年收入的1.39倍，择校费占父母年收入的平均比例约为20%；初中阶段子女择校费最高为父母年收入的8.33倍，择校费占父母年收入的平均比例为67%；到高中阶段子女择校费最高为父母年收入的12.5倍，择校费占父母年收入的平均比例为81%。35岁及以上独生子女中择校人数较少，择校费占父母年收入的平均比例也相对较低。

表5－27　　　独生子女择校费与父母年收入的比值　　　单位：%

年龄	内容	小学	初中	高中
35岁以下	极小值	0	0	0
	极大值	138.89	833.33	1250
	均值	19.851	67.67	81.02
	标准差	32.588	147.617	173.093
	样本数	65	75	66

续表

年龄	内容	小学	初中	高中
35岁及以上	极小值	0	0	0
	极大值	125.00	41.67	250.00
	均值	9.02	7.16	45.76
	标准差	26.468	10.598	68.282
	样本数	22	20	20

资料来源：2015年5省（市）城市独生子女家庭状况调查。

可见，随着社会经济的发展，独生子女在初等教育阶段的择校费用呈上升趋势。父母为子女择校，作为对子女教育的额外投入，目的在于为子女选择相对更好的学校，增大上大学的机会，未来能有更好的发展，虽然随着社会经济的发展，各行各业的工资水平与劳动收入提高，家庭收入也普遍上升，但作为家庭的经济支出，择校也加重了父母的负担。

（四）总教育费占父母收入的比例

在总计小学、初中、高中各阶段的学杂费、课外辅导费和择校费，以及其相应学历教育阶段的学杂费后，独生子女各学习阶段的教育投入占父母收入的比例见表5-28所示。结果表明，小学、初中和高中阶段独生子女的教育投入占年家庭收入的比例呈上升趋势，但均值相对较低。虽然小学、初中和高中阶段均有一些家庭的子女教育投入超过家庭的年收入，甚至是家庭年收入的十几倍，但总体上因为义务教育免除学杂费、高中阶段学杂费相对较低，尚未形成家庭重大的经济压力。在中专/高职、大学专科和大学本科阶段，独生子女的年教育投入占父母年收入的比例明显高于小学、初中和高中阶段，均达到家庭年收入的40%左右。即使34岁及以上早期就读大学的独生子女的学校教育投入也已超过了父母年收入的30%。

表 5-28　　　独生子女各教育阶段教育费用占父母收入的比例　　单位:%

年龄	内容	小学	初中	高中	高职	大学专科	大学本科
30岁以下	极小值	0	0	0	0.83	0.64	1.67
	极大值	109.38	100.00	291.67	125.00	222.22	216.67
	均值	6.36	8.80	17.13	34.69	39.66	34.09
	标准差	15.131	16.69	41.474	32.861	49.414	42.82
	样本数	109	105	86	19	37	50
30—34岁	极小值	0	0	0	0	0.50	0.01
	极大值	1666.67	1416.67	1398.15	833.33	833.33	583.33
	均值	6.84	13.02	18.76	41.68	45.59	41.96
	标准差	47.735	61.606	71.702	82.611	71.185	53.758
	样本数	1370	1378	976	323	372	666
35—39岁	极小值	0	0	0	0.56	0.83	1.43
	极大值	238.10	238.10	370.37	555.56	250000.00	555.56
	均值	4.09	6.56	15.60	42.33	196.97	45.90
	标准差	12.628	17.257	37.024	66.187	1927.321	68.134
	样本数	611	582	335	212	168	190
40岁及以上	极小值	0	0	0.12	0	0.40	4.17
	极大值	41.67	19.61	33.33	67.75	83.33	208.33
	均值	2.376	3.947	7.138	14.741	27.160	39.722
	标准差	4.802	4.028	8.366	20.102	25.666	61.787
	样本数	83	76	41	19	18	10

资料来源:2015年5省(市)城市独生子女家庭状况调查。

总之,中专、大学专科、大学本科等学历教育阶段的经济投入是独生子女家庭子女教育投入较多的时期,也是单纯的亲代财富向子女转移的主要时期之一。

二 学历教育阶段独生子女勤工俭学情况

本次调查发现，在中专/高职、大学专科、大学本科和研究生阶段读书时，均有一定比例的独生子女参加了勤工俭学。具体地，中专/高职阶段独生子女中约15.8%参加勤工俭学，大学专科阶段该比例为29.2%，大学本科阶段约为33.6%，研究生阶段约为50.3%。分年龄看，34岁及以下独生子女在中专/高职、大学专科、大学本科和研究生阶段参加勤工俭学的比例均高于35岁及以上独生子女。分性别看，中专/高职阶段独生子勤工俭学比例略高于独生女，但在大学专科、大学本科和研究生阶段独生女勤工俭学比例均高于独生子。但上学期间独生子与独生女勤工俭学又存在年龄上的差别，35岁及以上独生女在大学专科、大学本科和研究生阶段勤工俭学比例均高于相应阶段的独生子；34岁及以下独生女在大学专科阶段勤工俭学比例与独生子无明显差别，在大学本科、研究生阶段勤工俭学比例高于独生子。

表5-29　　　　　独生子女受教育阶段勤工俭学比例　　　　单位:%

年龄	性别	中专/高职 百分比	中专/高职 样本数	大学专科 百分比	大学专科 样本数	大学本科 百分比	大学本科 样本数	研究生 百分比	研究生 样本数
35岁以下	男	17.47	166	32.46	268	32.49	300.49	49.23	65
	女	16.28	129	32.02	203	40.05	243.05	56.45	62
	合计	16.95	295	32.27	471	36.18	507.18	52.76	127
35岁及以上	男	16.31	141	18.55	124	25.95	149.95	46.67	15
	女	9.86	71	28.16	103	24.27	127.27	40.74	27
	合计	14.15	212	22.91	227	25.21	252.21	42.86	42
合计	男	16.94	307	28.06	392	30.87	422.87	48.75	80
	女	14.00	200	30.72	306	36.67	342.67	51.69	89
	合计	15.78	507	29.23	698	33.63	731.63	50.30	169

资料来源：2015年5省（市）城市独生子女家庭状况调查。

总体上，在学历教育阶段部分独生子女参加过勤工俭学，且在大学专科、大学本科和研究生阶段勤工俭学比例明显高于中专/高职阶段。一方面，大学、研究生阶段独生子女的年龄普遍大于中专/高职阶段的独生子女，相对更能体谅父母的辛苦，希望能通过自己勤工俭学降低父母供自己上学的经济压力；另一方面，大学、研究生阶段勤工俭学的机会相对较多，尤其在研究生阶段，参与导师的研究项目，在学业技能提高的同时，得到一定的劳动报酬，这在一定程度上会减轻父母的经济压力。

三 独生子女工作后父母对其教育/培训费用的承担

参加工作后，因为工作或自身发展的需要，部分独生子女仍然会去接受一定的教育和培训。本次调查中询问了独生子女工作后至调查时点，父母是否为独生子女的教育、培训提供过资助，依据调查结果（见表5-30）可知，约91.3%的独生子女在工作后参加过各种教育、培训，在这些接受过教育、培训的独生子女中，约24.5%的父母在他们工作后的教育、培训中提供了资助。

具体地，工作后父母资助独生子进行教育、培训的比例略高于独生女，但这种差异在统计上并不显著。不同年龄组的独生子女在毕业后得到父母资助进行教育、培训的比例差别不大。甘肃省和黑龙江省的独生子女工作后获得父母资助进行教育、培训的比例明显高于重庆市、湖北省和山东省。卡方检验结果表明，不同省（市）独生子女工作后父母给予教育、培训等的经济支持存在显著差异。

总体上，独生子女父母在子女就读小学、初中、高中阶段均为子女承担了学杂费、课外学习辅导费，甚至择校费，教育花费逐级增加。在高职/中专/技校、大学专科、大学本科为子女承担了相对更高的教育成本，甚至部分子女工作后还为其承担教育、培训费。另外，子女的教育支出随着子女受教育程度的提高逐步增加，相应花费占家庭收入的比例也呈上升趋势。在子女教育阶段，家庭亲子财富流转单一地由父母流向子女，是父母为子女未来发展的投资。

表5-30　独生子女工作后父母资助子女参加教育培训的情况

类别	父母资助（%）	父母未资助（%）	卡方检验	样本数
独生子	74.84	25.16	ns	1554
独生女	76.32	23.68		1229
30岁以下	75.97	24.03	ns	129
30—34岁	75.06	24.94		1780
35—39岁	75.88	24.12		771
40岁及以上	79.61	20.39		103
重庆市	81.98	18.02	***	566
湖北省	83.09	16.91		485
山东省	78.69	21.31		582
甘肃省	63.94	36.06		574
黑龙江省	71.01	28.99		576
合计	75.49	24.51		2783

注：*** $p<0.001$，ns 不显著。
资料来源：2015年5省（市）城市独生子女家庭状况调查。

第三节　独生子女受教育阶段家庭的经济压力

如前所述，独生子女在接受学校教育的过程中需要父母不断地予以经济上的支持。由于家庭财富的差异，独生子女受教育期间对父母造成的压力也会有所不同。

调查发现，约25.8%的独生子女父母认为在子女上学期间家里没有经济压力，相对而言，受教育程度为初中、高中、中专/高职、大学专科和大学本科的独生子女上学期间均在其最后学历阶段父母感到有经济压力的比例最高，受教育程度为研究生的独生子、独生女则大多在本科阶段家庭的经济压力较大，且各阶段独生子父母感到有经济压力的比例均高于独生女。

分性别看，受教育程度为小学、初中、高中、中专/职高、大学专科、大学本科的独生子、独生女上学期间均在最后学历阶段父母感到有经济压力的比例最高；受教育程度为研究生的独生子、独生女则大多在本科阶段家庭的经济压力较大；各阶段独生子父母感到有经济压力的比例均高于相应阶段独生女的父母。

进一步地，在子女上学期间没有经济压力的家庭中，约20.4%的子女受教育程度为中专/高职，约23.9%为大学专科，约30.7%为大学本科，约7.7%为研究生。

在子女上学期间有经济压力的家庭中（见图5-4），近1/3的家庭经济压力主要在大学本科教育阶段，其次为中专/高职、初中、高中阶段，大专阶段次之，认为子女读小学阶段、研究生阶段经济压力较大的家庭所占比例相对较低。

总体上，一方面，随着独生子女受教育程度的提高，教育费用呈上升趋势，特别地，自1994年北京大学、清华大学、南京大学、复旦大学等40所高校开始收费之后，1996年、1997年全国所有高校除部分特殊行业外全面实施收费制度，多数城市第一代独生子女中就读大学期间适逢大学收费，加之大学期间的生活费等开支，增大了父母的经济负担。另一方面，伴随着中国经济体制改革，1987年开始实施劳动合同制改革，1993年城市职工大规模下岗，1998—2001年达到高峰期，部分独生子女父母待岗，家庭收入减少，子女就读高中、中专/高职、大专或大学本科学费的增加也在一定程度上增大了家庭的经济压力。而研究生阶段部分独生子女参加勤工俭学，且在这一阶段获得奖学金的机会较多，参与导师科研项目也会得到一定的劳务补助，独生子女自身可获得的经济收入增加，父母给予子女的经济支持额减少，一定程度上降低了父母的经济压力。

表 5-31　不同受教育程度的独生子女上学期间家庭的经济压力　　单位:%

独生子女的受教育程度	子女性别	子女受教育阶段家庭经济压力								样本数
^	^	小学	初中	高中	中专/职高	大专	大学本科	研究生	没压力	^
小学	独生子	84.00	—	—	—	—	—	—	16.00	25
^	独生女	66.67	—	—	—	—	—	—	33.33	6
^	合计	80.65	—	—	—	—	—	—	19.35	31
初中	独生子	8.60	66.13	—	—	—	—	—	25.27	186
^	独生女	7.95	64.77	—	—	—	—	—	27.27	88
^	合计	8.39	65.69	—	—	—	—	—	25.91	274
高中	独生子	1.32	14.47	60.53	—	—	—	—	23.68	152
^	独生女	6.19	14.43	54.64	—	—	—	—	24.74	97
^	合计	3.21	14.46	58.23	—	—	—	—	24.10	249
中专/职高	独生子	5.18	14.71	2.45	50.68	—	—	—	26.98	367
^	独生女	4.07	10.57	4.07	55.69	—	—	—	25.61	246
^	合计	4.73	13.05	3.10	52.69	—	—	—	26.43	613
大学专科	独生子	4.03	6.05	13.35	5.79	46.10	—	—	24.69	397
^	独生女	2.51	4.08	11.91	8.15	44.51	—	—	28.84	319
^	合计	3.35	5.17	12.71	6.84	45.39	—	—	26.54	716
大学本科	独生子	1.48	3.34	10.20	1.48	2.60	56.22	—	24.68	539
^	独生女	1.22	6.31	10.39	2.44	1.83	55.19	—	22.61	491
^	合计	1.36	4.76	10.29	1.94	2.23	55.73	—	23.69	1030
研究生	独生子	0	3.75	15.00	1.25	2.50	46.25	3.75	27.50	80
^	独生女	2.22	3.33	14.44	0	0	28.89	7.78	43.33	90
^	合计	1.18	3.53	14.71	0.59	1.18	37.06	5.88	35.88	170
合计	^	4.05	12.59	12.49	12.75	11.39	20.66	0.32	25.75	3083

资料来源:2015 年 5 省(市)城市独生子女家庭状况调查。

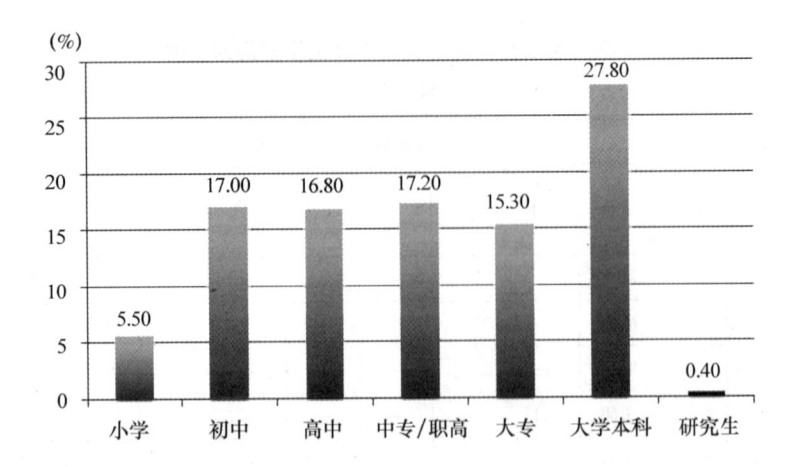

图 5-4　独生子女各教育阶段家庭经济压力状况

资料来源：2015 年 5 省（市）城市独生子女家庭状况调查。

第四节　独生子女的受教育程度

家庭中父母对子女的期许会对子女的未来发展产生影响，教育也如此。独生子女的父母对子女的教育有什么期许？独生子女的受教育水平是否符合父母对他们的期许？本节将对独生子女父母对子女的教育期望和子女的实际受教育水平加以详细分析。

一　父母对子女的教育期望

调查发现，近半数独生子女父母期望子女的受教育程度为大学本科，25% 左右的父母期望子女能读到硕士或博士，期望子女仅为高中、中专/职高或大专的比例甚低。另外，也有逾 20% 的独生子女父母对孩子未来的受教育程度没有具体期望。

进一步地，独生子与独生女父母对其子/女的教育期望差异不大，统计检验结果也验证了这一点。但在不同省（市）生活的父母对其子女的教育期望却存在显著差异。分省（市）看，湖北省的父母期许子女都到大学本科的比例相对最低，但持"无所谓"态度的比例最高；绝大多数甘肃省父母对子女具有明确的教育期望，对此

"无所谓"的比例最低。潘立新对江苏省的调查发现，城镇独生子女父母中约93.64%希望孩子达到高中及以上文化程度，其中希望孩子达到大学以上文化程度的约占70.5%[①]。

表5-32　　　　独生子女父母对子女的教育期望　　　　单位：%

内容	高中	中专/职高	大专	大学本科	硕士	博士	无所谓	卡方检验	样本数
独生子	0.74	1.14	3.14	48.26	10.57	15.31	20.85	ns	1751
独生女	0.60	0.97	3.06	49.51	11.43	12.17	22.26	ns	1339
重庆	0.67	1.35	3.70	50.17	5.05	10.61	28.45	***	594
湖北	0.50	1.32	3.47	36.47	12.21	16.01	30.03	***	606
山东	0	1.43	2.86	53.74	10.97	14.15	16.85	***	629
甘肃	1.12	0.48	3.36	54.88	14.88	13.76	11.52	***	625
黑龙江	1.10	0.79	2.20	48.43	11.32	15.09	21.07	***	636
合计	0.68	1.07	3.11	48.80	10.94	13.95	21.46	***	3090

注：*** $p<0.001$，ns 不显著。

资料来源：2015年5省（市）城市独生子女家庭状况调查。

总之，绝大多数父母期望自己的子女能至少达到大学本科学历，甚至硕士、博士学位，以保证孩子未来有好的发展基础。但也有部分父母对子女的受教育水平没有明确的期望，持"无所谓"态度，也许这部分独生子女父母对子女的要求不高，也可能仅是不想给子女太大的压力，任其发展。

二　独生子女的实际受教育程度

独生子女的受教育程度是独生子女家庭教育投入的直接体现。

[①] 潘立新：《独生子女在社会化过程中家庭投入的分析与思考——对江苏省4775名独生子女的调查》，《人口学刊》1993年第4期。

本次调查发现，逾60%的独生子女接受了高等教育，获得大学专科、大学本科和研究生学历。但仍有少数独生子女的受教育程度为小学和初中。

分性别看，独生女中受教育程度为大专、大学本科和研究生的比例均高于独生子，卡方检验结果表明，独生子和独生女的受教育水平存在显著差异。分年龄看，34岁及以下独生子女中具有大学本科、研究生学历者所占比例均高于35岁及以上的独生子女；40岁及以上独生子女中受教育程度为初中、高中者所占比例相对较高。不同年龄组独生子女受教育程度差异在统计上具有显著性。分区域看，不同省市独生子女的受教育程度也存在显著的差异。

表5-33　　　　　　　　独生子女的受教育程度　　　　　　单位:%

内容	小学	初中	高中	中专/职高	大专	大学本科	研究生	卡方检验	样本数
独生子	1.48	10.62	8.79	21.02	22.73	30.73	4.63	***	1751
独生女	0.45	6.65	7.24	18.37	23.90	36.67	6.72		1339
29岁及以下	1.36	4.76	8.84	14.29	27.21	38.78	4.76	***	147
30—34岁	1.12	8.44	7.27	17.23	22.52	37.21	6.20		1967
35—39岁	0.58	9.22	7.95	27.07	24.54	26.04	4.61		868
40岁及以上	2.78	20.37	24.07	17.59	20.37	12.96	1.85		108
重庆	1.85	12.96	13.80	22.05	21.38	25.25	2.69	***	594
湖北	0.17	5.45	6.27	20.13	23.27	38.45	6.27		606
山东	0.16	4.29	5.41	27.03	25.76	29.73	7.63		629
甘肃	1.12	8.64	6.56	14.08	24.80	38.24	6.56		625
黑龙江	1.89	13.21	8.81	16.19	20.91	34.59	4.40		636
合计	1.04	8.90	8.12	19.87	23.24	33.30	5.53		3090

注：*** $p<0.001$。

资料来源：2015年5省（市）城市独生子女家庭状况调查。

第五章　独生子女教育中亲子财富的流转

总体上，独生子女受教育程度为大学专科和大学本科者居众，也有一定比例的独生子女学历为研究生，受教育程度为小学者甚少，受教育程度为初中和高中者也占有一定比例。

三　子女的实际受教育程度与父母教育期望的比较

父母的愿望总是美好的，那么子女是否达到了父母的期望呢？由表5-34可知，独生子女的实际受教育程度与父母期望子女的受教育程度存在巨大的差距。具体地，父母期望至少为高中毕业的独生子女的比例不足1%，但实际约10%的独生子女受教育程度仅为小学、初中；期望子女至少为中专/职高、大学专科的比例合计不足5%，但实际中二者约占43%；期望子女至少为大学本科的比例达50%，但实际仅逾33%；独生子女是研究生学历的比例也远低于父母期望子女是研究生学历的比例。

表5-34　　　父母的教育期望与子女的实际受教育程度　　　单位：%

期望受教育程度	小学	初中	高中	中专/职高	大专	大学本科	研究生	合计	样本数
高中	9.52	38.10	28.57	9.52	4.76	9.52	0	0.68	21
中专/职高	0	9.38	0	84.38	6.25	0	0	1.04	32
大学专科	1.04	13.54	6.25	25.00	48.96	5.21	0	3.11	96
大学本科	0.93	11.63	11.36	24.19	24.25	26.78	0.86	48.77	1505
研究生	0.26	2.60	2.86	8.71	19.25	52.28	14.04	24.92	769
无所谓	1.96	8.45	6.94	19.46	23.23	32.43	7.54	21.48	663
合计	1.04	8.91	8.13	19.86	23.23	33.28	5.54	100	3086

资料来源：2015年5省（市）城市独生子女家庭状况调查。

分性别看，父母期望最低学历为高中的独生子中逾40%实际仅为初中学历，在期望为大学专科的独生子中则有相当部分为中专/

职高和初中学历；期望为大学本科的独生子中实际学历为大学本科者所占比例相对较低，除极少数实际学历为研究生外，其余则均低于大学本科学历，期望受教育程度为研究生的与此相似。与独生子相比，独生女中父母期望子女的受教育程度与子女的实际受教育程度的差别相对有所缩小，期望至少为高中、中专/职高、大学专科、大学本科的独生女实际受教育程度绝大部分与相应的父母期望一致；在期望为研究生的独生女中半数以上实际受教育程度为大学本科，大学专科、中专/职高者也占有一定比例。独生女对父母期望的满足程度明显高于独生子。

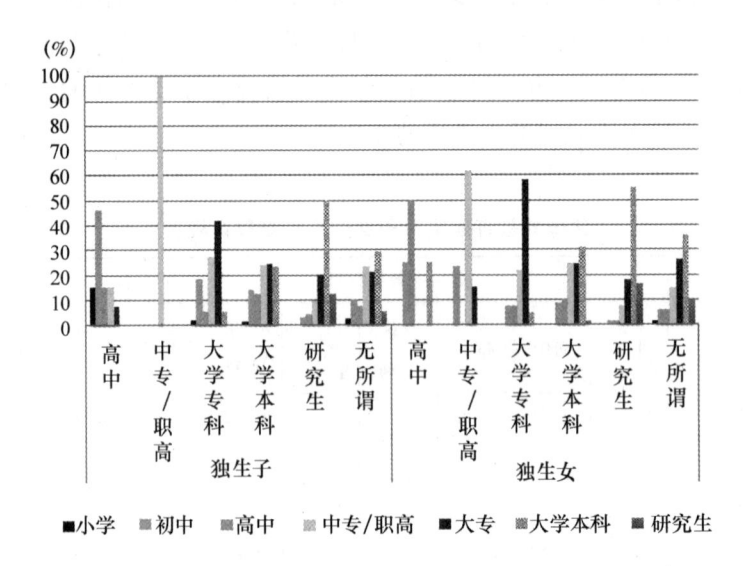

图5-5 独生子与独生女的期望受教育程度与实际受教育程度

资料来源：2015年5省（市）城市独生子女家庭状况调查。

表5-35的结果显示，约75%父母对子女的期许高于子女的实际表现。父母期望子女受教育程度为中专/职高的情况下子女实际受教育程度为中专/职高的比例最高，其次为大学专科；期望子女受教育程度为研究生、大学本科的情况下子女期望高于现实的比例相对最高，子女最终达到父母要求的比例相对更低。

第五章 独生子女教育中亲子财富的流转

表5-35　独生子女的期望学历与实际学历的差异　　单位:%

内容	期望与现实一致	期望低于现实	期望高于现实	样本数
高中	28.57	23.81	47.62	21
中专/职高	84.38	6.25	9.38	32
大专	48.96	5.21	45.83	96
大学本科	26.76	0.93	72.31	1506
研究生	14.04	0	85.96	769
合计	24.38	1.07	74.55	2424

资料来源：2015年5省（市）城市独生子女家庭状况调查。

由图5-6可知，分性别看，父母期望受教育程度为高中、大学专科、大学本科、研究生的独生子中期望高于实际受教育程度的比例明显高于期望与现实一致的比例；仅在受教育程度为高中时部分独生子的期望低于现实。在独生女中，父母期望最低学历为高中、中专/职高、大学专科时分别有较大比例的独生女的实际受教育程度与期望受教育程度一致。相对而言，独生女在高中、中专/职高、大学专科均有一定比例期望受教育程度低于实际受教育程度。

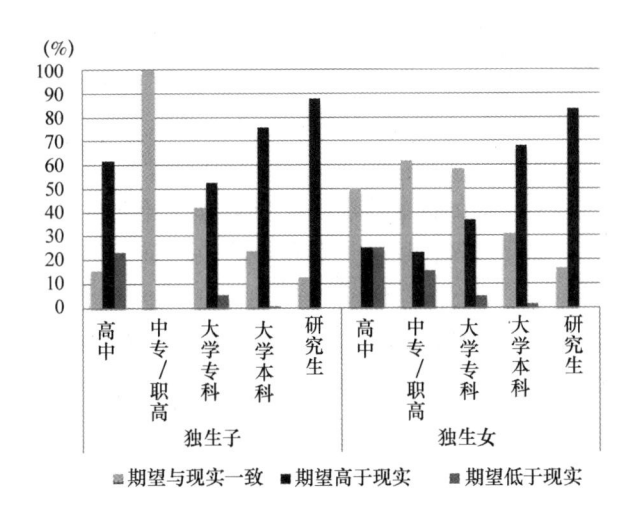

图5-6　独生子与独生女期望与实际受教育程度的比较

资料来源：2015年5省（市）城市独生子女家庭状况调查。

总体上，绝大多数父母期望自己的子女能至少达到大学本科学历，甚至硕士、博士学位；虽然实际上独生子女中约1/3受教育程度为大学本科，逾60%的独生子女受教育程度在大学专科及以上，但父母对子女的教育期望相对高于子女的实际受教育程度，独生子女未能较好地满足父母在子女教育上的投资期望。独生子父母、独生女父母对子女的教育期望不存在性别差异，这在一定程度上表明，独生子女家庭在子女教育上不存在性别差异，为了子女未来能有较好的发展基础，父母愿意付出更多的家庭财富；相对而言，独生女对父母教育期望的满足程度略高于独生子。

第五节　独生子女受教育程度的影响因素

子女教育阶段大多为父母单纯为子女付出阶段，家庭财富由父母流向子女。在经历了相应的学历教育，独生子女掌握了一定的知识，获得了一定的技能，理论上，独生子女的受教育程度越高，相应其人力资本越强大，越能为其走向社会，就业、工作，开始自己的个人与家庭生活打下坚实的基础。那么，哪些因素对其受教育程度产生影响呢？本节将利用城市独生子女家庭调查数据实证分析独生子女受教育程度的影响因素。

一　研究设计

理论上，独生子女的受教育程度受父母、子女自身和家庭等因素的影响。父母对男孩、独生子女和年龄大的孩子的教育投入要大于对女孩、非独生子女和年龄小的孩子的投入；父母亲各自的文化水平和职业地位，相对较高的文化水平和职业地位会扩张父母对孩子的教育期望，进而增加对孩子的教育投入，且晚婚的父母要比早婚父母拥有更多的经济资源，能够对孩子的教育更多地投入[1]。父母的收入水平不仅影响着子女的受教育水平，也影响着他们的受教

---

[1] 叶文振：《论孩子的教育费用及其决定因素》，《统计研究》1999年第5期。

育结果[①]。在马来西亚和越南，女孩的学校教育更易受到家庭收入的影响[②]。

对子女的教育投入与家庭居住区域密切相关[③]。在中国，不同区域教学质量、教育投入水平等均会对学生的受教育程度产生影响。家庭对子女的教育投入不同[④]，在省会城市中，中部地区对子女的教育投入最高，东部地区次之，西部地区最低。究其原因，这与各地区家庭收入水平、家长受教育程度和教育质量满意度存在密切关系。西部地区省会城市居民家庭中小学教育投入明显低于东、中部地区，主要受西部居民家庭经济收入的制约和家长受教育程度偏低的影响。

基于以上分析，本章将从父母、家庭和区域因素等实证分析城市第一代独生子女教育获得的影响因素。采用多项logistic回归分析方法，实证分析中的因变量为独生子女的受教育程度，划分为初中及以下、高中/中专/高职、大专，以及本科及以上四类，以受教育程度为初中及以下为参照组。该模型可以表述为：

$$\ln\frac{P_2}{P_1} = \beta_0 + \beta_1 X_1 + \beta_2 X_2 + \cdots + \beta_n X_n \qquad (5-1)$$

$$\ln\frac{P_3}{P_1} = \beta_0 + \beta_1 X_1 + \beta_2 X_2 + \cdots + \beta_n X_n \qquad (5-2)$$

$$\ln\frac{P_4}{P_1} = \beta_0 + \beta_1 X_1 + \beta_2 X_2 + \cdots + \beta_n X_n \qquad (5-3)$$

$$P_1 + P_2 + P_3 + P_4 = 1 \qquad (5-4)$$

其中，P_1表示独生子女受教育程度为初中及以下的概率，P_2表

[①] 袁诚、张磊：《对低收入家庭子女大学收益的观察》，《经济研究》2009第5期。
[②] Behnnan, J. R. and J. C. Knowles, "Household Income and Child Schooling in Vietnam", *The World Bank Economic Review*, 1999, Vol. 13, No. 2; DeTray, D., "Government Policy, Household Behavior, and the Distribution of Schooling: A Case Study of Malaysia", *Research in Population Economics*, 1988, No. 6.
[③] 李立荣、林荣日：《上海居民家庭教育投资行为的调查》，《上海教育科研》2009年第7期。
[④] 吴翔：《我国东、中、西部地区省会城市家庭中小学教育投入差异研究》，《教育财会研究》2017年第1期。

示独生子女受教育程度为高中/高职/中专的概率，P_3表示独生子女受教育程度为大学专科的概率，P_4表示独生子女受教育程度为大学本科及以上的概率。X表示由解释变量组成的向量，本章分析中包括子女的性别和年龄；亲代对子女的教育期望，亲代的晚婚情况、受教育程度和职业阶层，家庭收入，家庭所在的省（市、自治区）、城市级别等。其中，亲代对子女的教育期望划分为大学专科及以下、大学本科、研究生以及无所谓四类；亲代的晚婚情况划分为父亲晚婚、母亲晚婚、父母亲均晚婚和父母亲均未晚婚四类；亲代的受教育程度选择亲代父亲、母亲中最高学历计算；对于亲代的社会阶层，借鉴陆学艺课题组的研究结论[①]，先划分独生子女父亲、母亲的职业类型，确定父亲、母亲中较高的职业阶层为亲代的职业阶层类型，并进一步将其划分为优势阶层、中间阶层和基础阶层。随着教育获得方式的改变，子女的受教育水平已不完全取决于早期的学校教育阶段。本次调查的子女受教育水平为截至调查时点子女的受教育水平，相应的家庭收入也以夫妻2014年的年收入为准（取自然对数）。

二 独生子女教育获得影响因素分析结果

表5-36给出了独生子女教育获得影响因素回归分析的变量描述信息。

表5-36　独生子女教育获得的影响因素回归分析变量描述信息

内容		均值	标准差
独生子女受教育程度（初中及以下）	高中/高职/中专	0.28	0.449
	大学专科	0.23	0.422
	大学本科及以上	0.39	0.488

---

① 陆学艺主编：《当代中国社会阶层研究报告》，社会科学文献出版社2002年版，第9、176页。

续表

内容		均值	标准差
子女性别（独生女）	独生子	0.57	0.496
子女年龄（35岁及以上）	34岁及以下	0.72	0.449
父母对子女的教育期望（大学专科及以下）	大学本科	0.49	0.500
	研究生	0.25	0.432
	无所谓	0.22	0.412
亲代晚婚情况（父母均未晚婚）	父亲晚婚	0.10	0.298
	母亲晚婚	0.12	0.323
	父母均晚婚	0.68	0.467
亲代的受教育程度（初中及以下）	高中/高职/中专	0.43	0.495
	大学专科	0.13	0.334
	大学本科及以上	0.05	0.225
亲代的社会阶层（基础阶层）	优势阶层	0.24	0.429
	中间阶层	0.23	0.421
	家庭收入（取自然对数）	10.55	0.971
省区（黑龙江）	重庆	0.19	0.394
	湖北	0.20	0.397
	山东	0.20	0.403
	甘肃	0.20	0.402
城市类别（地级市）	省会城市	0.43	0.495
	二级市	0.32	0.468
样本量		3090	

资料来源：2015年5省（市）城市独生子女家庭状况调查。

由表5-36可知，本次调查样本中，逾60%的城市第一代独生子女受教育程度为大学专科及以上，独生子多于独生女，年龄在34岁及以下者超过70%。独生子女家庭中父母对子女的教育期望相对较高，但自身受教育程度为高中/高职/中专者较多，受教育程度为大专及以上者相对较少。父母均晚婚者居众，处于优势阶层和中间阶层的独生子女家庭所占比例相对较低。

由独生子女教育获得的影响因素多项 logistic 回归分析的结果可知。

首先，受教育程度为高中/高职/中专与受教育程度为初中及以下相比较。独生子的受教育程度为高中/高职/中专的风险是独生女的 62.5%，亲代最高学历为高中/高职/中专、大学专科的独生子女最终受教育程度为高中/高职/中专的概率显著高于亲代学历在初中及以下的群体，前者的发生比分别为后者的 1.55 倍和 2.81 倍。亲代处于优势职业阶层的独生子女相对更可能获得高中/高职/中专的学历。家庭收入越高的独生子女越可能取得高中/高职/中专学历。家庭收入较高的独生子女获得高中/高职/中专的概率明显高于家庭收入低的子女。父母居住在重庆市、湖北省和山东省，生活在省会城市、二级市的独生子女更可能获得高中/高职/中专教育。

其次，受教育程度为大学专科和初中及以下的比较分析。独生子受教育程度为大学专科的概率仅为独生女的 49.2%，父母期望子女学历为研究生的情况下，子女学历为大专的概率约为学历为初中及以下的 3.15 倍。父母均晚婚的情况下子女更可能获得大学专科学历。亲代的学历在高中及以上的情况下，子女学历为大专的概率明显高于子女学历为初中及以下的情况。且父母其最高学历为大学专科的子女获得大专学历的风险相对更高。父母处于优势职业阶层的情况下其子女更可能获得大专学历，而不是中学及以下学历。相对于黑龙江省、重庆市、河北省、山东省、甘肃省，以及省会城市、二级市的独生子女更可能获得大学专科学历。

最后，受教育程度为大学本科及以上与初中及以下的对比分析。由表 5-37 可知，独生子获得大学本科及以上教育的概率仅为独生女的 38.6%。与年龄为 35 岁及以上的独生子女相比，年龄为 34 岁及以下的独生子女更可能接受大学本科及以上的学历教育，后者约为前者的 2.15 倍。父母亲均晚婚的独生子女获得本科及以上教育的可能性更高。父母对子女的教育期望越高，子女获得大学及本科以上学历的概率越大，在父母期望子女获得研究生学历的独生子女中这一风险更大。亲代处于优势职业阶层、家庭收入越高的情况下，子女获得研究生教育的概率越大。湖北省和山东省，以及省会城市和二级市的独生子女更可能获得研究生教育。

表 5-37　　独生子女教育获得的影响因素回归分析结果

自变量		高中/高职/中专 回归系数 B	Exp (B)	大学专科 回归系数 B	Exp (B)	大学本科及以上 回归系数 B	Exp (B)
截距		-1.855		-3.810		-7.282	
子女性别（独生女）	独生子	-0.470	0.625***	-0.710	0.492***	-0.951	0.386***
子女年龄（35岁及以上）	34岁及以下	-0.029	0.971	0.275	1.316+	0.765	2.149***
亲代对子女的教育期望（大专及以下）	大学本科	0.100	1.105	-0.030	0.970	2.138	8.486***
	研究生	0.447	1.564	1.147	3.149***	4.354	77.752***
	无所谓	-0.08	0.923	0.144	1.154	2.730	15.33***
亲代晚婚情况（父母均未晚婚）	父亲晚婚	-0.002	0.998	0.030	1.030	0.128	1.136
	母亲晚婚	0.300	1.350	0.165	1.180	0.209	1.232
	父母均晚婚	0.335	1.398	0.452	1.571*	0.546	1.726***
亲代的最高受教育程度（初中及以下）	高中/高职/中专	0.439	1.551**	1.066	2.903***	1.088	2.969***
	大学专科	1.034	2.812*	2.465	11.761***	2.636	13.957***
	大学本科及以上	0.921	2.512	1.387	4.003*	2.502	12.205***
亲代的最高社会阶层（基础阶层）	优势阶层	0.542	1.719*	0.861	2.367**	1.365	3.916***
	中间阶层	-0.108	0.898	-0.049	0.953	0.188	1.207
	家庭收入（取自然对数）	0.174	1.190**	0.279	1.322***	0.371	1.450***

续表

自变量		高中/高职/中专		大学专科		大学本科及以上	
		回归系数 B	Exp (B)	回归系数 B	Exp (B)	回归系数 B	Exp (B)
省份（黑龙江）	重庆	0.586	1.796***	0.454	1.575*	0.239	1.270
	湖北	0.762	2.142***	0.615	1.849*	0.599	1.821*
	山东	1.351	3.859***	1.266	3.547***	1.00	2.719***
	甘肃	0.106	1.112	0.414	1.513+	0.402	1.495+
城市类别（地级市）	省会城市	0.467	1.595**	0.553	1.739**	0.376	1.457*
	二级市	0.640	1.897**	0.436	1.547*	0.489	1.631*
样本量				3090			

注：***$p<0.001$，**$p<0.01$，*$p<0.05$，+$p<0.1$，ns 不显著。

三 结论与讨论

通过对城市第一代独生子女教育获得的影响因素分析主要得到以下结论。

第一，独生子女的性别和年龄对其教育获得产生了影响。在同等条件下，独生女更可能获得更高的学历，但这是否源于独生女比独生子学习更努力尚需要进一步的调查分析。另外，34岁及以下的独生子女更可能得到大学本科及以上的高等教育。中国于1999年开始大规模扩大高等院校的招生规模，34岁及以下独生子女适逢这一政策的实施，较高的招生比例也增大了这一代独生子女获得大学本科及以上学历的可能。

第二，父母对子女的教育期望有助于独生子女获得大学专科及以上的高等教育。如前所述，较高的教育期望会促使父母加大对子女的教育投资，使子女获得更多的教育支持，形成一定的"竞争优势"，加大了同等条件下子女获取更高教育的可能。

第三，父母的受教育程度、职业阶层、晚婚，以及较高的家庭收入对独生子女获得更高学历具有正向的影响。多数父母希望自己的子女能在各方面超越自己，相应地，受教育程度低的父母会寄希望于子女获得更高的学历，以弥补自己的不足；受教育程度越高的父母则希望自己的子女至少达到自身的教育状况，这些均会形成无形的力量鞭策子女前行。父母处于较高的职业阶层，一方面能够获得较多的家庭收入，为子女提供更多的教育资源，以满足子女学习上的各种需求；另一方面处于较高的职业阶层也使得父母更具有提高子女未来发展技能的远见，从而促使家庭更多地投资于子女教育。相类似地，晚婚的父母能够积累相对较多的经济资源，子女更可能得到相对充裕的教育投入支持。

第四，区域差异也会对独生子女的教育获得产生影响。一方面，不同的省（市）、不同级别城市中教育资源的投入存在差异，教育质量、教育体系均千差万别。这些会成为个体教育获得的不可控影响因素；另一方面，不同的省（市）、城市工资水平、物价水平等的差异，会直接影响着家庭的收入，乃至家庭给予子女的教育投入，在独生子女自身的努力下，最终形成了独生子女间不同的受教育程度。

第六节 本章小结

本章利用2015年城市第一代独生子女家庭状况调查数据实证分析了独生子女父母给予子女的教育投入、独生子女的受教育程度及其影响因素。研究发现，多数家庭中父母从学龄前开始给予子女教育投入，小学、初中、高中阶段主要包括学杂费、择校费、课外学习辅导费，职高/中专、大学专科、大学本科和研究生阶段主要为学杂费。随着时间的推移，小学、初中、高中/职高/中专、大学专科、大学本科、研究生阶段独生子女的学杂费呈上升趋势，相应教育费用的支出占家庭年收入的比例也呈上升趋势。从学杂费占家庭收入比例的极大值看，每一学习阶段均有一些家庭中子女的学杂费明显高于家庭收入，甚至高出数倍。小学、初中和高中阶段独生子女的课外辅导费逐级增加，且在高中阶段上升得尤为明显。独生子女中择校率较低，但随着受教育水平的提高，子女择校费的绝对值上升；部分家庭中子女择校无形加重了家庭的经济负担。近1/3的独生子女家庭子女上学期间的经济压力主要在本科教育阶段；中专、大学专科、大学本科阶段的教育投入是多数独生子女家庭教育投入较多的时期。另外，不同省市独生子女的教育投入存在显著差异。工作后部分独生子女参加了教育培训，进一步提高了教育水平与工作技能。

从家庭教育投入的产出看，独生子女受教育程度为大学专科和大学本科者居众，也有一定比例的独生子女为研究生学历，受教育程度为小学者甚少，受教育程度为初中和高中者也占有一定比例。独生子女家庭中亲代对子女的教育期望相对高于子女的实际受教育程度，在一定程度上，部分子女的受教育程度并未达到父母的投资期望。

分析发现，独生子女的性别和年龄、父母对子女的教育期望、父母的职业阶层和受教育程度、家庭收入，以及区域因素等对独生子女的教育获得具有重要影响。

独生子女的教育是家庭生命周期中的重要事件，父母给予独生子女教育投资是家庭财富从父母向子女的转移，这种转移使得子女获得了一定的学历教育，具备了相应的知识与能力，为其求职就业，未来的生活与发展打下了坚实的基础；同时，也为未来父母可获得的回报提供了可能。后续将在基于独生子女教育投入基础上，进一步分析独生子女的职业与收入，并结合家庭中子女就业、婚姻、生育等事件中的亲子财富流转，探析父母在中老年期获得的投资回报。

第六章　独生子女就业中亲子财富流转

就业是继教育投入后父母与独生子女间财富流转的又一领域。一方面，借助于父母的社会关系，在父母的经济支持下，部分独生子女会顺利获得首份工作；另一方面，独生子女在业与否直接影响着其自身的经济收入，在业有一定的经济收入会降低子女对父母的经济依赖，若不在业，则需啃老以维持生活。

职业流动是劳动者在职业生涯中工作的变换过程，是决定个体劳动者收入增长的重要因素，也是提升劳动者职业地位的重要途径之一。独生子女的职业阶层和职业流动状况既是父母前期教育、就业中亲子财富流转的直接结果，也是子女收入及未来与父母间财富流转的基础。

本章利用2015年城市独生子女家庭状况调查数据，分析独生子女第一份工作的类型、就业途径，目前的工作状况及收入，以及独生子女在家待业的情况。在此基础上，分析独生子女的职业阶层和职业流动，以及独生子女职业流动的影响因素，进一步明晰家庭前期对子女的教育投入、就业过程中的亲子财富流转对子女的职业与收入的影响。

第一节　独生子女的首次就业

独生子女第一次参加工作主要从第一次参加工作时的年龄、第一份工作的单位类型、获得第一份工作的主要途径和求职花费等方面进行分析。

一 独生子女第一次参加工作时的年龄

图6-1给出了剔除至调查时点一直未参加工作的独生子女样本后城市第一代独生子女参加工作时的年龄分布。具体地，独生子女第一次参加工作时的年龄最小为13岁，最大为38岁，22岁时参加工作者居多。

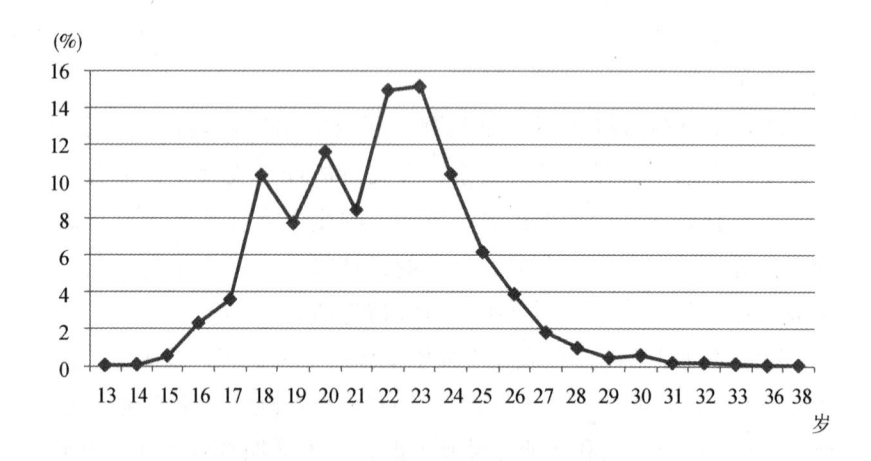

图6-1 独生子女首次工作时的年龄分布

资料来源：2015年5省（市）城市独生子女家庭状况调查。

进一步地，独生子女第一次参加工作时的平均年龄为21.65岁。从性别看，独生子第一次参加工作时的最小年龄为13岁，独生女为14岁；独生子和独生女第一次参加工作时的最大年龄分别为38岁和33岁。独生子与独生女第一次参加工作时的平均年龄相差不大（见表6-1）。

表6-1 城市第一代独生子女第一次参加工作时的年龄

孩子性别	极小值	极大值	均值	标准差	样本数
男	13	38	21.63	2.996	1692

续表

孩子性别	极小值	极大值	均值	标准差	样本数
女	14	33	21.68	2.840	1276
合计	13	38	21.65	2.930	2968

资料来源：2015年5省（市）城市独生子女家庭状况调查。

二 独生子女第一份工作的单位类型

由表6-2独生子女首次工作单位类型的分析结果可知，城市第一代独生子女初次就业时主要在民营/私营企业、国有企业和事业单位工作，自由职业者所占比重也相对较高，在政府机关、外企工作，以及自营公司者相对较少。

分性别看，独生子女中均有相当比例者属于"自由职业者"，无固定的工作单位，男性在国有企业和政府机关等工作的比例均高于女性，在事业单位工作的比例略低于女性。

表6-2　　不同性别的城市第一代独生子女首次工作时的单位类型　　单位：%

性别	政府机关	事业单位	国有企业	外企	民营/私营企业	自营公司	自由职业	极大似然检验	样本数
男	5.24	12.77	27.43	2.83	34.96	2.53	14.24	***	1699
女	3.13	17.20	21.03	3.67	41.67	2.27	11.02		1279
合计	4.33	14.67	24.68	3.19	37.84	2.42	12.86		2978

注：*** $p<0.001$。

资料来源：2015年5省（市）城市独生子女家庭状况调查。

总体上，城市独生子女在民营/私营企业和国有企业实现首次就业的比例较高，男性在政府机关、事业单位和国有企业等体制内工作的比例高于女性。虽然正式的企事业单位仍是当前独生子女就业的主要领域，但收入缺乏稳定性、缺失各类保险等保障的自由职业已被部分独生子女认同、接受。

从受教育程度看,受教育程度为研究生的独生子女多在政府机关、事业单位和国有企业等体制内就业,在外企工作者也占有一定比例;受教育程度为大专、本科的独生子女则主要在民企/私营企业和国有企业就业,除部分在民企/私营企业就业外,相当比例的高中及以下学历的独生子女选择自由职业。极大似然检验结果表明,不同受教育程度的独生子女首次就业单位类型具有显著差异。受教育程度作为显在的个体人力资本,对个体的第一次就业时的单位类型具有显著影响。

表6-3　　　　不同受教育程度的城市第一代独生子女
首次工作时的单位类型　　　　　　　单位:%

受教育程度	政府机关	事业单位	国有企业	外企	民营/私营企业	自营公司	自由职业	极大似然检验	样本数
初中及以下	1.13	4.15	16.23	0.75	35.09	3.77	38.87	***	265
高中	3.35	7.95	16.32	1.26	41.00	3.35	26.78		239
中专/职高	1.84	8.51	30.55	1.34	42.24	1.84	13.69		599
大专	2.70	12.52	28.31	2.28	38.69	2.84	12.66		703
大学本科	7.20	20.22	23.47	5.23	36.29	1.97	5.62		1014
研究生	9.49	39.87	20.89	8.23	18.35	1.90	1.27		158
合计	4.33	14.67	24.68	3.19	37.37	2.42	13.33		2978

注:*** $p<0.001$。
资料来源:2015年5省(市)城市独生子女家庭状况调查。

三　独生子女获取第一份工作的主要途径

利用问项"孩子如何得到这份工作的?"对城市第一代独生女获取第一份工作的途径进行测量,结果见表6-4所示。

表6-4 城市第一代独生子女获得第一份工作的途径及分布

第一份工作的获得途径	人数	百分比
招聘直接录用	2281	76.36
招聘托关系未花钱录用	277	9.27
招聘托关系花钱录用	67	2.25
自己或与其朋友创业	177	5.93
毕业分配	129	4.32
亲朋帮助联系	20	0.67
职工子弟照顾	18	0.60
其他	18	0.60
样本数	2987	100

资料来源：2015年5省（市）城市独生子女家庭状况调查。

由表6-4的结果表明，招聘录用是当前城市第一代独生子女获得第一份工作的主要途径，比例逾87%。在这些独生子女中绝大多数通过招聘直接被录用，也有一定比例的独生子女在招聘过程中托了人情关系，极少数在招聘过程中托关系且花钱后才被录用。自己或与朋友创业、毕业分配也解决了部分独生子女的就业问题，通过亲朋帮助联系、职工子弟照顾等方式就业者的比例相对较低。如果将托关系、亲朋帮助联系、职工子弟照顾等看作社会资本，那么当前第一代独生子女就业过程中，毕业分配所占比例较低，3/4以上通过自己招聘就业，依靠社会资本获得职位的比例不足13%。可见，自主招聘已成为独生子女就业的主要途径，社会资本等在独生子女就业过程中的作用有限。

分性别看，独生女招聘直接录用的比例高于独生子，独生子招聘托关系未花钱录用、花钱录用的比例均高于独生女。极大似然检验结果表明，独生子和独生女首份工作的获取途径存在显著差异。

表6-5　　　分性别的独生子女首份工作的获得途径　　　单位:%

子女性别	招聘直接录用	招聘托关系未花钱录用	招聘托关系花钱录用	自己或与其朋友创业	毕业分配	亲朋介绍	职工子弟照顾	其他	极大似然检验	样本数
男	72.86	10.40	2.59	6.70	4.94	1.00	0.76	0.76	***	1702
女	81.01	7.78	1.79	4.90	3.50	0.23	0.39	0.39		1285
合计	76.36	9.27	2.24	5.93	4.32	0.67	0.60	0.60		2987

注:*** $p<0.01$。

资料来源:2015年5省(市)城市独生子女家庭状况调查。

从独生子女的受教育程度看(见表6-6),除毕业分配、职工子弟照顾、自己或与朋友创业外,受教育程度越高,招聘直接录用的比例越高,招聘托关系花钱录用的比例越低。极大似然检验结果表明,不同受教育程度的独生子女获得首份工作的途径存在显著差异。

表6-6　　分受教育程度的独生子女首份工作的获取途径　　单位:%

子女受教育程度	招聘直接录用	招聘托关系未花钱录用	招聘托关系花钱录用	自己或与其朋友创业	毕业分配	亲朋介绍	职工子弟照顾	其他	极大似然检验	样本数
初中及以下	60.75	11.32	3.40	17.36	3.02	2.26	0.75	1.13		265
高中/职高/中专	70.17	10.74	2.27	7.76	6.44	0.84	1.07	0.72	***	838
大专	74.93	12.04	2.69	4.25	4.53	0.57	0.42	0.57		706
本科及以上	85.14	6.11	1.70	3.06	2.97	0.25	0.34	0.42		1178
合计	76.36	9.27	2.24	5.93	4.32	0.67	0.60	0.60		2987

注:*** $p<0.001$。

资料来源:2015年5省(市)城市独生子女家庭状况调查。

总体上，城市第一代独生子女主要通过直接招聘录用的方式获得首份工作，招聘托关系未花钱者也占有一定比例，招聘托关系花钱者所占比例相对较低。可见，招聘已成为独生子女就业的主要途径，社会资本等在独生子女就业过程中的作用有限。子女性别、受教育程度对独生子女获得首份工作的途径具有显著影响。

四 独生子女获取第一份工作过程中的花费

为了找份工作，多数求职者需要投入一定的成本，包括为参加招聘面试的"包装费"，诸如置办合适的服装、制作简历等的花费，异地参加面试的路费、住宿费，托人找关系的花费等，由于还没有收入，求职花费大多由父母承担，这部分费用也成为独生子女就业中亲代向子代的一种财富转移。另外，一些独生子女自己或与朋友创业，相应的投入更高，父母为此承担的费用也会更高。

调查发现（见表6-7），约87.7%的独生子女在获取第一份工作时没有花钱，12.3%花了钱。招聘托关系花钱录用的独生子女的平均花费最高，其次为自己创业或与朋友创业。毕业分配、直接招聘录用的花费相对较少。以职工子弟身份就业的花费甚少，亲朋介绍则基本不花钱就找到了工作。招聘托关系未花钱录用、招聘托关系花钱录用、自己或与朋友创业等求职途径下的花费具有较大的标准差，这在一定程度上表明相应求职途径中独生子女间个体的花费具有较大的差异。

表6-7 独生子女获取第一份工作的花费 单位：元

首份工作获得途径	1994年及以前 均值	标准差	1995—1999年 均值	标准差	2000—2004年 均值	标准差	2005—2009年 均值	标准差	2010年及以后 均值	标准差
招聘直接录用	13.33 (48)	73.378	85.27 (348)	718.372	76.34 (684)	512.344	133.06 (735)	820.217	441.27 (143)	4188.163
招聘托关系未花钱录用	0 (8)	0	27.45 (51)	144.331	74.2 (81)	331.553	2434.67 (90)	21094.973	258.15 (20)	635.769

续表

首份工作获得途径	1994年及以前 均值	标准差	1995—1999年 均值	标准差	2000—2004年 均值	标准差	2005—2009年 均值	标准差	2010年及以后 均值	标准差
招聘托关系花钱录用	4925.00 (4)	4133.905	2890.00 (10)	6109.092	2390.00 (14)	3493.887	7808.33 (24)	11068.715	14000.00 (5)	16733.201
自己或与朋友创业	850.00 (6)	2033.47	291.67 (24)	1082.636	4808.97 (63)	28039.489	9745.10 (51)	27940.332	140.62 (13)	339.576
毕业分配	41.67 (12)	144.338	2.38 (42)	15.43	1232.43 (37)	5937.548	29.41 (17)	121.268	0 (4)	0
亲朋介绍	0 (2)	0	0 (9)	0	0 (4)	0	0 (4)	0	0 (1)	0
职工子弟照顾	0 (0)	0	40 (5)	89.443	0 (7)	0	0 (1)	/	/	0
其他	0 (0)	0	0 (1)	0	0 (3)	0	160.00 (5)	304.959	0 (1)	0
总计	324.25 (80)	1446.955	137.29 (490)	1127.738	493.00 (893)	7616.188	1081.58 (927)	9732.881	749.16 (187)	4931.972

注：括号中的数值为样本数。

资料来源：2015年5省（市）城市独生子女家庭状况调查。

如果以首次工作时对应年份城镇居民人均可支配收入（见表6-8）计算，获得首份工作的各种途径的平均花费占城镇居民人均可支配收入的百分比见表6-8所示。

由表6-9可知，在招聘录用、子女自己或与朋友创业等获取第一份工作的途径中，招聘直接录用的花费占居民可支配收入的平均比例相对最低；其次为招聘托关系未花钱录用，招聘托关系花钱录用平均占城市居民可支配收入的比例最高，且在2000年后该比例呈上升趋势。2000—2009年子女自己或与朋友创业方式下发生的费用占相应年份城镇居民可支配收入的比例相对较高。可见，不同的招聘录用方式下，获得首份工作的花费不同，因参加工作前子女缺乏经济收入，即使在招聘直接录用的情况下，子女用于置装、制作简历、往返招聘地的交通费用等均主要由父母承担。另外，随着社会主义市场经济体制的建立与发展，各类院校毕业生逐步由原有的"就业分配制度"转变为以市场为基础，毕业生与用人单位双向选择的人力资源配置方式，用人单位和就业者本人具有更多的主动权。社会关系作为父母所拥有的家庭资本，在部分家庭子女就业中起到了非常重要的作用。虽然借助于招聘托关系花钱录用的方式找到工作的独生子女所占比例并不高，但其相对较高的花费也让独生子女父母付出了较高的代价。

表6-8　　　　　　　城镇居民人均可支配收入　　　　单位：元

年份	1978	1979	1980	1981	1982	1983	1984	1985	1986	1987
数额	343	387	477	491	526	564	651	739	899	1002
年份	1988	1989	1990	1991	1992	1993	1994	1995	1996	1997
数额	1181	1373	1510	1700	2026	2577	3496	4283	4838	5160
年份	1998	1999	2000	2001	2002	2003	2004	2005	2006	2007
数额	5425	5854	6280	6860	7703	8472	9422	10493	11760	13786
年份	2008	2009	2010	2011	2012	2013	2014	2015		
数额	15781	17175	19109	21810	24565	26955	31195	31554		

资料来源：历年《中国统计年鉴》。

总体上，独生子女平均约在22岁走上工作岗位，主要通过直接招聘录用的方式获得首份工作，招聘托关系未花钱者也占有一定比例，招聘托关系花钱者所占比例相对较低。初次就业时主要在民营/私营企业、国有企业和事业单位工作，自由职业者所占比重也相对较高，在政府机关、外企工作，以及自营公司者相对较少。初次就业中，部分家庭的父母未为孩子求职花钱，部分家庭的父母为孩子求职承担了较高的费用，特别是通过招聘托关系花钱录用、自己或与其朋友创业等方式就业的独生子女的平均花费相对较高。

表6-9 城市独生子女获得第一份工作的平均花费占城镇居民可支配收入比例 单位:%

第一份工作的获得途径	1994年及以前	1995—1999年	2000—2004年	2005—2009年	2010年及以后
招聘直接录用	0.48 (48)	1.60 (348)	0.98 (684)	0.92 (735)	2.26 (143)
招聘托关系未花钱录用	0.48 (8)	0.91 (51)	17.42 (81)	0.99 (90)	6.74 (20)
招聘托关系花钱录用	175.30 (4)	62.54 (10)	33.46 (14)	55.80 (24)	70.94 (5)
自己或与其朋友创业	24.48 (6)	6.48 (224)	57.78 (63)	80.20 (51)	0.61 (13)

注：括号中的数据为样本数。

资料来源：2015年5省（市）城市独生子女家庭状况调查。

第二节 独生子女的在业状况与收入

成年后完成学业的独生子女的就业状况是其自身与父母在求职过程中努力的结果，在业的独生子女通过自己的劳动得到一定的经济收入，会逐步降低或消除经济上对父母的依赖；而不在业的独生子女，尤其大龄未婚不在业独生子女，父母的经济支持仍然是其主要经济来源。独生子女的收入不仅是子女就业中亲子财富流转的结果，也是子女与父母进行财富流转的基础。家庭背景等对子女的发展具有重要影响，家庭条件优越的孩子更可能在教育、就业中获取更多的机会和向上流动。在一定程度上，独生子女的职业流动也是不同家庭中父母所拥有的经济财富、社会资本等资源对子女就业、收入共同作用的结果。

一 独生子女的在业状况

由表6-10的独生子女的在业情况看，在调查得到的有效样本中，约3.4%的独生子女成年后一直未就业，近8%有就业经历但目前在家待业，逾24%目前处于就业状态但曾经有过待业经历，其余64.43%一直处于就业状态。

分性别看，独生子和独生女均有部分一直处于未就业状态，一直就业、有待业经历但目前在业的男性比例均高于女性，而有就业经历但目前待业的女性比例远高于男性。极大似然检验结果表明，独生子和独生女的在业状况存在显著差异。

表6-10　　　　　独生子与独生女的在业状况　　　　　单位：%

性别	一直未就业	有就业经历目前待业	目前就业有待业经历	一直就业	极大似然检验	样本数
男	2.85	5.42	26.13	65.60	***	1753
女	4.18	11.04	21.87	62.91		1340
合计	3.43	7.86	24.28	64.44		3093

注：*** $p<0.001$。

资料来源：2015年5省（市）城市独生子女家庭状况调查。

分年龄看（见表6-11），35—39岁独生子女中逾90%在业，在业比例最高，其次为30—34岁，40岁及以上独生子女中在业比例最低；相反地，40岁及以上独生子女中目前待业者的比例最高，其次为29岁及以下组。另外，各年龄组均有一定比例的独生子女一直未就业。

表6-11　　　　　分年龄的独生子女在业状况　　　　　单位：%

年龄	一直未就业	有就业经历目前待业	目前就业有待业经历	一直就业	极大似然检验	样本数
29岁及以下	4.08	10.2	22.45	63.27	**	147
30—34岁	3.81	8.08	25.04	63.08		1969
35—39岁	2.76	5.87	23.59	67.78		869
40岁及以上	0.93	16.67	18.52	63.89		108
合计	3.43	7.86	24.28	64.44		3093

注：** $p<0.01$。

资料来源：2015年5省（市）城市独生子女家庭状况调查。

从受教育程度看（见表6-12），独生子女群体中受教育程度越高，一直就业者所占比例越高，有待业经历但目前在业者的比例依次下降；逾10%初中及以下学历者一直未就业，除部分受教育程度为研究生的独生子女一直在校学习尚未就业外，一些已毕业的受教育程度为大专、大学本科和研究生的独生子女也未进入职场。

表6-12　　　　不同受教育程度的独生子女的在业状态　　　单位:%

受教育程度	一直未就业	有就业经历目前待业	目前就业有待业经历	一直就业	极大似然检验	样本数
初中及以下	13.31	14.61	36.04	36.04	***	308
高中	4.76	11.90	32.14	51.19		252
中专/职高	2.44	11.40	26.55	59.61		614
大专	1.53	6.00	26.78	65.69		717
大学本科	0.87	4.95	18.53	75.65		1031
研究生	10.53	2.34	7.60	79.53		171
合计	3.43	7.86	24.28	64.44		3093

注：*** $p<0.001$。

资料来源：2015年5省（市）城市独生子女家庭状况调查。

对于调查时点未就业或有过待业经历的独生子女而言，找不到工作是最主要的原因，其次为不愿意工作，还有一部分独生子女准备考研究生、公务员等，生病、孕育子女而未工作的独生子女也占有一定比例。分性别看，独生子未工作主要因为找不到工作或不愿意工作，独生女则主要因为找不到工作，且独生子中未找到工作者的比例高于独生女；独生女中怀孕、生孩子或照顾孩子者也占有一定比例（见图6-2）。

由图6-3可知，单独就调查时点未在业的独生子女而言，一直未就业者主要因为找不到工作或生病、身体残疾等原因而未就业；而在有过就业经历但目前待业的独生子女而言，则主要因为找不到合适的工作，部分则因为不愿意工作。

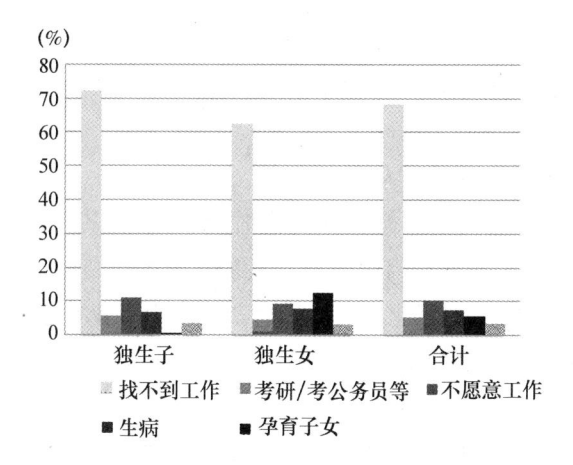

图 6-2 独生子女目前或曾经在家待业原因

资料来源：2015 年 5 省（市）城市独生子女家庭状况调查。

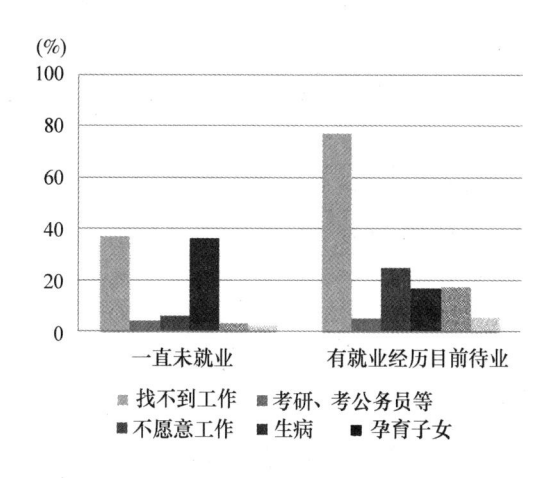

图 6-3 调查时点独生子女未在业原因

资料来源：2015 年 5 省（市）城市独生子女家庭状况调查。

整体看，绝大多数独生子女处于在业状态，但也有一定比例的独生子女一直未就业或有过就业经历但调查时点不在业。在家待业的独生子女中受教育程度主要为中专/职高、高中、初中，部分处于研究生在读或准备考研究生、公务员。已完成学业但一直未就业的独生子女不仅影响了个体的社会化与自身价值的实现，也在一定程度上加重了父母、家庭的负担。

二 独生子女的就业单位类型

由表6-13的结果可知，在调查时点，逾10%的独生子女处于无业状态，约11.32%属自由职业。其余除极少数自营公司外，国有企业和民营/私营企业就业者占比较高，其次为事业单位和政府机关。

分性别看，国有企业就职和从事自由职业的男性比例明显高于女性；在事业单位供职的女性的比例高于男性。无业的女性的比例也显著高于男性。极大似然检验结果表明，独生子和独生女在工作单位类型上存在显著差异。

表6-13　不同性别的城市第一代独生子女当前工作的单位类型　　　单位：%

性别	政府机关	事业单位	国有企业	外企	民营/私营企业	自营公司	自由职业	无业	极大似然检验	样本数
男	6.27	12.38	24.36	2.45	28.69	4.73	12.78	7.87	***	1753
女	4.63	18.96	16.87	3.66	27.91	3.36	9.40	14.85		1340
合计	5.56	15.23	21.11	2.97	28.35	4.14	11.32	10.90		3093

注：*** $p<0.001$。
资料来源：2015年5省（市）城市独生子女家庭状况调查。

从独生子女的受教育程度看（见表6-14），受教育程度为大专及以上的独生子女在政府机构、事业单位、国有企业等部门就业的比例显著高于受教育程度为中专/职高及以下的独生子女。随着受教育程度的提高，个体在民营/私营企业就职或从事自由职业者的比例呈下降趋势，不同受教育程度的独生子女就业单位类型存在显著差异。在一定程度上表明，政府机构、事业单位和国企仍是独生子女就业的领域，较高的受教育程度是个体进入体制内单位就业的敲门石。

表6-14　　　　　不同受教育程度独生子女的
当前工作单位类型　　　　单位:%

受教育程度	政府机关	事业单位	国有企业	外企	民营/私营企业	自营公司	自由职业	无业	极大似然检验	样本数
初中及以下	0.97	1.95	10.39	0.97	29.87	4.87	23.05	27.92	***	308
高中	3.17	9.52	13.89	0.40	31.75	4.76	19.84	16.67		252
中专/职高	1.63	7.98	22.31	1.47	32.90	5.05	14.82	13.84		614
大专	4.46	15.76	23.43	2.23	31.24	4.32	11.02	7.53		717
大学本科	9.89	20.95	24.05	4.75	25.22	3.59	5.72	5.82		1031
研究生	9.94	36.84	19.30	8.19	11.11	1.17	0.00	5.85		171
合计	5.56	15.23	21.11	2.97	28.35	4.14	11.32	10.90		3093

注:*** $p<0.001$。

资料来源:2015年5省(市)城市独生子女家庭状况调查。

三　目前的工作岗位

就目前城市第一代独生子女的工作岗位看(见表6-15),工作岗位为一般职员的比例最高,其次为管理人员、专业技术人员,工作岗位为工人的比例最低。

表6-15　　　　分性别的独生子女目前的工作岗位　　　单位:%

性别	管理人员	专业技术人员	工人	职员	极大似然检验	样本数
男性	24.89	20.29	23.42	31.40	***	1567
女性	23.50	20.00	11.84	44.66		1115
合计	24.31	20.17	18.61	36.91		2682

注:*** $p<0.001$。

资料来源:2015年5省(市)城市独生子女家庭状况调查。

分性别看,男性做管理人员、工人的比例均远高于女性,女性做职员的比例高于男性,在专业技术岗位上的男性和女性比例不存在较大差别。极大似然检验结果表明,独生子女中男性和女性在工作岗位上存在显著差别。

从独生子女的受教育程度看(见表6-16),受教育程度为研究生的独生子女做专业技术人员的比例最高,其次为管理人员;受教育程度为大学本科的独生子女则主要做管理人员和职员,专业技术人员和工人也占有一定比例;中专/职高、高中及以下学历者则主要属于职员和工人岗位。随着个体受教育程度的提高,从事管理、专业技术岗位的独生子女比例相应上升,而作为工人、职员的比例显著下降。不同受教育程度的独生子女的工作岗位存在显著差异。

表6-16　　　　不同受教育程度的独生子女目前的工作岗位　　　　单位:%

受教育程度	管理人员	专业技术人员	工人	职员	极大似然检验	样本数
初中及以下	9.18	7.73	47.34	35.75	***	207
高中	11.44	9.45	31.84	47.26		201
中专/职高	16.70	14.17	32.82	36.31		515
大专	23.38	18.31	16.15	42.15		650
大学本科	33.58	25.05	6.34	35.03		962
研究生	33.33	49.66	1.36	15.65		147
合计	24.31	20.17	18.61	36.91		2682

注:*** $p<0.001$。

资料来源:2015年5省(市)城市独生子女家庭状况调查。

四　独生子女目前所处的职业阶层

表6-17的结果显示,目前约12.1%的独生子女处于无业状态,办事人员阶层的比例最高,其次为专业技术人员、产业工人和经理人员,国家与社会管理者层的比例相对较低。其中,女性办事人员的比例明显高于男性,属于国家与社会管理者、经理人员、专业技术人员的男性比例略高于女性;无业的女性比例明显高于男性,男性和女性的职业阶层存在显著差异。

表6-17　　　　　分性别的独生子女目前的职业阶层　　　　单位:%

性别	国家与社会管理者	经理人员	专业技术人员	办事人员	个体工商户	产业工人	无业	极大似然检验	样本数
男	5.38	13.12	17.75	28.18	4.75	21.42	9.39	***	1746
女	4.49	12.13	16.48	37.30	3.37	10.64	15.58		1335
合计	5.00	12.69	17.20	32.13	4.15	16.75	12.07		3081

注:*** $p<0.001$。

资料来源:2015年5省(市)城市独生子女家庭状况调查。

表6-18的结果表明,受教育程度为大专及以下的独生子女中属于办事人员和产业工人阶层的比例相对较高;受教育程度为大学本科、研究生的独生子女处于专业技术人员、经理人员和国家与社会管理者层次的比例相对较高。随着受教育程度的提高,独生子女所处的职业阶层逐步从办事员、产业工人向专业技术人员、经理人员和国家与社会管理者转变。同时,不同受教育程度的独生子女中均有一定比例的独生子女处于无业状态。

表6-18　　　　不同受教育程度的独生子女目前的
职业阶层　　　单位:%

受教育程度	国家与社会管理者	经理人员	专业技术人员	办事人员	个体工商户	产业工人	无业	极大似然检验	样本数
初中及以下	0.97	1.62	4.87	24.03	4.87	33.12	30.52		308
高中	1.59	3.97	6.35	37.70	4.76	26.59	19.05		252
中专/职高	1.63	8.14	11.56	30.46	5.05	27.85	15.31	***	614
大专	3.91	13.95	15.90	38.21	4.32	15.02	8.51		717
大学本科	8.73	19.20	23.38	32.69	3.59	6.11	6.30		1031
研究生	11.95	17.61	45.91	14.47	1.26	2.52	6.29		159
合计	5.00	12.69	17.20	32.13	4.15	16.75	12.07		3081

注:*** $p<0.001$。

资料来源:2015年5省(市)城市独生子女家庭状况调查。

进一步地，将独生子女目前的职业阶层划分为基础阶层、中间阶层和优势阶层，由图6-4和图6-5可知，总体上，多数独生子女处于社会的中间阶层，处于优势阶层者的比例相对较低，相当部分的独生子女处于基础阶层。

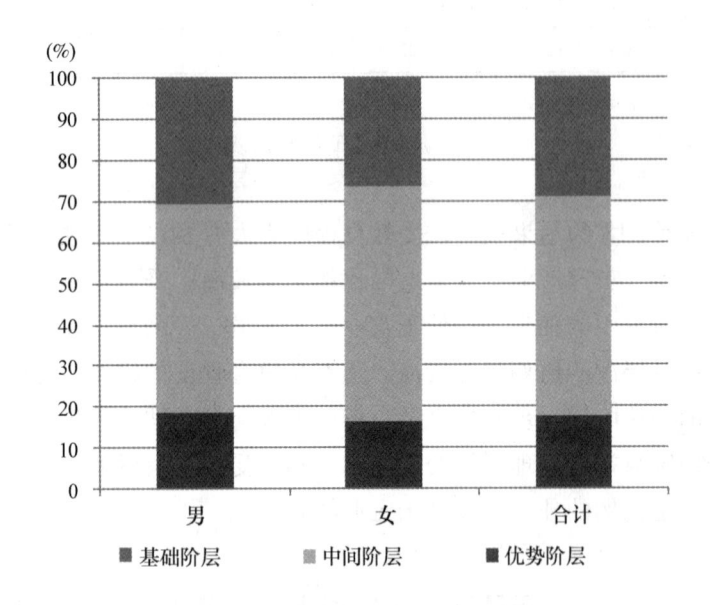

图6-4 分性别的独生子女的职业阶层

资料来源：2015年5省（市）城市独生子女家庭状况调查。

独生子女中男性处于优势阶层的比例略高于女性，女性处于中间阶层的比例高于男性，相对而言，独生子更有可能进入社会的优势阶层。这可能源于：一方面，社会给予了男性相对更好的择业机会；另一方面，女性更注重家庭的发展，更多地考虑家庭的需要，对于自身发展和职业成就等意识相对弱于男性。随着受教育程度的提高，独生子女中处于优势阶层的比例增大，处于基础阶层的比例相应降低。受教育程度在一定程度上体现着个体的知识与技能水平，对个人职业地位的获得具有直接作用力。

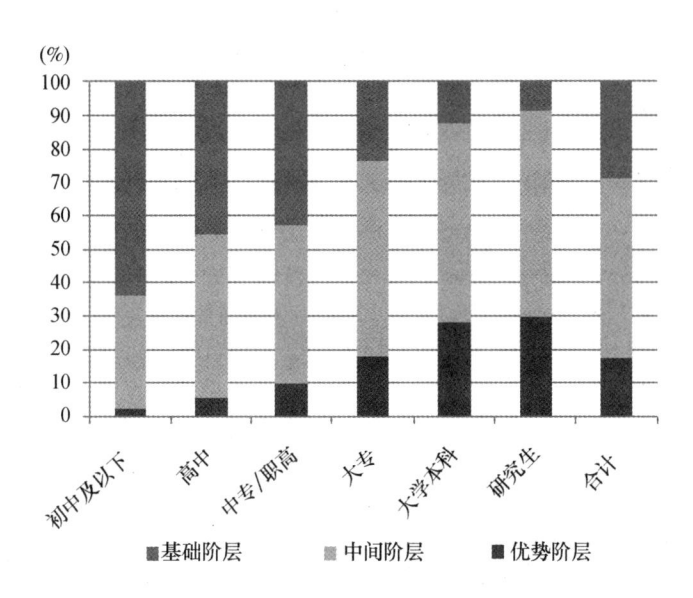

图 6-5　不同受教育程度独生子女的职业阶层

资料来源：2015 年 5 省（市）城市独生子女家庭状况调查。

五　职业流动

职业流动可分为两个层面，代际职业流动和代内职业流动。其中，代际职业流动中亲代的职业阶层选取父亲与母亲二者之间职业阶层较高者（单亲家庭则为父亲或母亲的职业阶层）；代内职业流动界定为独生子女的现职与初职之间职业类属的变化。职业流动分为向上流动、水平流动和向下流动三类。

（一）代际职业流动

由表 6-19 可知，逾 40% 的城市第一代独生子女职业阶层与父辈相比呈向上流动状态，近 1/3 的独生子女代际职业阶层下降，其余则为亲子代职业阶层相同。

相对而言，独生子代际职业阶层向上流动的比例明显高于向下流动的比例，独生女则表现为向上、向下两个方向同步扩展趋势。独生子与独生女的代际职业流动具有显著差异。

表6-19　　　　　分性别的独生子女的代际职业流动　　　　单位:%

性别	向上流动	水平流动	向下流动	极大似然检验	样本数
男	40.15	28.92	30.93	***	1746
女	41.95	23.30	34.76		1335
合计	40.93	26.48	32.59		3081

注:*** $p<0.001$。

资料来源:2015年5省(市)城市独生子女家庭状况调查。

由表6-20可知,从子代的受教育程度看,不同受教育程度的独生子女中均有逾1/3代际职业向下流动,受教育程度为初中及以下的独生子女代际职业向上流动的比例最低,受教育程度为大专的独生子女代际职业向上流动的比例最高。极大似然检验结果表明,不同受教育程度的城市第一代独生子女间代际职业流动不存在显著差异,在一定程度上表明,亲子代间的职业流动并不主要取决于子代的人力资本。

表6-20　　　不同受教育程度的独生子女的代际职业流动　　　单位:%

受教育程度	向上流动	水平流动	向下流动	极大似然检验	样本数
初中及以下	34.09	27.27	38.64	ns	308
高中	40.08	28.97	30.95		252
中专/职高	39.74	26.55	33.71		614
大专	44.35	24.13	31.52		717
大学本科	42.29	26.77	30.94		1031
研究生	35.85	29.56	34.59		159
合计	40.93	26.48	32.59		3081

注:ns不显著。

资料来源:2015年5省(市)城市独生子女家庭状况调查。

(二) 代内职业流动

由表6-21可知,城市第一代独生子女在其职业生涯中近60%职业类型相对较为稳定,其余40%则发生了职业类属的变化,职业向下流动的比例相对高于向上流动的比例，职业的变动更可能使独生子女的社会地位降低。相对而言，独生子的职业稳定性略高于独生女，职业阶层向上、向下流动的比例均低于独生女。统计检验结果表明，独生子与独生女的代内职业阶层流动具有显著差异。

由表6-22可知，随着受教育程度的上升，独生子女中职业趋于稳定的比例上升，职业向下流动的比例下降，且这种变化在大专及以上独生子女中表现得较为突出。在大专及以上的独生子女中，代内职业阶层向上流动的比例逐步下降。这可能源于受教育程度高的独生女本身即在较高的职业阶层就职，更多地趋于水平流动，代内职业流动的空间较小。

表6-21　分性别的城市第一代独生子女的代内职业流动　　单位:%

性别	向上流动	水平流动	向下流动	极大似然检验	样本数
男	16.42	61.62	21.95	*	1699
女	18.30	57.08	24.63		1279
合计	17.23	59.67	23.10		2978

注:* $p<0.05$。

资料来源:2015年5省(市)城市独生子女家庭状况调查。

表6-22　不同受教育程度的城市第一代独生子女的
代内职业流动　　单位:%

受教育程度	向上流动	水平流动	向下流动	极大似然检验	样本数
初中及以下	16.98	51.32	31.70	***	265
高中	19.25	52.72	28.03		239
中专/职高	15.69	51.42	32.89		599
大专	18.63	60.60	20.77		703
大学本科	17.36	65.78	16.86		1014
研究生	13.29	72.15	14.56		158
合计	17.23	59.67	23.10		2978

注:*** $p<0.001$。

资料来源:2015年5省(市)城市独生子女家庭状况调查。

六 独生子女的收入

表6-23的结果表明，城市第一代独生子女去年的年收入在0—5万元者居多，5万元以上者所占比例相对较低。逾9%的独生子女没有收入，经济上不自立，得依赖父母或家人生活。分性别看，收入高于3万元的独生子比例高于独生女，收入在3万元以内的独生女所占比例高于独生子。独生子的年平均收入高于独生女，独生子和独生女的年收入存在较大差异。另外，部分独生子女没有经济收入，且独生女中无经济收入的比例明显高于独生子。诚然，一些独生女婚后在家全职照料子女，但也不乏一些独生子女从不工作，成年后仍需父母供养，这类子女的"啃老"行为无疑加重了父母的经济压力。

表6-23　分性别的城市第一代独生子女过去1年的年收入　　单位：%

性别	无	0—3万元	3万—5万元	5万—8万元	8万—10万元	10万—15万元	15万—20万元	20万元以上	极大似然检验	样本数
男	6.52	37.74	36.36	11.16	2.88	2.45	1.25	1.63	***	1595
女	12.30	41.06	30.51	8.48	3.08	2.33	0.91	1.33		1203
合计	9.01	39.17	33.85	10.01	2.97	2.39	1.11	1.50		2798

注：*** $p<0.001$。
资料来源：2015年5省（市）城市独生子女家庭状况调查。

表6-24中，约74%初中及以下群体去年的年收入在3万元以内，5万元以上者所占比例较低；受教育程度为高中、中专/职高和大专的独生子女去年的年收入则多在5万元以内，5万元以上者所占比例较低；大学本科学历者去年的年收入多集中于3万—5万元，年收入在5万—10万元者也占有一定比例；研究生群体去年的年收入相对高于其他群体。在一定程度上验证了较高的人力资本投资在职场上获取了相对较多的经济回报。但同时，也需要注意到，从初中及以下、高中、中专/职高、大专、大学本科，甚至到研究

生，均有一定比例的独生子女无经济收入，尚不能自立，依赖于父母或家庭其他成员供养。极大似然检验结果表明，不同受教育程度的独生子女的年收入存在显著差别。

表6-24　　　　不同受教育程度的城市第一代独生子女
过去1年的年收入　　　　　　单位:%

受教育程度	无	0—3万元	3万—5万元	5万—8万元	8万—10万元	10万—15万元	15万—20万元	20万元以上	极大似然检验	样本数
初中及以下	18.80	61.20	15.20	3.60	0.80	0.40	0	0		250
高中	14.73	52.23	27.68	4.02	0.45	0.45	0	0.45		224
中专/职高	12.32	49.82	29.75	4.75	0.88	1.06	0.18	1.23	***	568
大专	6.98	42.19	36.57	10.17	1.52	1.67	0.15	0.76		659
大学本科	5.43	26.83	41.02	14.09	5.64	3.55	1.98	1.46		958
研究生	2.88	5.76	31.65	23.74	7.91	10.07	7.19	10.79		139
合计	9.01	39.17	33.85	10.01	2.97	2.39	1.11	1.50		2798

注：*** $p<0.001$。

资料来源：2015年5省（市）城市独生子女家庭状况调查。

可见，个体的职业阶层决定了其社会经济地位，而受教育程度又是个体的职业阶层与职业流动的主要原动力，在一定程度上，相对较高的人力资本投资也伴随着职业生涯中相应较高的职业阶层、社会声望与经济回报。换言之，基于父母在子女受教育上的早期投资，以及亲子在就业过程中的努力，子女受教育程度越高，相应地，其后续能达到较高的职业阶层，获取较好的收入，也将获得较好的社会地位与社会声望。

第三节 独生子女职业流动的影响因素分析

一 研究设计

(一) 独生子女职业流动影响因素的理论分析

职业流动是决定个体劳动者收入增长的重要因素，是提升劳动者职业地位的一个重要途径。理论上，个体的职业流动会受到其个体自身的人力资本等因素和家庭因素的影响。

已有研究表明，职业流动受个体的人力资本和社会资本的影响。多数情况下，职业流动的目的是得到更多的经济收益，教育、培训和工作经验等都会对职业流动产生影响[1]。王春光研究发现，在全民所有制和集体所有制部门工作的人比其他所有制部门工作的人有更多的机会获得向上流动，在所有制上存在职业流动不平等问题[2]。郭丛斌和闵维方研究发现，教育有助于经济地位较低的子女实现经济地位的提高，并且可以在一定程度上促进代际职业的流动[3]。家庭背景对毕业生就业去向、在何种类型单位就业具有显著影响[4]。父母所从事的职业是衡量家庭背景的一个重要指标，因父母的职业等级能够反映一个家庭所掌握的经济权利、政治权利和社会声望等，父母的职业选择对子女的职业选择具有影响。但有研究表明，在中国，代际职业流动性不强，存在明显的职业继承性[5]。

基于以上分析，本节将从独生子女自身和其父母因素两个方面对独生子女职业流动的影响因素进行分析。

---

[1] 谢正勤、钟甫宁：《农村劳动力的流动性与人力资本和社会资源的关系研究——基于江苏农户调查数据的实证分析》，《农业经济问题》2006年第8期；李晓霞：《专用性人力资本与就业流动：行业要素的检验》，《湖北社会科学》2011年第9期。

[2] 王春光：《中国职业流动中的社会不平等问题研究》，《中国人口科学》2003年第2期。

[3] 郭丛斌、闵维方：《中国城镇居民教育与收入代际流动的关系研究》，《教育研究》2007年第5期。

[4] 邓淑娟、戴家武、辛贤：《家庭背景对大学生毕业去向的影响》，《中国农业大学学报》（社会科学版）2012年第9期。

[5] 孙凤：《职业代际流动的对数线性模型》，《统计研究》2006年第7期。

（二）方法

独生子女的职业流动的影响因素分析采用二分 logistic 回归分析方法，因变量分别为独生子女的职业是否发生代际向上流动、是否发生代内向上流动，均为二分变量：0，否；1，是。

自变量包括独生子女个人因素、亲代因素和原生家庭所在区域等因素。其中，独生子女个人因素包括第一份工作类型，划分为体制内和体制外两类；工作年限［取自然对数，Ln（n+1）］；性别；受教育程度；婚姻状况；调查时点的工作地等。亲代因素包括父母亲较高的职业阶层，划分为优势阶层、中间阶层和基础阶层；婚姻状况等。原生家庭所在区域特征采用调查省区和相应调查地的城市类型。

二 结果

表6-25给出了独生子女代际职业流动和代内职业流动的影响因素的分析结果。

首先，就代际职业流动而言，初次就业为体制内的独生子女代际职业向上流动的概率显著低于体制外工作者；男性代际职业向上流动的风险显著低于女性；受教育程度为大专、大学本科和研究生的独生子女职业代际向上流动的概率显著高于受教育程度为初中及以下的独生子女；离婚或丧偶的独生子女代际职业向上流动的风险显著低于已婚有配偶者；目前在省外就业的独生子女代际职业向上流动的风险显著高于在省内就业者；父母中较高职业阶层为优势阶层和中间阶层的独生子女职业代际向上流动的概率显著低于父母为基础阶层的独生子女；原生家庭在二级城市的独生子女有更大的可能实现代际职业向上流动；相对于原生家庭处于山东省的独生子女，原生家庭处于重庆、湖北、甘肃、黑龙江等中西部省份的独生子女更不易实现职业代际向上流动。

其次，就代内职业流动而言，初次就业为体制内工作的独生子女代内职业向上流动的风险显著低于初次在体制外就业者；受教育程度为大专、大学本科和研究生的独生子女职业代内向上流动的风

表6-25　城市第一代独生子女职业流动影响因素回归分析结果

变量		Logistic 回归 Exp（B）	
		代际流动	代内流动
子女因素			
第一份工作类型（体制外）	体制内	0.808+	0.120***
	工作年限（取自然对数）	0.989	1.129
	性别（女）：男	0.735**	0.846
受教育程度（初中及以下）	高中	1.063	1.204
	中专/高职	1.295	1.089
	大专	2.266***	1.445+
	大学本科	4.005***	1.603*
	研究生	4.535***	2.195*
婚姻状况（未婚）	已婚有配偶	1.062	1.031
	离婚/丧偶	0.591+	0.719
工作地（省内）	省外	1.461*	0.499***
父母因素			
父母较高的职业阶层（基础阶层）	优势阶层	0.008***	1.168
	中间阶层	0.075***	1.035
婚姻状况（已婚有配偶）	离异	1.291	1.106
	丧偶	1.055	0.873
城市类型（省会城市）	二级市	1.423*	0.785+
	地级市	1.086	0.814
省份（山东）	重庆	0.962	1.224
	湖北	0.522***	1.209
	甘肃	0.654*	0.878
	黑龙江	0.712*	1.264
常数项		2.398*	0.291***
-2LL		2292.421***	2256.599***
样本数		2909	2909

注：①除"子女工作年限"外，以括号内所标示的分类为基准；② *** $p < 0.001$，** $p < 0.01$，* $p < 0.05$，+ $p < 0.1$。

资料来源：2015年5省（市）城市独生子女家庭状况调查。

险显著高于受教育程度为初中及以下者；目前在省外工作的独生子女更可能实现代内职业向上流动；原生家庭在二级城市的独生子女代内职业向上流动的风险低于原生家庭在省会城市的独生子女。

三 结论与讨论

由独生子女的职业代际流动和代内流动的影响因素的分析主要得到以下结论。

首先，独生子女的首份工作对其后续的职业发展具有显著影响。首份工作为体制外就业者后续有较大概率实现职业向上流动，工作后的努力能提升个体的就业阶层与社会地位。但这并不意味着首份工作为体制内的独生子女就不会实现职业向上流动。相对而言，首份工作在体制内的独生子女，起点较高，实现职业地位上的突破相对较为困难。

其次，父母社会地位、社会阶层越高，子女超越父辈实现代际职业流动的可能越小；相反，父母属于基础阶层的独生子女，更有可能实现代际职业流动，一定程度上表明"寒门能出贵子"。受教育程度越高实现职业向上流动的可能性越大，教育公平有助于社会阶层的流动与社会公平。

最后，在原生家庭之外的区域就业有助于职业阶层的流动；二级市等规模适中的城市更有助于个体的职业阶层向上流动。

从以上结果可知，一方面，个体通过后天努力，接受的教育、获得的相应技能会有助于其在工作中取得更大的成就，实现职业阶层与社会地位的提高。另一方面，原生家庭的诸多因素也会对个体后天的发展产生基础性影响。父母的职业阶层越高，社会资本相应越丰富，越有助于个体在步入职场之初即能进入相对较高的职业阶层。但在这种情况下，未来期望实现职业上的较大突破，进入更高的职业层级的难度也相对增大。而对于原生家庭处于相对较低社会阶层的个体，在自己后天的努力下，尚有机会实现职业阶层的上升与社会地位的提高，个体的受教育程度在这其中起着决定性的作用。为此，父母应重视子女的教育，在家庭经济条件允许的情况下尽可能保障对子女的教育投入，通过早期家庭财富的流转使子女获得一定的学历教育，为其后续职业的顺利发展奠定基础；国家与社会有责任加大对各类教育，特别是学历教育的投入，资助经济上有困难的个体尽可能接受好的教育，获取相对更高的受教育水平，提高其技能，增强其后天的竞争优势，增大阶层的流动性，削弱因为阶层固化而带来的社会阶层的分化，有效推动社会向着和谐发展的方向前行。

第四节 本章小结

本章利用2015年城市独生子女家庭状况调查数据，在明确独生子女的就业状况的基础上，分析了独生子女职业流动的影响因素。研究发现，招聘直接录用是当前子女获取首份工作的主要途径，也有一定比例的独生子女在招聘过程中托人情关系，极少数在招聘过程中托关系且花钱后才被录用。自己或与朋友创业、毕业分配也解决了部分独生子女的就业问题，通过亲朋帮助联系、职工子弟照顾等方式就业者的比例相对较低。社会资本在独生子女就业中的作用尚未充分显现。不同求职途径独生子女的就业花费存在较大的差异，招聘托关系花钱录用方式下平均花费最高，其次为自己创业或与朋友创业，毕业分配、直接招聘录用的花费相对较少。初次就业时独生子女主要在民营/私营企业、国有企业和事业单位工作，自由职业者所占比重也相对较高，在政府机关、外企工作，以及自营公司者相对较少。

当前，部分城市第一代独生子女一直未就业；在国企和民营/私企就业者占比较高，其次为事业单位和政府机关；工作岗位为一般职员的比例最高，其次为管理人员、专业技术人员，工作岗位为工人的比例最低；从职业阶层看，办事人员阶层比例最高，其次为专业技术人员、产业工人和经理人员，国家与社会管理者层的比例相对较低。逾40%的独生子女职业阶层与父辈相比呈向上流动状态，近1/3代际职业阶层下降，其余则亲子代职业阶层相同；近

60%职业类型稳定，其余40%职业类属发生变化，代内职业向下流动比例高于向上流动比例。

独生子女的第一份工作对其后续职业的发展具有重要影响，首份工作为体制外职业者后续有较大概率实现职业向上流动，工作后的努力能提升个体的就业阶层与社会地位；父母社会地位、社会阶层越高，子女超越父辈实现代际职业流动的可能越小；相反，父母属于基础阶层的独生子女，更有可能实现代际职业流动。独生子女父母早期给予子女的教育投资对子女进入社会后的职业发展至关重要，受教育程度越高实现职业向上流动的可能性越大，教育公平有助于社会阶层的流动与社会公平。

子女社会化过程中取得的职业上的发展与进步也是父母财富流转至子女所收到的回报。后续将继续对独生子女生命历程中的婚姻、生育等事件中父母给予的财富流转进行具体分析，以期较全面地展示独生子女家庭亲子财富流转的全貌。

第七章　独生子女婚事操办中亲子财富流转

社会变迁也引起了婚姻观念发生变化，自由恋爱盛行，基本实现男女婚姻自主，婚姻礼仪也趋于多样化。传统习俗中，嫁娶婚姻中婚姻花费多由男方家庭全部承担，已有有关婚姻花费的研究也多从男方家庭角度对亲子财富流转加以分析。[①] 在独生子女家庭中仅有独生子或独生女一个孩子，婚事操办中独生子与独生女的婚姻花费如何？父母与子女如何分担婚事费用？本章利用2015年城市独生子女家庭状况调查数据，在明确独生子女婚事花费的总体情况的基础上，对彩礼/嫁妆、购买婚房、购买汽车、办婚礼等主要花费中所涉及的财富支出、亲子财富流转情况进行分析，并就婚事操办过程中收到的礼金、子女结婚时家中是否借债及债务的偿还方式，以及子女结婚带来的家庭经济压力等问题进行深入分析。

第一节　独生子女的婚事花费

一　子女婚事支出的总体情况

不同时期个体的婚事花费会因物价水平、婚事花费项目等的差异而有所不同，借助于子女的初婚年龄，推算出调查样本中已婚独生子女的初婚年份，进而在考虑初婚时间的前提下对独生子女婚事

[①] 王跃生：《婚事操办中的代际关系：家庭财产积累与转移——冀东农村的考察》，《中国农村观察》2010年第3期；李拾娣、刘启明：《农村婚姻消费中家庭财富的代际转移机制与影响研究——以S村为例》，《理论观察》2015年第5期。

支出的总体状况进行分析。本次调查中婚姻花费主要包括独生子或独生女结婚时的彩礼/嫁妆、买婚房/建婚房、婚房装修费用、购买家具家电等用品、拍婚纱照、购买金银珠宝等首饰、蜜月旅行，以及办婚礼等的总花费。家庭中子女的婚嫁费用主要有完全由父母承担、完全由子女承担、亲子共同承担三种方式。本次调查中，部分父母未承担子女的婚嫁费用，也有部分子女未承担自己的婚姻花费。

表7-1给出了不同结婚时间的独生子女婚嫁费用。首先，从子女结婚的总花费看，1999年及以前子女结婚平均费用不足2万元，2000年后普遍超过5万元，2010年后部分年份的平均费用超过20万元。随着时间的推移，独生子女结婚的总费用呈增长趋势。其次，从父母给予子女婚嫁的经济支持看，1999年及以前父母承担的费用最低，2008年以后已超过10万元，至2015年已近19万元。随着结婚年份的推迟，父母为子女婚嫁承担的费用呈上升趋势。最后，从子女个人承担的婚嫁费用看，1999年之前相应费用最低，1999年以后个人承担的婚嫁费用增加。另外，在相同年份，父母承担的子女婚嫁费用均高于子女个人承担的费用。总体上，独生子女的结婚花费呈上升趋势，父母为子女结婚承担的费用远高于子女，父母仍是子女结婚花费的主要责任人。

表7-1　　　　　　　　独生子女婚嫁费用　　　　　　单位：万元

结婚年份	父母给予的支持 均值	父母给予的支持 标准差	父母给予的支持 样本数	子女自己承担的费用 均值	子女自己承担的费用 标准差	子女自己承担的费用 样本数	婚姻总花费 均值	婚姻总花费 标准差	婚姻总花费 样本数
1999	1.25	1.373	46	0.40	0.763	35	1.55	1.673	46
2000	6.13	14.221	35	2.32	5.050	26	7.85	15.399	35
2001	4.49	5.457	63	1.62	4.019	46	5.59	6.773	64
2002	5.06	6.485	77	2.89	6.326	60	7.32	8.961	77
2003	6.91	12.034	86	4.41	12.809	63	9.92	17.968	87

续表

结婚年份	父母给予的支持 均值	标准差	样本数	子女自己承担的费用 均值	标准差	样本数	婚姻总花费 均值	标准差	样本数
2004	7.62	11.075	120	1.61	5.959	87	8.64	12.944	122
2005	6.24	8.075	144	3.13	11.346	112	8.61	13.189	145
2006	8.57	11.768	183	3.06	7.692	138	10.76	13.425	185
2007	7.88	11.031	215	3.62	13.854	157	10.52	16.824	215
2008	12.12	20.369	210	5.81	25.058	164	16.35	33.392	214
2009	12.70	16.402	212	3.70	8.793	156	15.06	18.438	217
2010	13.65	17.780	278	5.53	20.136	208	17.73	24.987	279
2011	15.11	19.410	222	6.36	25.832	168	19.56	31.929	226
2012	17.84	28.938	223	4.66	15.113	161	21.02	33.656	225
2013	14.24	19.848	157	3.09	5.849	122	16.42	20.592	159
2014	18.57	23.686	124	5.04	16.224	91	22.27	30.474	124
2015	18.95	19.792	48	8.41	36.414	31	24.38	35.686	48
总计	11.64	18.057	2443	4.21	16.349	1825	14.62	24.326	2468

注：1999年为1999年及以前的合计样本。

资料来源：2015年5省（市）城市独生子女家庭状况调查。

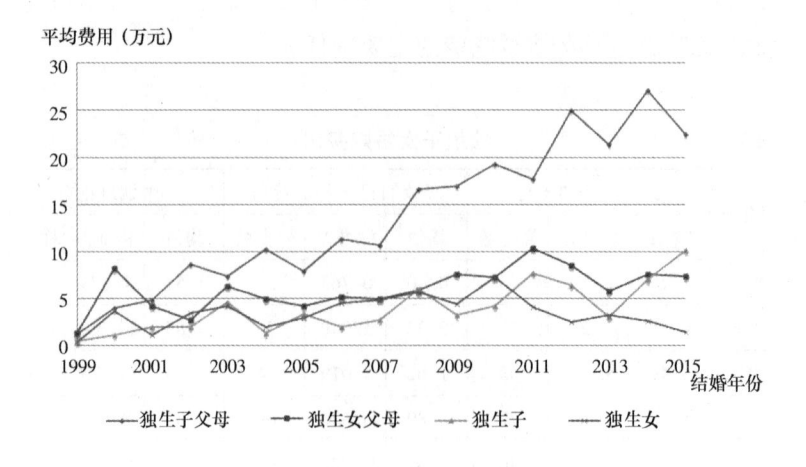

图7-1 独生子女的结婚费用

资料来源：2015年5省（市）城市独生子女家庭状况调查。

由图 7-1 可知，1999 年及以前，独生子与独生女结婚时的花费差异不大，2000 年以后，每年结婚的独生子的花费均高于独生女，且在 2007 年以后独生子与独生女结婚费用的差异明显扩大。可见，在独生子女群体中，虽然独生女是家庭中的唯一孩子，但在婚事操办中，男婚女嫁，男方及其父母仍是婚姻花费的主要承担者，这一传统惯习尚未发生明显的改变。

由表 7-2 可知，进一步地，从不同时间结婚的独生子、独生女的父母及子女本人承担的婚姻花费看，1999 年及以前独生子父母、独生女父母在子女婚事操办中的平均花费差异甚微，2001 年以后独生子父母承担的费用明显高于独生女父母，且随着时间的推移这种差异逐步扩大。再从子女自身承担的费用看，与父母承担的费用的变化趋势相似，1999 年及以前独生子、独生女在各自婚事操办中的花费差别不大，2001 年以后，独生子、独生女的花费均有所增加，一些年份结婚的独生子的花费多于独生女，而也有一些年份的独生子的花费少于独生女。这一结果在一定程度上表明，无论独生女还是独生子，父母均是他们婚事操办中相应花费的主要承担者，子女承担的费用远低于父母。

表 7-2　　婚事操办中父母与子女承担费用的比较　　单位：万元

结婚年份	独生子父母	独生女父母	独生子	独生女
1999	1.23	1.25	0.46	0.35
2000	3.94	8.21	1.14	3.69
2001	4.76	4.17	1.96	1.13
2002	8.59	2.68	1.97	3.46
2003	7.41	6.31	4.57	4.19
2004	10.28	4.95	1.34	1.92
2005	7.91	4.20	3.29	2.93
2006	11.32	5.10	1.94	4.47

续表

结婚年份	独生子父母	独生女父母	独生子	独生女
2007	10.60	4.91	2.70	4.85
2008	16.65	5.85	5.95	5.61
2009	16.97	7.53	3.21	4.36
2010	19.21	7.23	4.15	7.30
2011	17.70	10.31	7.65	4.03
2012	25.01	8.54	6.37	2.43
2013	21.42	5.75	3.01	3.18
2014	27.08	7.53	7.09	2.56
2015	22.41	7.31	10.09	1.43

资料来源：2015年5省（市）城市独生子女家庭状况调查。

考虑物价上涨因素，基于相应年份城镇居民人均可支配收入（见表6-8），计算城市独生子女婚姻费用是当年城镇居民可支配收入的倍数，结果如表7-3所示。

表7-3　　　　结婚时父母、子女的花费　　　　单位：万元

结婚年份	独生子父母	独生女父母	独生子	独生女	父母	子女
1999	2.41	2.45	0.91	0.69	2.44	0.78
2000	6.27	13.08	1.81	5.88	9.77	3.69
2001	6.94	6.09	2.86	1.64	6.55	2.36
2002	11.16	3.49	2.56	4.50	6.57	3.75
2003	8.75	7.45	37.15	4.94	8.16	23.56
2004	10.91	5.26	1.42	2.03	8.08	1.71
2005	7.54	4.01	3.14	2.79	5.94	2.98
2006	9.63	4.34	1.65	3.80	7.29	2.60
2007	7.69	3.56	1.96	3.52	5.71	2.62
2008	10.55	3.71	3.77	3.56	7.68	3.68
2009	9.88	4.39	1.87	2.54	7.39	2.15

续表

结婚年份	独生子父母	独生女父母	独生子	独生女	父母	子女
2010	10.05	3.79	2.17	3.82	7.15	2.89
2011	8.12	4.73	3.51	1.85	6.93	2.91
2012	10.18	3.48	2.59	0.99	7.26	1.90
2013	7.95	2.13	1.12	1.18	5.28	1.14
2014	8.68	2.41	2.27	0.82	5.95	1.62
2015	7.10	2.32	3.20	0.45	6.01	2.67

资料来源：2015年5省（市）城市独生子女家庭状况调查。

由表7-3可知，在考虑价格上涨因素后，1999年及以前，独生子女结婚时父母低于城镇居民年可支配收入的2.5倍（1999年之前的城镇居民年可支配收入为1995—1999年各年可支配收入的均值）；2000年后独生子父母、独生女父母、独生子、独生女在婚事操办中的出资额占当年城镇居民可支配收入的比例均显著上升，各年子女结婚时独生子父母出资额均在当年城镇居民可支配收入的6—10倍，独生女父母约为当年城镇居民可支配收入的3—6倍，独生子、独生女的出资额则为1—3倍，但相应数值在不同年份又有所起伏。

总体上，父母为子女操办婚事的费用多于子女自身的承担额；独生子父母为儿子娶媳妇的花费高于独生女父母嫁女儿的费用。本书的研究结论与马春华等2008年"中国七城市婚姻家庭调查"的研究结论相似，随着婚姻成本的提高，男方父母对独生子婚姻支持额上升[1]。但不同于马文，本书发现，女方父母对独生女婚姻花费并不存在明显的上升或下降趋势。虽然独生女家庭也会出资为女儿操办婚事，但在婚姻中男方家庭仍是婚事花费的主要承担者，加之随着社会经济的发展，城市家庭发生明显分化，经济状况差别增大，城市独生子女家庭中婚事操办观念尚未因为只有一个子女而发生本质变化。另外，1999年前相应结婚费用处于较低水平，而1999年之后，

---

[1] 马春华、石金群、李银河、王震宇、唐灿：《中国城市家庭变迁的趋势和最新发现》，《社会学研究》2011年第2期。

城市第一代独生子女家庭亲子财富流转

结婚成本迅速上升，父母、子女分担的结婚费用也呈上升趋势。中国城镇地区1998年下半年停止住房实物分配制度，执行住房货币化改革，结婚时有自己的住房是诸多新婚青年的愿望。物价上涨、购买婚房均在一定程度上增大了独生子女结婚时的花费。

二 独生子女婚事中亲子分项花费情况

在明确独生子女婚姻花费的总体状况的基础上，比较分析独生子女初婚时亲代和子代在彩礼/嫁妆、购买婚房、买车以及婚礼等方面各自所承担的费用，以进一步揭示子女婚姻费用中家庭财富的流转情况。

（一）彩礼/嫁妆

20世纪60年代以来，彩礼也由婚姻缔结的象征性做法变为男性家庭代际财富转移的一种途径。依据惯习，在嫁娶婚姻中男方家庭给予女方彩礼，女方父母给予出嫁女儿一定的陪嫁。调查发现，近60%的独生子家庭给女方彩礼，约51.5%的独生女家庭给女儿准备了嫁妆（见图7-2）。

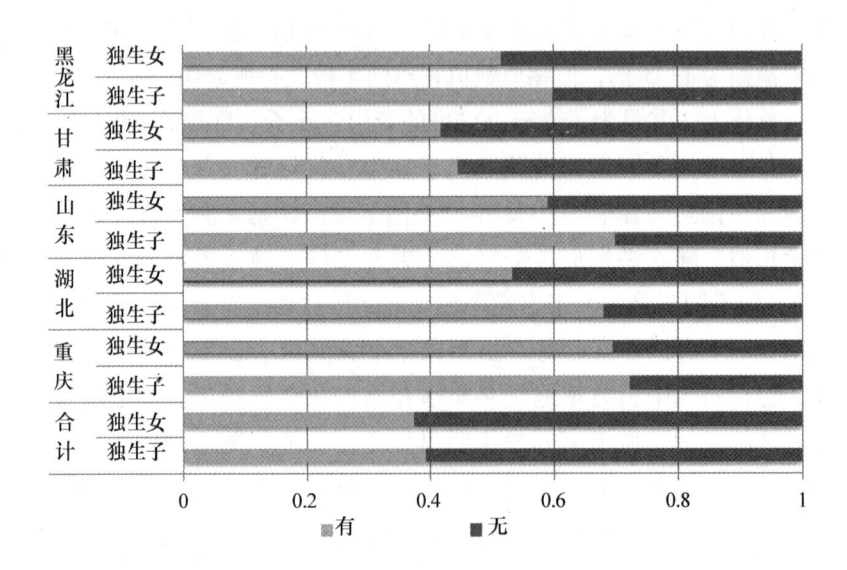

图7-2 分省/直辖市的独生子女结婚时彩礼/嫁妆的支付情况

资料来源：2015年5省（市）城市独生子女家庭状况调查。

分省/直辖市看，湖北省、甘肃省和山东省独生子家庭中给女方彩礼者所占比例、女方家庭给女儿嫁妆者的比例均相对较高，重庆市和黑龙江省相应比例均相对较低。另外，独生子家出彩礼者的比例高于独生女家提供嫁妆的比例。这种区域差异是否源于当地习俗还需要进一步的调查分析。

表 7-4　　　　　　　独生子女家庭的彩礼/嫁妆

结婚年份	彩礼 金额（万元）	彩礼 与城镇居民当年可支配收入之比	嫁妆 金额（万元）	嫁妆 与城镇居民当年可支配收入之比
1999	0.54	1.06	0.21	0.41
2000	0.33	0.52	1.34	2.14
2001	1.16	1.69	1.06	1.55
2002	1.09	1.41	0.79	1.03
2003	0.63	0.75	1.55	1.83
2004	0.97	1.03	0.77	0.82
2005	0.65	0.62	1.10	1.05
2006	1.10	0.94	1.47	1.25
2007	1.26	0.91	1.06	0.77
2008	1.19	0.75	2.11	1.34
2009	1.51	0.88	1.95	1.14
2010	1.64	0.86	1.66	0.87
2011	1.65	0.75	2.08	0.95
2012	2.19	0.89	1.97	0.80
2013	2.48	0.92	1.42	0.53
2014	2.74	0.88	2.19	0.70
2015	3.70	1.17	3.10	0.98

资料来源：2015年5省（市）城市独生子女家庭状况调查。

由表7-4给出了不同结婚时间独生子女家庭的彩礼/嫁妆的分

析结果。表7-4中，彩礼由男方家庭承担，嫁妆则由女方家庭承担。首先，从彩礼/嫁妆的金额看，前后近20年的时间内，独生子结婚时给女方的彩礼从平均不足万元到近4万元，且在2006年后持续快速增长；独生女父母给女儿的嫁妆也从最初的不足3000元，上升到2015年平均逾3万元，但各年份的均值变化相对较大。其次，从彩礼/嫁妆与相应年度城镇居民平均可支配收入的比值看，2009年之前，各年份结婚的独生子家庭给予女方的彩礼、独生女父母给女儿的嫁妆无明显规律，在一些年份明显高于当年的可支配收入，但在一些年份又低于可支配收入。2005年城镇居民平均年可支配收入已逾万元，2015年已超过3万元，剔除物价上涨因素后，在一定程度上彩礼稳中有升，但嫁妆则变化较大。这主要因为在男方仍是婚姻花费的主要承担者的情况下，彩礼作为男方父母的婚事花费，更多受社会习俗、社区规范的影响，随着婚嫁费用的上升，相应的彩礼也水涨船高；而女方父母给予女儿的嫁妆的多少，主要视家庭财产状况及父母意愿，独生女家庭间财富的差异、亲子关系的差异等也最终导致嫁妆存在较大的差异。女方父母在收取彩礼后，再以陪嫁的形式，将彩礼，甚至高于彩礼的嫁妆返还给新婚夫妇，使亲代的家庭财富以嫁妆的形式转移给子代。新婚夫妇通过这种制度性要求获得对相应物品的占有权，增强了婚后独立生活的能力，减轻了未来生活的压力，却在某种程度上加大了亲代，尤其是男方亲代的经济负担。

(二) 购买婚房的花费

随着市场经济的发展和城市住房体制的改革，住房已成为诸多城市家庭最主要的资产，自然，购买住房也是城市居民最大的经济负担。"有房才有家"，近年来越来越多的适婚青年视婚房为走入婚姻的必要条件，无房不婚，为子女购买婚房也成为诸多家庭亲子两代财富流转的主要形式。但受新《婚姻法》的影响，婚前财产与婚后财产的划分也让部分新婚夫妇仅对婚房有使用权，而没有产权，未能实现家庭财富从亲代向子代的完全转移。在独生子女家庭中，购买婚房者会有多大比例？独生女是否有婚房的产权？这些问题均需要给予明晰。

在调查得到的有效样本中（见表7-5），约3.4%的独生子女结婚时亲子共同出资购买了婚房，约23.3%由父母独自出资为子女购买了婚房，约3%的子女自己独立购买了婚房，其余70.4%的独生子女结婚时未购买婚房。在结婚时购买了婚房的独生子女中，约11.3%由父母和子女共同出资购买婚房，约78.7%完全由父母出资为子女购买婚房，其余10%则为子女本人独立购买婚房。可见，当前独生子女结婚主要依赖父母为其购买婚房。

表7-5　　　　　　　　独生子女购买婚房的比例　　　　　　　单位:%

子女性别	亲子共同购买	亲代购买	子代购买	未购买	卡方检验	样本数
儿子	4.44	31.98	1.99	61.59	***	1307
女儿	1.99	12.44	4.18	81.39		1053
合计	3.35	23.26	2.97	70.42		2360

注：*** $p<0.001$。

资料来源：2015年5省（市）城市独生子女家庭状况调查。

从购房花费看，在亲子共同购婚房的独生子家庭中，儿子的平均出资额高于父母；完全由亲代给子代购房的平均花费约为21万元，完全由儿子自己购房的均值约为40万元。在独生女家庭中，独生女出资的平均值高于父母，完全由父母出资购房的平均花费约为15万元，完全由女儿出资购房的花费约为24.4万元。相比较而言，亲子共同购房的情况下，独生子购房的平均花费高于独生女，独生子父母的花费也高于独生女；完全由父母出资购房的家庭中，独生子的父母平均购房费用高于独生女的父母。

子女结婚时购买了住房供子女居住，即使是与一方父母共同居住，独生子或独生女夫妻也具有了房屋的使用权，但这种使用权并不代表该房屋即为独生女所有，还需要从房屋的所有权做具体分析。

表7-6　　　　　　　　独生子女购买婚房花费

结婚年份	父母 均值（万元）	父母 与城镇居民当年可支配收入之比	父母 样本数	子女 均值（万元）	子女 与城镇居民当年可支配收入之比	子女 样本数
2000	5.86	9.34	11	3.33	5.31	9
2001	5.50	8.02	12	1.58	2.31	12
2002	7.04	9.14	19	3.00	3.89	16
2003	11.67	13.77	21	24.06	28.40	16
2004	11.82	12.55	30	2.15	2.28	20
2005	8.59	8.19	39	5.39	5.14	36
2006	10.89	9.26	51	3.78	3.21	36
2007	15.56	11.29	48	8.27	6.00	41
2008	18.39	11.65	63	10.83	6.86	54
2009	16.70	9.72	71	4.02	2.34	58
2010	18.79	9.83	94	6.39	3.35	76
2011	20.00	9.17	69	8.45	3.87	51
2012	26.77	10.9	72	6.71	2.73	54
2013	22.03	8.17	36	3.89	1.44	32
2014	27.58	8.84	39	4.85	1.55	30
2015	23.69	7.51	16	16.15	5.12	13

资料来源：2015年5省（市）城市独生子女家庭状况调查。

由图7-3中购买婚房的独生子女婚房产权证署名情况（有效样本为434个）可知，近60%的独生子女夫妻婚房产权证上写的是男方本人的名字，约7.8%为女方本人的名字，约15.2%为男女双方的名字，约13.6%为男方及其父母的名字。可见，在购买了婚房后，约2/3的房屋产权归独生子女个人所有，独生子女夫妻共有者也占一定比例，部分独生子女父母即使出资购买了婚房，也并未将其财富完全转移到子女的名下，尚未实现家庭财富亲子代的完全转移。

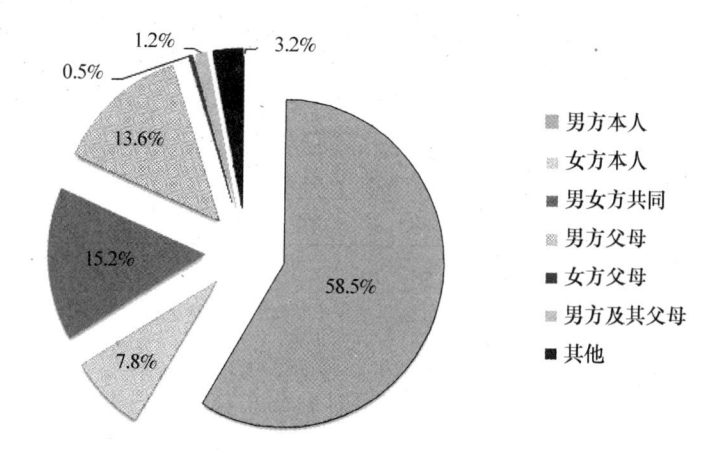

第七章　独生子女婚事操办中亲子财富流转

图7-3　子女婚房房产证的署名情况

资料来源：2015年5省（市）城市独生子女家庭状况调查。

总体上，当前独生子女结婚时仅30%左右购买了婚房。在购买了婚房的独生子女中，绝大多数依赖父母，特别是男方父母出资购买。在购买婚房后独生子女虽然有房屋的使用权，但部分独生子女父母并未将房屋产权归属为子女，尚未实现家庭财富的流转。

（三）购车花费

私家车作为城市主要的代步工具，既带来了交通的便捷性和舒适性，同时，作为一种身份地位的象征，备受适婚人群的青睐，结婚时购买汽车已成为一种新的消费时尚，在城市尤为盛行。另外，作为一种耐用消费品，相对较高的购买价值也需要一定的家庭财富支撑，购买汽车也成为亲子财富流转的一种方式。

由表7-7可知，被访独生子女家庭中约15%的家庭在子女结婚时为其购买了汽车，独生子、独生女家庭均主要由父母出钱购买，子女自己购买的比例较低。统计检验结果表明，独生子和独生女家庭在子女结婚购车上存在一定的差异。

城市第一代独生子女家庭亲子财富流转

表7-7　　　　　独生子女结婚时购车情况　　　　　单位：%

子女性别	亲子共同购买	亲代购买	子代购买	未购买	卡方检验	样本数
独生子	2.12	9.50	3.14	85.24	+	1274
独生女	0.97	8.30	2.41	88.32		1036
总计	1.60	8.96	2.81	86.62		2310

注：+ $p<0.1$。
资料来源：2015年5省（市）城市独生子女家庭状况调查。

进一步地，从独生子女结婚时的购车花费看（见表7-8），不同结婚时间独生子购车的平均花费均高于其父母的平均花费，2010年前独生女的购车花费高于其父母，2010年后父母给独生女购车的花费高于独生女，也高于独生子父母。

表7-8　　　　　独生子女结婚时的购车花费　　　　　单位：万元

内容	2004年及以前		2005—2009年		2010年及以后	
	父母	子女本人	父母	子女本人	父母	子女本人
独生子	7.00（17）	40.11（11）	7.37（51）	7.85（26）	10.47（80）	12.30（30）
独生女	6.28（16）	7.88（4）	6.13（36）	12.17（18）	11.50（44）	8.23（13）

注：括号中的数据为样本量。
资料来源：2015年5省（市）城市独生子女家庭状况调查。

由表7-9可知，在不同的购车方式下，2005年后亲代为子女购车的花费呈上升趋势，子代出资购车时的花费上涨更快。

总体上，在被访的城市第一代独生子女家庭中，多数家庭子女结婚时未购买汽车，买车在独生子女婚嫁中尚不普遍。在结婚时购买了汽车的家庭中，独生子自己购买汽车的平均花费相对高于亲子共同购买汽车、独生女购买汽车的花费。另外，相对较大的标准差也在一定程度上表明，不同家庭的独生子女买车花费存在明显的差异。

154

表7-9　　　　　　　　不同购车方式下亲子代的花费　　　　　　单位：万元

结婚年份	亲子共同 亲代均值	标准差	子代均值	标准差	样本数	仅亲代出资 均值	标准差	样本数	仅子代出资 均值	标准差	样本数
2004年及以前	5.50	3.452	7.50	6.801	7	6.96	5.586	26	52.53	95.229	8
2005—2009年	3.93	2.786	7.64	8.006	14	7.42	5.868	73	10.53	7.577	30
2010年及以后	7.57	4.278	6.83	5.738	16	11.32	8.772	108	13.58	18.552	27
总计	5.80	3.897	7.26	6.687	37	9.40	7.737	207	16.97	36.606	65

资料来源：2015年5省（市）城市独生子女家庭状况调查。

（四）婚礼花费

婚礼花费是指与婚礼仪式相关的费用，主要包括婚宴、摄影摄像、婚礼用鲜花、司仪等的费用。婚礼花费虽然属于礼仪性消费，难以作为新婚夫妇的财产沉淀下来，代际财产转移的色彩较淡，但其在认识亲代在子女婚姻中的经济负担不可或缺[1]。

本次调查发现（见表7-10），独生子结婚时未办婚礼的比例明显低于独生女，在办婚礼的独生子女中，主要出父母，特别是男方父母出资办理婚礼，子女自己出资办婚礼者所占比例较低，亲子共同操办婚礼的相对更少。

图7-4给出了不同结婚时间独生子女结婚时婚礼花费情况。

---

[1] 王跃生、伍海霞：《当代农村代际关系研究——冀东村庄的考察》，中国社会科学出版社2011年版。

城市第一代独生子女家庭亲子财富流转

表7-10　　　　　　独生子女结婚时办婚礼的比例　　　　　单位:%

子女性别	亲子共同承担	亲代独自承担	子代独自承担	未办婚礼	卡方检验	样本数
独生子	6.95	63.23	7.32	22.50	***	1338
独生女	4.69	26.90	11.90	56.51		1067
总计	5.95	47.11	9.36	37.59		2405

注:*** $p<0.001$。

资料来源:2015年5省(市)城市独生子女家庭状况调查。

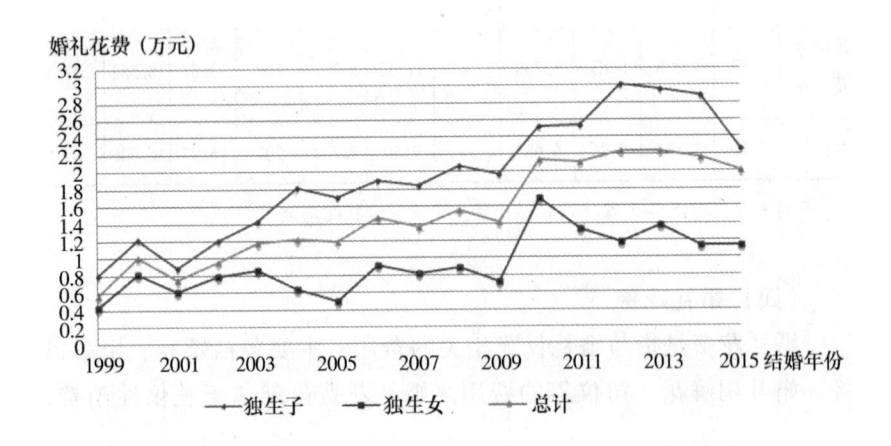

图7-4　独生子女的婚礼花费

资料来源:2015年5省(市)城市独生子女家庭状况调查。

表7-11给出了独生子女办婚礼的花费情况。

表7-11　　　　　　　　独生子女婚礼花费

结婚年份	均值(万元)							婚礼花费与城镇居民当年可支配收入之比				
	独生子父母	独生子	独生女父母	独生女	父母	子女	独生子父母	独生子	独生女父母	独生女	父母	子女
1999	0.63	0.34	0.32	0.14	0.91	0.39	1.23	0.66	0.63	0.28	1.77	0.76
2000	1.16	0.16	0.68	0.18	1.56	0.25	1.84	0.26	1.09	0.29	2.49	0.40

续表

结婚年份	均值（万元）						婚礼花费与城镇居民当年可支配收入之比				
	独生子父母	独生子	独生女父母	独生女	父母	子女	独生子父母	独生子	独生女父母	独生女	父母	子女
2001	0.69	0.27	0.26	0.61	0.78	0.63	1.00	0.39	0.37	0.88	1.14	0.92
2002	1.13	0.19	0.63	0.24	1.46	0.39	1.47	0.24	0.82	0.32	1.90	0.51
2003	1.34	0.19	0.75	0.17	1.41	0.28	1.58	0.22	0.89	0.20	1.66	0.33
2004	1.77	0.20	0.48	0.25	1.63	0.30	1.87	0.21	0.51	0.26	1.73	0.32
2005	1.62	0.19	0.34	0.22	1.69	0.35	1.54	0.18	0.33	0.21	1.61	0.33
2006	1.56	0.51	0.60	0.41	1.34	0.62	1.33	0.43	0.51	0.35	1.14	0.53
2007	1.63	0.38	0.48	0.50	1.75	0.64	1.19	0.27	0.35	0.36	1.27	0.46
2008	1.90	0.25	0.64	0.37	1.97	0.45	1.21	0.16	0.41	0.23	1.25	0.28
2009	1.75	0.38	0.54	0.30	2.00	0.55	1.02	0.22	0.31	0.17	1.17	0.32
2010	2.33	0.34	0.89	1.13	2.49	0.99	1.22	0.18	0.47	0.59	1.30	0.52
2011	2.22	0.53	0.79	0.77	2.48	0.85	1.02	0.24	0.36	0.35	1.14	0.39
2012	2.88	0.41	0.82	0.51	3.16	0.65	1.17	0.17	0.33	0.21	1.29	0.26
2013	2.76	0.32	0.85	0.71	2.62	0.72	1.02	0.12	0.32	0.26	0.97	0.27
2014	2.33	0.81	0.48	0.90	2.36	1.29	0.75	0.26	0.15	0.29	0.76	0.41
2015	1.98	0.43	0.84	0.50	2.55	0.65	0.63	0.14	0.27	0.16	0.81	0.21

资料来源：2015年5省（市）城市独生子女家庭状况调查。

从举办婚礼时独生子女父母和独生子女本人的花费看，首先，随着时间的推移，独生子女父母在子女结婚办婚礼的花费呈上升趋势，结婚越晚，父母承担的婚礼费用越高；独生子女的花费在数额上远低于父母，且没有明显的趋势，相对而言，父母是独生子女婚礼花费的主要承担者，子女仅是自己婚礼花费的"补充"。其次，从独生子女性别看，随着时间的推移，特别是2002年以后，独生子父母在儿子婚礼中的花费逐年上升，每年的平均花费均在相同年份独生女父母花费的1—2倍，远高于相应年份独生女父母在女儿婚礼上的花费，虽然相对于1999年及以前，独生女父母给女儿办婚礼的花费也呈上升趋势，但在不同年份间起伏较大。独生子与独生女自身承担的婚礼花费数额远低于父母为此承担的费用，且独生子、独生女承担的费用在数值上差别不大。

从婚礼实际支出占城镇居民个人当年可支配收入的比例看，2012年及以前独生子女父母承担的婚礼费用均在个人当年可支配收入的1倍以上，2013年后略有下降；子女承担的婚礼费用多在个人年平均可支配收入的30%左右，父母承担的婚礼费用至少为子女的2—3倍。独生子父母承担的婚礼费用普遍在城市居民人均可支配收入的1倍左右，而独生女父母则远低于独生子父母；独生子、独生女自己出资额也远低于城镇居民年可支配收入。

父母独自或与子女共同出资操办婚礼，作为一种仪式，向前来祝贺的亲朋好友宣示着独生子女夫妻喜结良缘，得到大家的祝福，虽然这部分支出并不能转变为子女的资产，但是父母在子女结婚中应承担的必要的经济负担。

总体上，独生子结婚时父母大多是相应结婚花费的主要承担人；独生女结婚时虽然父母置办嫁妆、婚礼、购车、购房等出资支持，但总花费远低于独生子家庭。利用城市独生子女家庭调查数据发现（见表7-12），结婚前独生子/女与媳/婿家经济状况差不多者所占比例最高，独生子家经济状况好于媳妇家的比例明显高于媳妇家好于独生子家的比例，独生女家经济状况好于女婿家的比例与女婿家好于独生女家的比例差别不大。可见，在一定程度上，男方家庭经济状况好于女方或男女双方家庭经济状况差不多为独生子或独生女结婚时男方承担更多的结婚花费提供了条件；而即使在女方经济状况更好的情况下，基于男娶女嫁的惯习，多数情况下还是男方，尤其是男方父母，更多地承担了儿子的结婚费用。

表 7-12　婚前独生子女与媳/婿家庭经济状况比较　　单位：%

子女性别	男方家富裕	两家差不多	女方家富裕	样本数
独生子	34.23	50.11	15.66	1341
独生女	24.63	47.78	27.59	1080
合计	29.95	49.07	20.98	2421

资料来源：2015年5省（市）城市独生子女家庭状况调查。

第二节　独生子女结婚礼金的归属

一般情况下，无论新婚夫妇是否举办婚礼，新婚子女及其父母大多会收到亲朋的祝福礼金，这部分礼金在新婚夫妇与父母之间的分配也是家庭财富流转的事项之一。

从独生子女结婚时收到的礼金的归属看（见表7-13），独生子女结婚时礼金全部归子女所有的比例最高，其次为部分归父母部分归子女，完全归父母的比例最低。从婚礼费用的承担类型看，亲子代共同承担婚礼费用的情况下礼金全部归子女夫妇者的比例最高；即使在亲代独自承担子女婚礼花费或子代独自承担婚礼花费的情况下，仍然有相当比例的礼金收入归未支付婚礼花费的父母或独生子女。

在独生子群体中，亲子共同承担结婚费用的情况下礼金全部归独生子夫妇的比例最高，其次为部分归父母部分归独生子夫妇；在亲代独自承担，全部归父母或部分归父母的比例较高；独生子独自承担费用的情况下，礼金归独生子父母的比例最高，其次为部分归父母部分归独生子。在独生女群体中，亲子共同出资时全部归独生女夫妇的比例低于同种情况下全部归独生子夫妇的比例；亲代独自承担独生子婚礼费用的礼金全部归独生女夫妇的比例高于相应条件下独生子的比例。一定程度上，无论独生子女婚礼费用是亲子共同出资、亲代独自承担，还是子代独自承担，婚礼礼金归独生女夫妇的比例明显高于独生子夫妇，独生女父母更可能把女儿结婚时的礼金让渡给女儿夫妇。

表7-13 独生子女结婚时礼金的归属 单位:%

子女性别	出资类型	全部归父母	全部归子女夫妇	部分归父母部分归子女夫妇	样本数
独生子	亲子共同	16.30	54.35	29.35	92
	亲代独自承担	34.18	26.43	39.39	825
	子代独自承担	15.05	64.52	20.43	93
	未办婚礼	25.92	45.93	28.15	270
	合计	29.77	35.31	34.92	1280
独生女	亲子共同	24.00	44.00	32.00	50
	亲代独自承担	33.33	33.34	33.33	282
	子代独自承担	9.84	66.39	23.77	122
	未办婚礼	18.79	50.71	30.50	564
	合计	22.00	47.45	30.55	1018
总计	亲子共同	19.01	50.71	30.28	142
	亲代独自承担	33.97	28.18	37.85	1107
	子代独自承担	12.09	65.58	22.33	215
	未办婚礼	21.10	49.16	29.74	834
	合计	26.33	40.68	32.99	2298

资料来源：2015年5省（市）城市独生子女家庭状况调查。

可见，在子女新婚之初，亲子在礼金的处置上并无确定的规定。随着生活水平的提高、物价的上涨、礼尚往来观念的变化，新婚礼金的数额也水涨船高，形式也日益多样化。礼金来源于"礼尚往来"，今天收获，可能在将来还需要赠予亲朋，子女将礼金全部让渡给父母可能源于其希望能在一定程度上补偿父母在自己婚事上的付出；而父母将礼金全部给予新婚子女，也可能是父母希望更好地支持小家庭的发展。而结婚时的礼金部分归父母所有、部分归子女夫妇所有作为一种折中的方法，这在一定程度上实现了亲子之间资源上的"平衡"，也有助于避免亲代与子代夫妇因礼金问题产生不必要的矛盾。

第三节　独生子女结婚债务及其偿还方式

子女成年后结婚、生子是家庭繁衍的必由之路，也是诸多父母辛苦操劳所要实现的重要目标。结婚需要以一定数量的家庭财富予以支撑，在家庭财富不能满足结婚需要时，就需要通过借钱的方式暂时"填补"；在救急之后再偿还债务。亲子之间对于偿还债务的责任的分担也是家庭财富流转的具体体现。

利用城市独生子女调查问卷中"孩子结婚时家里是否借过钱？"的统计结果发现（见表7-14），约27.0%的独生子家庭在儿子结婚时借过钱，而仅有约6.5%的独生女家庭在女儿结婚时借过钱。卡方检验结果表明，独生子与独生女家庭在子女结婚时是否借钱存在显著差异。整体上，独生子女家庭子女结婚时借钱应对结婚之需的家庭相对较少。由于儿子娶妻的花费相对较高，独生子家庭借钱的比例明显高于独生女家庭。

表7-14　　　　　子女结婚时家庭是否借钱　　　　　单位：%

子女性别	是	否	卡方检验	样本数
独生子	26.63	73.37	***	1393
独生女	6.51	93.49		1126
总计	17.60	82.40		2519

注：*** $p<0.001$。
资料来源：2015年5省（市）城市独生子女家庭状况调查。

不同时期结婚的独生子女家庭中均有一定比例的家庭在结婚时向他人借钱（见表7-15），以应对子女结婚之需。相对而言，2005年之前独生子结婚时家里借钱的比例略低于2005年及以后，不同结婚年份独生女家庭借钱的比例明显较低。物价上涨、住房改革等使住房价格迅猛上涨，彩礼、婚礼等各项花费攀升，部分家庭难以一次性负担大数额的结婚花费。

表7-15　　　　　独生子女结婚时的借钱情况　　　　　单位:%

结婚时间	独生子	样本数	独生女	样本数
1999年及以前	22.22	18	6.90	29
2000—2004年	21.94	196	8.59	198
2005—2009年	25.96	547	4.93	446
2010年及以后	28.27	474	6.54	321
总计	26.15	1235	6.24	994

资料来源:2015年5省(市)城市独生子女家庭状况调查。

子女结婚时借的钱由谁来偿还呢?调查发现,逾80%的独生子女父母承担了偿还子女结婚时的欠债的责任,且约75%为完全承担这份责任;完全由子女偿还其结婚欠款的比例居次,采用亲子分摊或亲子共担的偿还方式的家庭所占比例相对较低。另外,在独生子家庭中由独生子偿还结婚欠款的比例低于独生女家庭由独生女还款的比例。

表7-16　　　分子女性别的独生子女家庭子女结婚欠款的
偿还方式　　　　　　　　　　　单位:%

子女性别	父母	子/女	父母子女分摊	父母子女共担	卡方检验	样本数
独生子	77.26	8.22	6.30	8.22	*	365
独生女	68.49	19.18	6.85	5.48		73
总计	75.80	10.05	6.39	7.76		438

注:* $p<0.05$。
资料来源:2015年5省(市)城市独生子女家庭状况调查。

上述结果在一定程度上表明(见表7-16),独生子女父母不仅是子女婚事的主要承担者,这种责任也延展至子女结婚时的欠债;虽然借款满足了子女成婚时的需求,但作为最终的"受益人",大部分子女并未承担起相应的责任。为子女操办婚事仍是父母一生中的要务，这种责任的履行具有明显的"利他性"。

第四节 独生子女结婚时家庭的经济压力

如前所述，子女结婚时父母需要提供彩礼/嫁妆，购买婚房，买车、买家电等耐用品，还需要举行婚礼仪式，各类事项均需要家庭财富的支持，甚至一些家庭为了满足子女结婚的需求而欠债，增大了家庭中的经济压力。子女成婚时家庭中有没有经济压力，经济压力主要在哪些方面，子女结婚后家庭经济压力是否得到缓解需要进一步分析。

一 子女结婚时家庭的经济压力状况

调查发现（见表7-17），近50%的独生子家庭在儿子结婚时家里有经济压力，独生女家庭中相应比例不足30%，独生子父母相对具有更大的经济压力，且卡方检验结果表明这种差别在统计上具有显著性。

表7-17　　　　独生子女结婚时家庭经济压力状况　　　　单位：%

子女性别	有	无	卡方检验	样本数
独生子	48.27	51.73	***	1390
独生女	28.46	71.54		1135
总计	39.37	60.63		2525

注：*** $p<0.001$。
资料来源：2015年5省（市）城市独生子女家庭状况调查。

从独生子女的结婚时间家庭的经济压力状况看（见图7-5），2001年及以后结婚的独生子女，家庭中有经济压力的比例呈缓慢上升趋势。

(%)

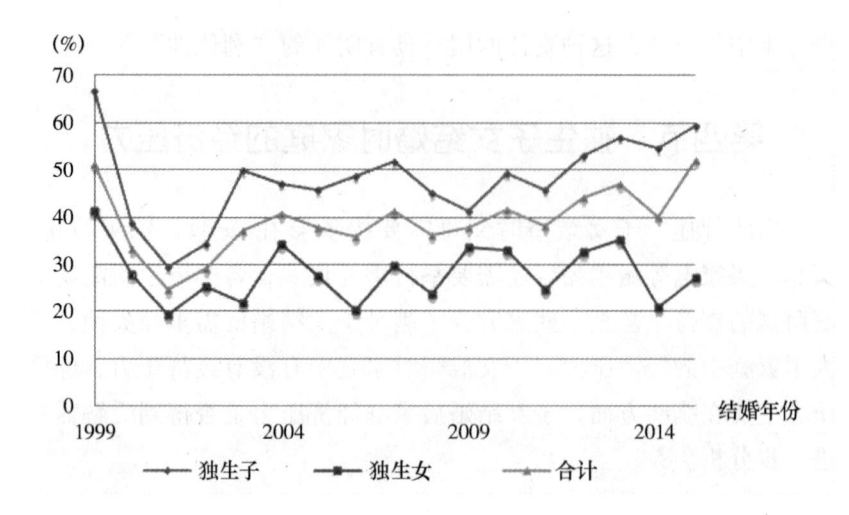

图7-5 独生子女结婚时家庭经济压力状况

资料来源：2015年5省（市）城市独生子女家庭状况调查。

分性别看，自1999—2015年各年份结婚的独生子中家庭有经济压力的比例均在30%以上，2012年后半数以上独生子家庭儿子结婚时有经济压力；而在独生女家庭中，2000年后女儿结婚时家里有经济压力的比例一直徘徊在20%—35%。可见，独生子与独生女结婚时家庭经济压力状况存在显著差异。

进一步地，在子女结婚时有经济压力的家庭中，经济压力主要来自购买婚房，其次为婚礼花费，再次为彩礼/嫁妆。分子女性别看，半数以上的独生子家庭和独生女家庭主要经济压力为购买婚房，独生子家庭中婚礼花费占据第二位，第三位为彩礼，而独生女家庭中婚礼花费与嫁妆不分伯仲，2005年后购车成为部分独生女结婚时家庭中的主要经济压力（见表7-18）。

总体上，购买婚房一直是21世纪以来中国城市绝大多数独生子女结婚时家庭中的首要经济压力，已成为婚姻中男方和女方家庭均予以关切的重要问题。在只有一个子女的情况下，独生女家庭在女儿婚姻中的责任增大。独生子与独生女结婚时家庭的经济压力不同，也说明独生子和独生女父母在子女成婚事件中所承担的责任不同，相应地，付出的经济支持也有所差异。而不同结婚时间独生子女家庭经济压力的差异，也折射出不同社会发展时期，婚嫁的需求与水平不同，基于家庭财富水平的差异，不同的家庭中父母与子女的财富流转的内容不同。

表7-18　　独生子女结婚时的家庭经济压力来源　　　　单位:%

子女性别	结婚时间	购房	彩礼/嫁妆	购车	婚礼	其他	样本数
独生子	2004年及以前	53.76	9.68	1.08	21.51	13.98	93
	2005—2009年	52.17	15.42	0	18.18	14.23	253
	2010年及以后	57.81	14.38	0.94	18.75	8.13	320
	合计	55.11	14.11	0.60	18.92	11.26	666
独生女	2004年及以前	52.31	13.85	0	18.46	15.38	65
	2005—2009年	53.72	16.53	2.48	13.22	14.05	121
	2010年及以后	54.74	16.06	4.38	13.87	10.95	137
	合计	53.87	15.79	2.79	14.55	13.00	323
合计	2004年及以前	53.16	11.39	0.63	20.25	14.56	158
	2005—2009年	52.67	15.78	0.80	16.58	14.17	374
	2010年及以后	56.89	14.88	1.97	17.29	8.97	457
	合计	54.70	14.66	1.31	17.49	11.83	989

资料来源：2015年5省（市）城市独生子女家庭状况调查。

二　家庭经济压力的缓解

子女接受教育、找工作、结婚都是独生子女生命历程中的重要事件，是家庭中父母履行职责的事件。子女接受教育时期是父母经济资源投入的主要时期之一，子女达到一定的受教育程度，毕业工作后大多会有一定的收入。作为自身应尽的一种责任，子女结婚时，父母大多给予子女经济上的支持，使得多数新婚夫妻在婚后已积累了一定的家庭发展资源。独子或独女成婚后，父母既已履行了对子女婚姻所承担的责任，家庭中的经济压力是否得到了缓解呢？

依据表7-19中"已婚独生子女家庭经济压力何时得到缓解?"的分析结果可知,近37%的独生子家庭在养育子女、子女结婚,直至调查时点,家庭中均没有经济压力。约17%的独生子女家庭在子女结婚后家庭经济压力得到缓解,约20%的独生子女家庭在子女完成学业、参加工作后家庭经济压力即得到了缓解。其余仍有逾23%的家庭至调查时点家庭经济压力也未得到缓解。

表7-19　　　　已婚独生子女家庭经济压力的缓解　　　　单位:%

子女性别	中专/大专/大学毕业后	孩子工作后	孩子婚后	压力尚未缓解	无压力	其他	样本数
独生子	3.95	14.38	20.42	26.02	33.14	2.08	1391
独生女	5.73	17.55	12.79	19.66	41.62	2.65	1134
合计	4.75	15.80	16.99	23.17	36.95	2.34	2525

资料来源:2015年5省(市)城市独生子女家庭状况调查。

分独生子女性别看,独生女家庭中无经济压力的比例远高于独生子家庭,且超过23%的独生女家庭在女儿学业完成、参加工作后家庭经济压力即已得到缓解,而独生子家庭该比例为18%。特别地,约20.4%的独生子结婚后家庭经济压力得到缓解,在独生女家庭中相应比例仅为12%。这也在一定程度上表明,在嫁娶婚姻制度下,男方家庭在婚姻中的责任远远大于女方,即使儿子工作了,但尚未婚娶,家庭仍会存在巨大的经济压力,直至子女婚后这种经济压力才能得到缓解。

第五节　本章小结

本章利用2015年城市独生子女家庭状况调查数据,在明确独生子女婚事花费的总体情况的基础上,分析了彩礼/嫁妆、购买婚房、购买汽车、办婚礼等主要花费中的亲子财富流转情况,以及对婚事操办过程中收到的礼金、子女结婚时家中是否借债及债务的偿还方式、子女结婚带来的家庭经济压力等问题进行了深入分析。

研究发现，随着时间的推移，独生子女结婚时的花费呈上升趋势，且独生子家庭平均为子女结婚花费远高于相应年份的独生女家庭。具体地，独生子家庭出彩礼者的比例高于给女儿陪嫁妆的独生女家庭，不同区域彩礼与嫁妆的水平有所不同，一些地区独生子女父母的婚姻观念发生改变，父母在嫁女儿时会给予女儿陪嫁，而不再向男方家庭收彩礼。虽然仅30%左右的独生子女结婚时购买了婚房，但购买婚房不仅是城市第一代独生子女家庭在子女结婚时的首要经济压力，也是新婚夫妻双方家庭关心的主要问题。部分独生子女父母并未将房屋产权归属为子女，尚未实现家庭财富的流转。多数家庭子女结婚时未购买汽车。在结婚时购买了汽车的被访者家庭中，独生子自己购买汽车的平均花费远高于亲子共同购买汽车、独生女购买汽车的花费。逾60%的独生子女结婚时办了婚礼，80%以上的家庭中父母独自或与子女共同出资操办婚礼，虽然这部分支出并不能转变为子女的资产，但却是父母在子女结婚中应承担的经济负担的必要体现。另外，子女结婚时收受的礼金无明确的分配原则，亲子代共同承担婚礼费用的情况下，礼金全部归子女夫妇者所占比例最高；即使在亲代独自承担子女婚礼花费或子代独自承担婚礼花费的情况下，仍然有相当比例的礼金收入分归未支付婚礼花费的一方。

物价上涨、住房制度改革等均在一定程度上增大了独生子女结婚时的花费。独生子与独生女结婚时家庭的经济压力不同，说明独生子和独生女家庭在子女成婚事件中所承担的责任不同，付出的经济支持也有所差异。而不同时期结婚的独生子女家庭间经济压力存在差异，也折射出不同社会发展时期，婚嫁的需求与水平不同，基于家庭财富水平的差异，不同的家庭会有不同的表现。

独生子女父母不仅是子女婚事花费的主要承担者，这种责任也延展至子女结婚时的欠债；虽然借款满足了子女成婚时的需求，但作为最终的"受益人"，大部分子女并未承担起相应的偿还债务的责任，子女结婚后父母仍需为子女偿还结婚时的欠债。

总体上，父母仍然是子女婚姻花费的主要承担者，在只有一个子女的情况下，独生女家庭在女儿婚姻中的贡献增大，但独生子的父母的责任较之独生女更为沉重。在独生子女婚事操办中，家庭财富主要从父母向子女转移，为子女操办婚事仍是父母一生中的要务，这种责任的履行具有明显的"利他性"。

第八章　独生子女育儿过程中亲子财富流转

子女育儿过程中，父母在独生女或儿媳怀孕、生育时给予的劳务帮助、经济支持，对孙子女的日常照顾、接送幼儿园或上下学等，给孙子女钱物等均是父母与子女间的财富流转。本章将利用城市独生子女家庭状况调查数据，对独生女、儿媳妇生孩子时父母或公婆的经济支持、月子里对独生女或儿媳妇的照顾、孙子女不同阶段祖辈的花费、照顾等进行分析，揭示独生子女养育孩子过程中亲子财富的流转情况。

第一节　独生子女的生育状况

由表8-1可知，在本次调查得到的样本中，已婚独生子女共有2531人，其中未生育的独生子女为435人，已生育的独生子女2096人，分别占已婚独生子女的17.2%和82.8%。除部分已婚独生子女未育外，其余独生子女中生育1个孩子者居众，生育两个孩子的比例相对较低，3个孩子者甚少（仅1例）。双独夫妇的家庭婚后尚未生育的比例相对较高；单独夫妇的家庭婚后尚未生育的比例最低，生育1个孩子、2个孩子的比例均相对高于夫妇为双独的家庭。

表8-1　　　　　被访独生子女的生育状况　　　　　单位:%

内容	没有孩子	1个孩子	2个孩子	3个孩子	样本数
夫妇单独	12.25	79.97	7.70	0.07	1363
夫妇双独	22.35	71.54	6.11	0	1047
单亲	28.10	68.60	3.31	0	121
合计	17.19	75.94	6.84	0.04	2531

资料来源:2015年5省(市)城市独生子女家庭状况调查。

分省区看,各省市被访独生子女育有1个孩子的所占比例最高,生育2个孩子的比例相对较少。相对而言,黑龙江省已婚未育的独生子女比例最高,生育1个孩子的比例在五省市中最低,生育两个孩子的比例相对处在更低的水平;山东省已婚未育的比例最低,生育1个孩子、2个孩子的比例均比较高;重庆市生育1个孩子的比例较低,但生育两个孩子的比例较高。这一结果在一定程度上表明,独生子女婚后生育状况存在明显的区域差异。

表8-2　　　　　分省区的独生子女的生育情况　　　　　单位:%

内容	没有孩子	1个孩子	2个孩子	3个孩子	样本数
重庆	19.07	72.82	8.11	0	493
湖北	16.04	75.84	8.12	0	505
山东	10.39	81.18	8.42	0	558
甘肃	16.12	77.27	6.40	0.21	484
黑龙江	25.25	71.89	2.85	0	491
合计	17.19	75.94	6.84	0.04	2531

资料来源:2015年5省(市)城市独生子女家庭状况调查。

从独生子女的孩子的年龄分布看,1孩主要分布在0—9岁,2孩主要分布在0—4岁,15岁及以上者所占比例甚微。即独生子女的孩子大多出生在2005年及以后,出生于1999年及以前相对较少，且以2010年及以后出生者居多。依据中国教育学制安排，独生子女的孩子中半数左右属学龄前，其次为小学阶段就读，部分在初中阶段就读，高中、大学阶段就读者较少。

表8-3　　　　　　　独生子女孩子的年龄分布　　　　　　单位:%

年龄	1孩	2孩
0—4岁	43.3	84.5
5—9岁	39.5	12.6
10—14岁	15.3	2.3
15岁及以上	2.0	0.6
样本数	2098	174

资料来源：2015年5省（市）城市独生子女家庭状况调查。

第二节　独生子女生育之初亲代给予的经济支持

独生子女生育之初亲代给予的支持主要从独生女或儿媳生孩子时亲代给予的经济支持、孙子女出生后亲代一次性给的见面礼，以及女儿或儿媳月子期间的照料三个方面进行分析。

一　女儿/儿媳妇生孩子时父母给予的经济资助
（一）父母给予经济资助的比例

通常情况下，独生女或儿媳怀孕后需要定期接受医学检查，日常需要加强营养，直至住院分娩，这些均会增加独生子女夫妇的日常开支，作为家庭中的长辈，独生子女父母期待着孙辈出生，也会在这期间给予独生子女夫妇经济支持。

由表8-4可知，60%以上的父母对独生子女孕育孩子给予了经济支持，其余则没有给予经济资助。进一步地，独生子得到父母经济支持的比例高于独生女，且这种差异在统计上具有显著性。

表8-4　　　　　子女生孩子父母给予经济资助情况　　　　单位:%

子女性别	资助	未资助	极大似然检验	样本数
独生子	69.33	30.67	***	1151
独生女	56.72	43.28		945
合计	63.65	36.35		2096

注:*** $p<0.001$。

资料来源:2015年5省(市)城市独生子女家庭状况调查。

(二) 父母给予的经济资助额

因独生子女生育二孩的比例相对一孩较低,且本次调查未分别询问独生子女生育第一个孩子和第二个孩子时父母给予的经济支持额,分析中统一以生育一孩的时间为准分析父母给予的经济支持额。

从父母给予子女的经济支持额看(见表8-5),生育孩子的时间越晚,父母给予的经济支持越多;分独生子与独生女看,2010年及以前独生女夫妇生孩子时父母给予的经济支持均值高于独生子夫妇生育时得到的父母的经济支持额,2010年后独生子夫妇生孩子时得到的经济支持均值高于独生女夫妇。另外,较大的标准差也表明了不同生育时间的独生子女间父母给予的经济支持存在较大的差异。且随着时间的推移不同独生子女父母给予子女生育孩子的经济支持额的差异呈扩大趋势。

由表8-6可知,子女生育时间越晚,独生子女生孩子时父母给予的经济资助额占当年城镇居民人均可支配收入的比例相对越低,平均占当年城镇居民人均可支配收入的一半左右;且不同家庭中父母给予的经济支持占城镇居民人均可支配收入的比例的差异呈扩大趋势。2004年及以前独生女父母给予子女生育的经济支持相对值略高于独生子家庭,2004年后这种差异逐步缩小。实际生活中,随着时间的推移,物价上涨,可见,在一定程度上父母给予子女生育的经济支持额相对较为"稳定",但不同独生子女家庭父母给予子女的经济支持存在较大差异。

表8-5　　　　　子女生孩子父母给予的经济资助额　　　　单位：元

生育时间	独生子 均值	独生子 标准差	独生子 样本数	独生女 均值	独生女 标准差	独生女 样本数	合计 均值	合计 标准差	合计 样本数
2004年及以前	4805.54	6608.110	65	6556.41	19014.619	78	5760.56	14713.981	143
2005—2009年	8306.04	15090.990	265	8473.29	15480.067	161	8369.25	15221.257	426
2010年及以后	12048.78	32340.948	411	8816.07	11560.275	252	10820.06	26474.930	663
总计	10074.91	25889.238	741	8344.70	14288.051	491	9385.36	22020.294	1232

资料来源：2015年5省（市）城市独生子女家庭状况调查。

表8-6　　子女生孩子父母给予的经济资助额占城镇居民
人均可支配收入的比例　　　　单位：%

生育时间	独生子 均值	独生子 标准差	独生子 样本数	独生女 均值	独生女 标准差	独生女 样本数	合计 均值	合计 标准差	合计 样本数
2004年及以前	0.60	0.739	65	0.82	2.123	78	0.72	1.644	143
2005—2009年	0.58	1.082	265	0.61	1.163	161	0.59	1.112	426
2010年及以后	0.49	1.466	411	0.36	0.463	252	0.44	1.190	663
总计	0.53	1.287	741	0.52	1.136	491	0.53	1.229	1232

资料来源：2015年5省（市）城市独生子女家庭状况调查。

总体上，独生子女（或配偶）怀孕、生产阶段多数父母会给予经济上的帮助，生育关系着家族的传延，子女孕育孩子已成为独生子女父母关注的要务。父母给予的经济上的资助，不仅实现了亲代经济财富向子代的转移，也传递着关系资源，承载着祖辈对孙辈的关切。

二 (外)孙子女出生后祖父母给予的见面礼

新生儿的到来对家庭来说是一件令人喜悦的事情,亲朋好友会为之道贺。部分家庭中的祖辈会以给孙辈见面礼的方式欢迎孙子女的到来。在被访的独生子女父母中,约46.7%在(外)孙子女出生后给了见面礼,其余则没有给见面礼,独生子女父母最高给(外)孙子女的见面礼达20万元。

从独生子女父母给予(外)孙子女见面礼的平均数额看(见表8-7),随着时间的推移,无论独生子父母还是独生女父母给(外)孙子女的见面礼数额均呈上升趋势。孙子女出生时间不同,独生子女父母给(外)孙子女的见面礼也有所不同,尤其在2010年及以后这种差异更为明显。虽然祖辈给孙辈的见面礼是祖辈将资产转移给孙辈,但由于孙辈年幼,这笔钱大多由孩子父母管理,实质上也是父母给予子女的财富转移。

表8-7 独生子女父母给予(外)孙子女的见面礼数额 单位:元

生育时间	独生子 均值	独生子 标准差	独生子 样本数	独生女 均值	独生女 标准差	独生女 样本数	合计 均值	合计 标准差	合计 样本数
2004年及以前	2464.71	2876.223	34	1604.51	2262.708	59	1918.99	2523.604	93
2005—2009年	3882.61	9913.129	142	3278.17	4753.636	153	3569.12	7674.888	295
2010年及以后	4870.50	7297.572	291	6431.83	19652.082	262	5610.23	14532.525	553
总计	4394.96	7997.139	467	4813.01	14983.108	474	4605.54	12029.627	941

资料来源:2015年5省(市)城市独生子女家庭状况调查。

从独生女父母给予(外)孙子女的见面礼占城镇居民年平均可支配收入的比例看(见表8-8),自20世纪90年代末期至调查时点,独生子女父母给(外)孙子女见面礼占城镇居民人均可支配收入的比例基本保持在23%左右，相对较为稳定。分性别看，随时间的推移，独生子父母给孙子女的见面礼占城镇居民年均可支配收入呈缓慢下降趋势；相对地，独生女父母给外孙子女的见面礼占城镇居民年人均可支配收入呈缓慢上升趋势，但二者均保持在25%左右。虽然目前大多数独生子女仅生育了一个孩子，但在生育孩子当年，部分独生子女父母为祝贺孙子女的出生而赠予的见面礼也是从父母转移到子女的一笔数额不小的财富。

表8-8 独生女父母给予（外）孙子女的见面礼占城镇居民年平均可支配收入的比例   单位:%

生育时间	独生子 均值	独生子 标准差	独生子 样本数	独生女 均值	独生女 标准差	独生女 样本数	合计 均值	合计 标准差	合计 样本数
2004年及以前	0.30	0.353	34	0.21	0.287	59	0.24	0.314	93
2005—2009年	0.25	0.590	142	0.23	0.311	153	0.24	0.466	295
2010年及以后	0.19	0.267	291	0.25	0.685	262	0.22	0.510	553
总计	0.22	0.40	467	0.24	0.548	474	0.23	0.480	941

资料来源：2015年5省（市）城市独生子女家庭状况调查。

三 女儿/儿媳月子期间的照料

坐月子是孕妇产后休养、恢复的重要时期。月子期间对产妇的照料体现着家庭对产妇的重视与关爱。

由表8-9女儿/儿媳月子期间的照料人的分析结果可知，儿媳/女儿月子期间主要由婆婆和娘家妈照料，花钱请月嫂照料的比例不足6%。具体地，儿媳妇坐月子期间主要由婆婆照料，其次为娘家妈、婆婆和娘家妈共同照料，婆家出钱请月嫂照料、婆婆和娘家妈轮流照顾也占有一定比例，其余照料方式所占比例较低。女儿坐月子期间，娘家妈照顾的比例最高，其次为婆婆、婆婆和娘家妈共同照顾，其余照料方式所占比例较低。统计检验结果表明，儿媳妇、女儿坐月子期间的照料人存在显著差异。

表8-9　　　　　女儿/儿媳月子期间的照料人　　　　单位：%

类别	婆婆	娘家妈	婆家花钱请的月嫂	娘家花钱请的月嫂	婆婆和娘家妈共同	婆婆和娘家妈轮班	孩子夫妇	孩子自己请的月嫂	极大似然检验	样本数
儿媳妇	65.71	13.86	3.87	0.81	10.80	2.97	0.63	1.35	***	1111
女儿	28.20	45.03	1.75	1.53	16.83	3.61	1.64	1.42		915
合计	48.77	27.94	2.91	1.14	13.52	3.26	1.09	1.38		2026

注：*** $p<0.001$。

资料来源：2015年5省（市）城市独生子女家庭状况调查。

总括而言，多数独生子女家庭中，在儿媳或女儿月子期间，婆婆或娘家妈以花费自己的时间直接照料或出钱请人照料的方式满足了子女生育之初的需求，将亲代所拥有的经济资源或劳务资源转移给子女。另外，与传统的月子应由娘家妈照顾这一约定成俗的规矩有所不同，在独生子女家庭中，月子期间婆婆照顾媳妇的比例明显高于娘家妈，这也说明在独生子女家庭体系内子女少的缺憾已改变了以往多子女家庭体系下的传统习俗，独生子家庭对于子嗣的传承更为突出。

总之，独生子女孕育下一代已不再是子代夫妇的单纯行为，亲代或给予经济资助，或给予月子照料等方式，在亲代让渡自己的经济资源、照料资源，满足子代相应需求的同时，实现了独生子女大家庭的繁衍与发展。

第三节　独生子女婚育过程中家庭的居住安排

独生子女新婚后、生育子女后，随着子女慢慢长大，为人父母的独生子女需承担的养育责任与事务逐渐增多，在特定的时期，如孩子刚出生、未断乳前、学龄前、上小学时、上初中时，甚至上高中时，与孩子的（外）祖父母同住，在子女照料、家务，以及日常家庭支出上都会得到父辈的支持。在某种程度上，子女成长过程中独生子女家庭的居住安排不仅是独生子女与父母亲子财富流转的载体，也是亲子财富流转的内容之一。

由表 8-10 中独生子女初婚时、小孩 0—6 个月、小孩 3 岁、小孩刚上小学、小孩刚上初中、小孩刚上高中/中专时家庭居住安排的分析结果可知，初婚时近半数独生子女夫妇单独生活，其次逾 40% 与自己的父母生活在二代直系家庭中，其余则与公婆或岳父母生活在二代直系家庭中。与父母或岳父母共同生活在三代直系家庭中的独生子女比例甚低。

表 8-10　　独生子女生育后不同时期家庭的居住安排　　单位：%

居住安排	初婚时	小孩 0—6 个月	小孩 3 岁时	小孩刚上小学时	小孩刚上初中时	小孩刚上高中/中专时
独住	0.3	0.2	0.5	1.2	1.5	3.3
夫妇核心家庭	47.4	2.4	5.9	6.1	4.6	6.7
单亲核心家庭	/	0.1	0.5	0.9	3.1	10.0
标准核心家庭	/	36.3	38.5	42.5	44.6	46.7
与父母同住二代直系家庭	40.5	0.5	0.4	0.7	2.3	0
与岳父母/公婆同住二代直系家庭	9.2	0.3	0.5	0.5	0	0
与父母同住三代直系家庭	0.4	46.7	42.6	38.2	36.2	26.7
与公婆/岳父母同住三代直系家庭	1.9	10.1	8.7	7.9	6.2	6.7
与父母、岳父母同住三代直系家庭	0	0.9	0.9	1.1	1.5	0
四代直系家庭	0	2.1	1.4	0.9	0	0
复合家庭	0.2	0.1	0.1	0.1	0	0
隔代家庭	0.1	0	0.1	0	0	0
样本数	2092	2089	1664	822	130	30

资料来源：2015 年 5 省（市）城市独生子女家庭状况调查。

在生育孩子后至孩子6个月前,相当比例的夫妇家庭在子女出生后形成了标准核心家庭,但也有部分转而与父母或岳父母共同生活,形成了三代直系家庭。还有少数家庭中独生子女的父母、公婆或岳父母共同生活,以方便照顾女儿/儿媳和孙子女。也有极少数独生子女在孩子出生后独自居住或夫妻共同生活,没有和孩子共同生活;还有少数父亲或母亲单独带孩子生活。可见,在孩子出生后的半年内,父母或公婆与独生子女共同生活是城市第一代独生子女生育后的主要居住方式,这种居住方式下父母或岳父母帮助子女照顾孩子,在一定程度上解决了子女照料幼子的现实需求。

在小孩3岁时,城市幼儿大多开始上幼儿园,相应地,白天父母对孩子的照料减少,早晨送孩子去幼儿园,下午把孩子从幼儿园接回家。调查发现,在此阶段,独生子女夫妇和孩子共同生活的比例较之孩子6个月时有所上升,独生子女与父母或岳父母、孩子共同生活在三代直系家庭的比例略有下降,而独生子女夫妇共同生活的比例略有上升。这表明,部分独生子女夫妇将孩子由父母照顾,夫妇重新回归二人世界。

在小孩刚上小学、初中时独生子女夫妇核心家庭的比例下降,独生子女与孩子共同生活的标准核心家庭的比例上升,独生子女与父母或岳父母、子女共同生活的三代直系家庭的比例下降,可见,在此阶段,更多的独生子女与孩子共同生活,以便于日常管理和照顾就读小学、初中的子女。

在孩子刚上高中/中专时独生子女夫妇核心家庭的比例又较孩子读初中时有所提高,独生子女与父母或岳父母、子女共同生活的比例明显下降。这可能源于子女上高中、中专后离家住校,或独生子女在孩子逐步成年后可以自己完成照管孩子的职责,从而与独生子女父母分开生活的比例提高。

从独生子女生育子女后孩子不同成长时期独生子女与父母的居住安排可知,父母/岳父母在独生子女需要帮助照顾孩子时会与独生子女共同生活,或与(外)孙子女共同生活,以帮助子女解决后顾之忧,安心工作、学习;在(外)孙子上幼儿园、小学、初中、高中后子女日常照料（外）孙子女的压力逐步降低，独生子女父母或岳父母则更多地单独居住。虽然独生子女父母或岳父母与子女共同生活，日常生活中也会得到子女的照顾，满足了自身对亲情、感情的需求，但独生子女与父母或岳父母的居住安排更多地表现为父母对独生子女照料孩子的现实需求的满足，体现着独生子女父母的"利他"品质。亲子财富流转更多地表现为父母为子女做贡献，父母的劳务等资源流向子女。

由表8-11可知，初婚时，独生子与父母生活在二代直系家庭的比例最高，其次为夫妇共同生活；独生女初婚时夫妇共同生活的比例最高，且明显高于独生子，部分独生女与父母生活在二代直系家庭，与公婆生活的独生女比例相对低于与父母生活的比例。独生子与岳父母共同生活的比例明显低于与公婆共同生活的独生女的比例。在一定程度上表明，独生子女结婚时与独生子父母、独生女公婆共同居住的比例较高。

表8-11　独生子与独生女生育后不同时期的家庭居住安排　　单位:%

居住安排	初婚时 男	初婚时 女	小孩0—6个月 男	小孩0—6个月 女	小孩3岁 男	小孩3岁 女	小孩刚上小学 男	小孩刚上小学 女	小孩刚上初中 男	小孩刚上初中 女	小孩刚上高中/中专 男	小孩刚上高中/中专 女
标准核心家庭	/	/	30.7	43.2	32.8	45.3	36.5	49.0	37.0	50.0	55.6	42.9
夫妇核心家庭	38.6	58.1	2.3	2.7	6.6	5.0	6.7	5.4	3.7	5.3	11.1	4.8
复合家庭	0	0.4	0.1	0.2	0	0.3	0	0.3	0	0	0	0
四代直系家庭	0	0	2.9	1.2	1.7	1.1	1.2	0.5	0	0	0	0
隔代家庭	0	0.2	0	0.1	0	0	0	0	0	0	0	0
独住	0.4	0.1	0.4	0	0.6	0.5	0.9	1.5	0	2.6	0	4.8

城市第一代独生子女家庭亲子财富流转

续表

居住安排	初婚时		小孩0—6个月		小孩3岁		小孩刚上小学		小孩刚上初中		小孩刚上高中/中专	
	男	女	男	女	男	女	男	女	男	女	男	女
单亲核心家庭	/	/	0.1	0.2	0.3	0.7	0.7	1.0	1.9	3.9	11.1	9.5
与父母同住二代直系家庭	54.5	23.5	0.9	0.1	0.3	0.5	0.5	1.0	3.7	1.3	0	0
与岳父母/公婆同住二代直系家庭	3.0	16.8	0.3	0.3	0.6	0.4	0.5	0.5	0	0	0	0
与父母同住三代直系家庭	0.7	0.8	57.1	34.0	52.6	30.6	48.1	27.3	50.0	26.3	22.2	28.6
与公婆/岳父母同住三代直系	2.8	0	4.5	17.1	3.6	14.7	3.5	12.8	1.9	9.2	0	9.5
与父母、岳父母同住三代直系	0.1	0	0.8	1.0	1.0	0.8	1.4	0.8	1.9	1.3	0	0
样本数	1149	945	1151	945	1151	755	430	392	54	76	9	21

资料来源：2015年5省（市）城市独生子女家庭状况调查。

孩子出生后至6个月大时独生子女夫妇居住安排发生了变化：独生子三口之家的比例明显低于独生女；独生子夫妇及子女与父母生活在三代直系家庭的比例明显高于独生女，但独生女夫妇及子女与自己父母生活的比例也逾30%；而独生子夫妇及子女与岳父母共同生活的比例明显低于独生女夫妇及子女与公婆共同生活的比例。另外，少数独生子女夫妇在孩子出生后并未与孩子共同生活，独住或在四代直系家庭、复合家庭生活的独生子与独生女比例均甚低。

在孩子3岁时，独生子、独生女生活在标准核心家庭的比例均有所上升，且独生女夫妇及子女组成标准核心家庭的比例明显高于独生子。独生子及其子女与父母共同生活在三代直系家庭的比例明显高于独生女及其子女与父母共同生活的比例；且与岳父母共同生活在三代直系家庭的独生子的比例低于与公婆共同生活在三代直系家庭中的独生女的比例。到孩子刚上小学时、刚上初中时，标准核心家庭的比例继续升高，三代直系家庭的比例持续下降。在孩子上高中时，相应地，标准核心家庭、三代直系家庭仍是独生子、独生女居住安排的最主要方式，且核心家庭的比例远高于直系家庭。

以上结果在一定程度上表明，独生子女在结婚之初，除与父母、公婆或岳父母共同生活外，在有条件的情况下大多会选择夫妇共同生活。在从夫居的家庭制度下，独生子女婚后及其子女成长的各个时期与男方父母共同生活的比例明显高于与女方父母共同生活的比例。但相对而言，独生女婚后、生育后与自己父母共同生活的比例明显高于以往有关多子女家庭中女儿外嫁后与父母共同生活的比例。在生育后，特别是在孩子出生6个月内，源于对父母帮助照顾孩子的需求，独生子女与父母、公婆或岳父母共同生活的比例增大，父辈在孙子女的照顾上付出了大量辛劳，为减轻独生子女生育后的压力起到了积极的作用。与子女共同生活固然是多数父母所希冀的方式，父母也因此在精神上得到了满足，但随之而来的家务操持、照顾孙子女、经济等方面的付出也使得在与子女共同生活中，亲代再次将自身的财、物和劳动力等财富资源转移给子女。当然，未与独生子女共同生活并不意味着这部分父母一定没有向子女转移自身的财富，相对而言，亲子共同生活时财富从亲代向子代流转更为直接。

第四节 孙子女成长过程中祖父母给予的支持

按照法律规定，父母是子女的法定抚养人，在子女成长过程中具有抚育子女的义务和责任。父母健在的情况下，祖父母给予（外）孙子女的经济支持和事务性帮助实质上是间接给予子女支持与帮助，隔代财富流转也是亲子财富流动的方式与内容。

一　经济支持

（外）孙子女成长过程中过生日、上幼儿园上学、生病就医、过春节的压岁钱、日常生活开销等（外）祖父母都会或多或少地给予资助。由表8-12可知，（外）孙子女成长过程中独生子女父母给（外）孙子女过生日的比例相对较高。在（外）孙子女0—3岁、3—6岁、小学、初中过生日时独生子女父母均会给予（外）孙子女生日礼物或礼金，其中初中过生日时独生子女父母给（外）孙子女钱物的比例相对低于之前各阶段，统计检验结果表明独生子父母、独生女父母给予（外）孙子女钱物以祝福孩子生日的比例不存在显著差异。

在（外）孙子女的成长过程中独生子父母在（外）孙子女的教育、医疗方面给予经济支持的比例相对较低，在0—3岁给予教育资助的比例最低，在初中阶段给予医疗资助的比例最低，且各阶段独生子父母给予（外）孙子女医疗、教育资助的比例高于相应阶段给予资助的独生女父母所占比例。

在（外）孙子女成长的各个阶段，80％左右的独生子女父母会给（外）孙子女压岁钱，且各个阶段独生子父母中给孙子女压岁钱者的比例、独生女父母中给（外）孙子女压岁钱者所占比例不存在显著差异。

（外）孙子女成长各阶段均有约60％左右的独生子女父母日常生活中给（外）孙子女购买食物、衣服、玩具等，且各阶段独生子父母中日常支持孙子女者的比例略高于独生女父母，（外）孙子女0—3岁、3—6岁阶段独生子父母、独生女父母日常给予孙辈经济支持的比例存在显著差异。

表8-12 （外）孙子女成长过程中独生子女父母给予经济支持情况

单位：%

孙子女成长阶段	子女性别	生日 有花费	生日 卡方检验	教育 有花费	教育 卡方检验	医疗 有花费	医疗 卡方检验	压岁钱 有花费	压岁钱 卡方检验	日常花费 有花费	日常花费 卡方检验
0—3岁	独生子	58.20	ns	14.54	ns	26.50	***	77.43	ns	61.86	*
	独生女	58.87		12.06		19.59		78.93		56.36	
	合计	58.50		13.42		23.39		78.10		59.38	
3—6岁	独生子	58.25	ns	29.45	***	26.29	**	82.74	ns	64.49	*
	独生女	61.61		21.04		19.58		82.85		57.69	
	合计	59.82		25.51		23.14		82.79		61.30	
小学	独生子	57.45	ns	34.07	***	27.00	*	79.25	ns	63.19	ns
	独生女	57.61		23.05		19.16		83.12		57.52	
	合计	57.53		28.80		23.24		80.69		60.46	
初中	独生子	38.64	ns	31.82	ns	18.18	ns	77.78	ns	56.82	ns
	独生女	46.27		20.90		13.43		73.13		47.06	
	合计	43.24		25.23		15.32		75.00		50.89	

注：*** $p<0.001$，** $p<0.01$，* $p<0.05$，ns 不显著。

资料来源：2015年5省（市）城市独生子女家庭状况调查。

（一）生日

给孩子过生日在子女成长过程中已较为普遍，从表8-13中（外）孙子女不同年龄阶段过生日时（外）祖父母买礼物、给礼金的花费情况看，相同年龄段的孙子女出生越晚过生日时（外）祖父母给予的礼金、礼物越多；相同时间内年龄越小的孙子女过生日时（外）祖父母给予的礼金、礼物越多。

从（外）祖父母给予（外）孙子女生日时的礼物、礼金数额占当年城镇居民人均可支配收入的比例看，相对而言，各个时期外祖父母给相同年龄的（外）孙子女的生日花费高于祖父母给孙子女的生日花费。随着（外）孙子女年龄的增大，（外）祖父母对其生日的关注度下降,在(外)孙子女过生日时给礼物、礼金者的比例明显降低,相应地,生日花费额也逐年减少,生日花费额占当年城镇居民人均可支配收入的比例也逐步降低。

表 8-13　　　　(外)孙子女过生日时祖父母的花费　　　　单位:元

时间	类型	0—3 岁 均值	0—3 岁 比例	3—6 岁 均值	3—6 岁 比例	小学 均值	小学 比例	初中 均值	初中 比例
2009年及以前	祖父母	362.17	2.45	167.86	1.14	—	—	—	—
	外祖父母	351.83	2.50	232.60	1.50	—	—	—	—
	合计	356.99	2.47	205.30	1.34	—	—	—	—
2010年及以后	祖父母	703.72	2.43	387.58	1.40	338.16	1.08	131.40	0.43
	外祖父母	940.18	3.22	462.79	1.60	386.53	1.24	133.08	0.43
	合计	807.31	2.78	421.63	1.49	361.21	1.16	132.41	0.43

注:表中比例为年花费占城镇居民年人均可支配收入的比例;小学样本中极少数分布在 2010 年以前,初中阶段样本全部分布在 2010 年及以后。

资料来源:2015 年 5 省(市)城市独生子女家庭状况调查。

(二) 教育

子女的教育花费是成长过程中家庭的重要支出,(外)孙子女在学前教育、学校教育阶段祖父母的资助如表 8-14 所示。

表 8-14　　　　(外)孙子女教育上祖父母的经济资助　　　　单位:元

时间	类型	0—3 岁 均值	0—3 岁 比例	3—6 岁 均值	3—6 岁 比例	小学 均值	小学 比例	初中 均值	初中 比例
2009年及以前	祖父母	378.31	2.44	338.53	2.44	—	—	—	—
	外祖父母	106.64	0.76	354.64	2.26	—	—	—	—
	合计	241.24	1.59	348.00	2.33	—	—	—	—

续表

时间	类型	0—3岁 均值	比例	3—6岁 均值	比例	小学 均值	比例	初中 均值	比例
2010年及以后	祖父母	338.84	1.24	1303.58	4.67	947.72	3.06	1731.4	5.52
	外祖父母	207.06	0.76	790.38	2.89	605.34	1.96	657.58	2.89
	合计	281.05	1.03	1072.87	3.87	782.4	2.53	1081.19	3.93

注：表中比例为年花费占城镇居民年人均可支配收入的比例；小学样本中极少数分布在2010年以前，初中阶段样本全部分布在2010年及以后。

资料来源：2015年5省（市）城市独生子女家庭状况调查。

由表8-14可知，在（外）孙子女成长过程中，0—3岁、3—6岁、小学和初中阶段（外）祖父母给予孙子女的教育资助额具有一定的差异，0—3岁相对最低，3岁以后（外）祖父母给予孙子女的教育支持持续上升。0—3岁（外）孙子女尚未进入幼儿园，相应阶段（外）祖父母给予的经济支持明显较低，3—6岁进入幼儿园后，因为在这一阶段孩子可能会学习音乐、美术、舞蹈、外语等，培养兴趣，增长相应的技能，教育费用相对较高，（外）祖父母的经济资助相应有所提高。进入小学和初中阶段后给予孙辈教育支持的祖父母的比例相对较高，且初中阶段的资助额均值高于小学阶段。分时间看，2009年及以前（外）祖父母给予0—3岁、3—6岁（外）孙子女的经济支持额明显低于2010年以后相应阶段。独生子女的孩子初中各阶段，祖父母给予孙子女的经济支持额均值均高于相应阶段外祖父母给予外孙子女的平均经济支持。

从（外）祖父母给予（外）孙子女的经济资助额占城镇居民年人均可支配收入的比例看，相对而言，虽然随着时间的推移，（外）祖父母给予孙辈的经济支持的相对值呈上升趋势，但各时期（外）祖父母给予（外）孙子女的支持占当年城镇居民年可支配收入的比例均较低。且祖父母给予孙子女经济支持的相对值明显高于外祖父母给予外孙子女的支持。教育是个体未来社会化发展的基石，在一定程度上表明，在仅有一个孩子的情况下，独生子娶妻、独生女外嫁的从夫居的体系下，祖父母相对更重视（外）孙子女的教育投入。

（三）医疗

孩子成长过程中生病就医，甚至住院，一些祖父母除了照顾外，也会给（外）孙子女支付医药费。调查发现，（外）孙子女在0—3岁时，祖父母给予的医药费支持相对较多，随着（外）孙子女的成长，在3—6岁、上小学、初中后祖父母为（外）孙子女支付的医药费数额逐渐减少。另外，在（外）孙子女成长的各个时期，祖父母给予的医疗费用支持均高于外祖父母。一方面，一般而言，随着年龄的增长，孩子逐步发育完全，抵抗疾病能力增强，相应的医药花费会减少；另一方面，如前述有关独生子女居住安排的分析结果，孩子3岁后，（外）孙子女与其父母生活在核心家庭的比例增大，在不与（外）孙子女共同生活的情况下，祖父母为（外）孙子女看病就医的机会减少，也相应降低了其在医疗费用上对（外）孙子女的财富转移，因与外祖父母共同生活的（外）孙子女所占比例相对较低，相应地，外祖父母给予的医药费支持额又低于祖父母。

表8-15　　（外）孙子女医疗上祖父母的经济资助　　单位：元

时间	类型	0—3岁 均值	0—3岁 比例	3—6岁 均值	3—6岁 比例	小学 均值	小学 比例	初中 均值	初中 比例
2010年以前	祖父母	362.17	2.45	167.86	1.14	—	—	—	—
	外祖父母	351.83	2.50	232.60	1.50	—	—	—	—
	合计	356.99	2.47	205.30	1.34	—	—	—	—
2010年及以后	祖父母	703.72	2.43	359.40	1.40	490.97	1.57	74.15	0.24
	外祖父母	940.18	3.22	419.34	1.53	136.77	0.43	17.46	0.06
	合计	807.31	2.78	386.62	1.46	320.61	1.02	39.81	0.13

注：表中比例为年花费占城镇居民年人均可支配收入的比例；小学样本中极少数分布在2010年以前，初中阶段样本全部分布在2010年及以后。

资料来源：2015年5省（市）城市独生子女家庭状况调查。

（四）压岁钱

春节是中国最重要的传统节日，除旧迎新、保平安，长辈总会给晚辈压岁钱。调查发现，独生子女家庭中，80%左右的祖父母会在（外）孙子女上小学前给（外）孙子女压岁钱，在孩子上初中后给压岁钱的比例有所降低。从不同成长阶段（外）孙子女得到的压岁钱的最大值、均值看，（外）孙子女在0—3岁、3—6岁时、上小学期间，年龄尚小，得到的压岁钱也相对较多；在读初中后得到的压岁钱少了。与外祖父母相比，祖父母在孙子女成长的各个时期给予孙子女的压岁钱的均值均高于外祖父母给外孙子女的数额。随着（外）孙子女年龄的增大，祖父母给的压岁钱在均值上的差异增大。除家庭富裕程度因素外，按照中国的传统，孙子女随父姓，与祖父母总是"一家人"，在这个意义上祖父母更高兴多给孙子女压岁钱；对于外祖父母而言，虽然也只有一个女儿，但总是内外有别，一定程度上也会影响了相应的财富流动。当然，也不乏外祖父母给压岁钱少但在孩子成长过程中别的方面花费高，或者受其他因素的影响，祖父母与外祖父母对待孙辈的差异还有待于进一步分析。

表8-16　　　　　祖父母给予（外）孙子女的压岁钱　　　　单位：元

时间	类型	0—3岁 均值	0—3岁 比例	3—6岁 均值	3—6岁 比例	小学 均值	小学 比例	初中 均值	初中 比例
2010年以前	祖父母	671.21	4.51	312.75	2.11	—	—	—	—
	外祖父母	470.51	3.61	386.77	2.59	—	—	—	—
	合计	570.86	4.06	356.37	2.39	—	—	—	—
2010年及以后	祖父母	802.51	2.88	773.20	2.76	739.81	2.37	360.00	1.17
	外祖父母	895.00	3.20	722.00	2.52	576.73	1.86	314.39	1.02
	合计	842.98	3.02	750.04	2.65	661.56	2.13	332.88	1.08

注：表中比例为年花费占城镇居民年人均可支配收入的比例；小学样本中极少数分布在2010年以前，初中阶段样本全部分布在2010年及以后。

资料来源：2015年5省（市）城市独生子女家庭状况调查。

（五）日常花费

日常花费是孩子成长过程中重要的支出，祖父母在这一过程中也做出了一定的贡献。由表8-17祖父母对孙辈的日常经济支持状况可知，在（外）孙子女0—3岁、3—6岁、小学、初中阶段祖父母平均每年给予其的日常生活开支的最大值、均值均呈下降趋势，且不同家庭祖父母给予的支持的差异也呈减弱的趋势。在0—3岁、3—6岁阶段，祖父母给予孙子女的平均花费高于外祖父母给予外孙子女的花费；但在小学、初中阶段，外祖父母给予外孙子女的花费高于祖父母给予孙子女的花费。统计检验结果表明，在（外）孙子女0—3岁、3—6岁阶段，祖父母、外祖父母给予孙辈的日常生活支持存在显著差异，但在小学、初中阶段这种差异在统计上并不显著。本章认为，就孙辈成长的早期阶段而言，如前面居住安排的分析结果，祖父母与孙子女共同生活的比例高于外祖父母，这在一定程度上增大了祖父母日常在孙子女身上的花费。在小学、初中阶段，祖父母与孙辈分开生活后，外祖父母给予孙辈的支出得以显现。因城市第一代独生子女的子女年龄尚小，大多处于就读小学、初中阶段，受有效样本数制约，高中阶段祖父母给予（外）孙子女的日常经济支持暂不做深入讨论。

表8-17　　祖父母给予（外）孙子女的日常经济支持　　单位：元

时间	类型	0—3岁 均值	0—3岁 比例	3—6岁 均值	3—6岁 比例	小学 均值	小学 比例	初中 均值	初中 比例
2010年以前	祖父母	1280.00	9.22	1122.38	7.54	—	—	—	—
	外祖父母	1209.56	9.08	1038.98	6.87	—	—	—	—
	合计	1244.34	9.15	1073.77	7.15	—	—	—	—
2010年及以后	祖父母	2050.12	7.18	1952.39	6.75	1378.65	4.44	890.00	2.93
	外祖父母	1611.90	5.75	1483.11	5.35	1656.45	5.33	1334.43	4.27
	合计	1857.96	6.55	1738.39	6.11	1514.02	4.87	1158.42	3.74

注：表中比例为年花费占城镇居民年人均可支配收入的比例；小学样本中极少数分布在2010年以前，初中阶段样本全部分布在2010年及以后。

资料来源：2015年5省（市）城市独生子女家庭状况调查。

二 日常照料

(一) 孙子女的照料

由表8-18可知,约47%的祖父母几乎承担了全部的(外)孙子女的照料任务,照料(外)孙子女超过一半、大约一半者也占有相当比例,几乎没照料(外)孙子女的比例相对较低。这一结果在一定程度上表明,大部分独生子女父母帮助子女照料孩子,对子女的付出已延续至(外)孙子女。

进一步地看,从独生子与独生女父母对孙辈的照料情况看,独生子父母几乎承担了全部孙子女照料责任的比例高于独生女的父母,独生女父母照料外孙子女少于一半、几乎没做的比例高于独生子父母。这种差异在统计上具有显著性。

从亲子居住安排看,亲子同住家庭中逾66%的父母几乎全部承担了照顾(外)孙子女的工作,照料(外)孙子女超过一半、大约一半的比例也相对较高;不同住的父母中,近1/3几乎全部承担了(外)孙子女的照料任务,超过20%的父母几乎没照料过(外)孙子女。统计检验结果表明,同住与不同住父母对(外)孙子女的照料存在显著差异。

表8-18　　祖父母对(外)孙子女的日常照料　　单位:%

子女性别	几乎全部	超过一半	大约一半	少于一半	几乎没做	极大似然检验	样本数
独生子	52.39	17.67	9.65	8.12	12.17	***	1109
独生女	40.72	17.16	10.21	14.12	17.81		921
合计	47.09	17.44	9.90	10.84	14.73		2030

注:*** $p<0.001$。
资料来源:2015年5省(市)城市独生子女家庭状况调查。

综上,在(外)孙子女的照料中,独生子父母承担了相对更多的责任。居住安排对独生子女父母帮助子女照料孩子具有重大影响,同住的独生子女父母给予了子女相对更多的帮助,同住的父母很少照料（外）孙子女的比例甚低，而不同住的不便也影响了独生子女父母在（外）孙子女日常照料工作上的付出。

表 8-19　　　不同亲子居住安排下独生子女父母对
　　　　　　　（外）孙子女的日常照料　　　　　单位:%

亲子居住安排	几乎全部	超过一半	大约一半	少于一半	几乎没做	极大似然检验	样本数
同住	66.39	19.05	7.34	3.43	3.79	***	845
不同住	33.33	16.29	11.73	16.12	22.53		1185
合计	47.09	17.44	9.90	10.84	14.73		2030

注：*** $p<0.001$。

资料来源：2015 年 5 省（市）城市独生子女家庭状况调查。

（二）接送（外）孙子女上下学的情况

接送孩子上下学是很多父母的重任，但由于一些城市地区孩子下学时间与父母下班时间不同步，也使得接送孩子下学成了难题，一些家庭中这一工作则主要由祖父母来完成。

由表 8-20 独生子女父母接送（外）孙子女上下学的分析结果可知，半数独生子女父母几乎天天接送（外）孙子女上下学，约 27% 的独生子女父母基本没接送过（外）孙子女上下学。独生子的父母几乎天天接送孙子女上下学的比例明显高于独生女的父母，前者很少接送或不接送孙子女上下学的比例均低于后者。极大似然检验结果表明，独生子父母与独生女父母在接送孙辈上下学的频次上存在显著差异。

由表 8-21 可知，亲子同住的家庭中，近 70% 的独生子女父母几乎天天接送（外）孙子女上下学，很少或不接送者所占比例相对较低。而在亲子不同住的家庭中，仅约 37.7% 的独生子女父母帮助子女接送（外）孙子女上下学，很少或不接送者的比例相对较高。极大似然检验结果表明，亲子同住与不同住的独生子女父母日常帮子女接送（外）孙子女上下学的频率存在显著差异。

表8-20　独生子女父母接送（外）孙子女上下学的情况　　单位:%

子女性别	几乎天天	每周或每月几次	很少	无	极大似然检验	样本数
独生子	56.98	9.95	10.18	22.88	***	874
独生女	41.83	13.90	12.81	31.47		734
合计	50.06	11.75	11.38	26.80		1608

注：*** $p<0.001$。

资料来源：2015年5省（市）城市独生子女家庭状况调查。

表8-21　不同亲子居住安排下独生子女父母接送（外）孙子女上下学的情况　　单位:%

亲子居住安排	几乎天天	每周或每月几次	很少	无	极大似然检验	样本数
同住	68.47	8.66	4.79	18.08	***	647
不同住	37.67	13.84	15.82	32.67		961
合计	50.06	11.75	11.38	26.80		1608

注：*** $p<0.001$。

资料来源：2015年5省（市）城市独生子女家庭状况调查。

总之，独生子的父母日常接送（外）孙子女上下学者相对多于独生女的父母，与子女同住的父母帮助子女接送孩子上下学的比例明显高于与子女不同住的父母。可见，独生子的父母在（外）孙子女成长过程中承担了更多的照料责任，亲子同住的独生子女父母为子女提供了更多的帮助和支持。

第五节　本章小结

生育是成年个体婚后的重要事件之一。独生子女夫妇怀孕、生育常常牵动着亲子两代，在新生命的孕育、生产、养育过程中，独生子女父母也为子女提供了经济、日常照料等支持与帮助，将自己的财物、劳动等资源转移至子女。

具体地，60%以上的父母对独生子女孕育孩子给予了经济支持，近50%的独生子女父母在（外）孙子女出生后给了见面礼。在儿媳或女儿月子期间，婆婆或娘家妈亲自或出钱请月嫂照料产妇。在（外）孙子女年幼时，独生子女父母与子女同住比例较高，以便于照料（外）孙子女。特别地，在女儿或儿媳生育后，在孩子出生六个月内时，独生子女与父母、公婆或岳父母共同生活的比例较高。独生子女父母在（外）孙子女成长过程中，每年过生日给买礼物，上幼儿园上学给钱、生病带着就医、过春节给压岁钱、日常生活中给钱、买东西。帮助照看孩子、接送上幼儿园、上下学，在（外）孙子女的日常照料中独生子父母承担了较多的责任。独生子女父母在将自己的子女抚育成人后，又或多或少地承担着抚育（外）孙子女的责任，通过（外）孙子女进一步将自己的财富转移给子女。

综合第三章、第四章、第五章的内容，清晰可见独生子女父母在子女教育、就业、婚姻和子女育儿等人生的重要事件中均给予了应有的帮助与支持，成为亲子财富流转中财富的主要流出者，而子女在这些过程中则是财富的主要流入方。那么，何时父母能从子女那得到支持，转化身份与角色成为家庭亲子财富流转的受益方呢？后续第九章和第十章将以独生子女父母为主体，分析近期家庭代际支持中亲子财富流转状况，以及家庭财富流转状况对父母养老预期的影响。

第九章 日常代际互动中亲子财富流转

在子女的教育、求职就业、结婚和育儿等阶段，家庭财富的流转主要从父母流向子女，依据交换理论，以上阶段的财富流转也是父母预期在未来，特别是老年时获得子女支持与回报的前期投入。但由于成年子女会有不同的生活经历，如大学甚至研究生毕业后也未参加工作、大龄尚未嫁娶、婚后未生育等，仅关注特定的生命历程阶段家庭财富的流转情况并不能反映亲子代际财富流转的全部。为呈现家庭中亲子财富流转的全貌，还需要关注日常亲子交往、代际支持中的财富流转。国内外的研究表明，亲子居住安排对亲子代际间日常的经济往来、家务支持、情感交流等具有重要影响，亲子同住更有助于亲子间财富的流转[1]，离家较远的子女减少了给予父母的日常照料资源，但会给予父母更多的经济财富[2]。为此，本章将关注子女成年后融贯于日常生活中的亲子财富流转，利用2015年城市独生子女家庭状况调查数据，从日常生活中"同住""不同住"角度分析亲子财富流转的内容、规模与流动方向，明确日

---

[1] 雷晓燕：《中老年女性劳动供给及代际转移在子女间的差异》，《人口与经济》2009年第6期。

[2] 田青、郭汝元、高铁梅：《中国家庭代际财富转移的现状与影响因素——基于CHARLS数据的实证研究》，《吉林大学社会科学学报》2016年第4期；解垩：《中国老年人保障与代际间向上流动的私人转移支付——时间照料与经济帮助》，《世界经济文汇》2014年第5期；鄢盛明、陈皆明、杨善华：《居住安排对子女赡养行为的影响》，《中国社会科学》2001年第1期。

常生活中独生子女家庭亲子日常经济支持、家务支持和情感支持等代际互动的现状及其影响因素，揭示亲子财富流转的动机与本质特征。

判断亲子是否共同生活是本章分析的基础，具体地，以被访的独生子女父母为中心，利用问卷中与被访者共同生活成员信息，以与被访者同住为原则，初步确定亲子是共同生活还是分开生活。进而，利用"孩子目前在哪居住"，以及"过去12个月亲子见面情况"、已婚子代夫妇在父母家日常吃饭和留宿情况、孙子女日常在被访者家留宿情况等信息，对初判的亲子居住安排信息进行调整，最终确定亲子是否共同生活。依据以上程序，在有效样本中，约44.4%的父母与其子女共同生活，其余为亲子分居。

第一节 亲子同住家庭中的代际财富流转

亲子同住家庭中的财富流转主要从经济支持、家务支持、情感支持，以及孙子女的照料等方面进行分析。

一 经济支持

利用问项"过去12个月孩子（及配偶）给过您（及配偶）钱、物（食品、衣服、药等）吗？""过去12个月孩子（及配偶）给您（及配偶）的钱、物合计共有多少？""过去12个月您（及配偶）给过孩子（及配偶）钱、物（食品、衣服、药等）吗？""过去12个月您（及配偶）给孩子（及配偶）的钱、物合计共有多少？"分析亲子代际经济支持的频率和数额，解释亲子财富流转状况。

（一）亲子经济互动的频率

就亲子经济互动的频率而言（见表9-1），独生子女经常资助父母的比例高于父母经常资助子女的比例，子女从不资助父母的比例远低于父母从不资助子女的比例。

分性别看，独生子经常资助父母的比例低于独生女，独生子的父母经常资助独生子的比例高于独生女父母对其的资助。独生子与独生女给予父母的经济支持频率在统计上具有显著差异；但独生子女父母给予子女的经济支持频率并不存在显著差异。

表9-1　　分子女性别的亲代与子代间的经济互动频率　　单位：%

性别	子代家庭→亲代家庭					亲代家庭→子代家庭				
	从不	偶尔	经常	极大似然检验	样本数	从不	偶尔	经常	极大似然检验	样本数
独生子	25.67	41.07	33.26	*	896	42.08	28.24	29.69	ns	896
独生女	21.78	38.48	39.75		473	40.17	31.29	28.54		473
合计	24.32	40.18	35.50		1369	41.42	29.29	29.29		1369

注：* $p<0.05$，ns 不显著。
资料来源：2015年5省（市）城市独生子女家庭状况调查。

从子女的婚育状况看，未婚子女中经常资助父母的比例高于已婚人群，已婚未育、已婚已育子女经常给予父母经济资助状况的差异不大。从不给予未婚子女经济支持的父母比例低于从不资助已婚子女的比例，经常资助未婚子女的父母比例最高。不同婚育状况子女对其父母的经济支持频率、父母对不同婚姻状况子女的经济支持频率的差异在统计上并不显著。

从亲代的年龄看，随着亲代年龄的上升，子代经常给予亲代经济支持的比例有所下降，亲代经常给予子女经济支持的比例逐渐上升。从不资助父母的子女的比例相对低于从不资助子女的父母的比例。但亲子经济互助频率的差异在统计上并不显著。

表9-2　分子女婚育状况的独生子女亲子代代际经济支持频率　　单位:%

子女婚姻状况	子代家庭→亲代家庭 从不	偶尔	经常	极大似然检验	样本数	亲代家庭→子代家庭 从不	偶尔	经常	极大似然检验	样本数
未婚	26.27	36.46	37.27	ns	373	37.80	30.56	31.64	ns	373
已婚未育	27.64	37.40	34.96		123	41.46	34.96	23.58		123
已婚生育	23.02	42.15	34.82		873	42.96	27.95	29.10		873
合计	24.32	40.18	35.50		1369	41.42	29.29	29.29		1369

注：ns 不显著。

资料来源：2015 年 5 省（市）城市独生子女家庭状况调查。

表9-3　　　　分亲代年龄的亲子代代际支持频率　　　单位:%

亲代年龄	子代家庭→亲代家庭 从不	偶尔	经常	极大似然检验	样本数	亲代家庭→子代家庭 从不	偶尔	经常	极大似然检验	样本数
55岁以下	20.93	43.02	36.05	ns	258	39.92	34.88	25.19	ns	258
55—59岁	22.39	40.22	37.39		460	40.87	30.22	28.91		460
60—64岁	25.56	39.88	34.56		489	43.15	27.40	29.45		489
65岁及以上	31.48	36.42	32.10		162	40.12	23.46	36.42		162
合计	24.32	40.18	35.50		1369	41.42	29.29	29.29		1369

注：ns 不显著。

资料来源：2015 年 5 省（市）城市独生子女家庭状况调查。

（二）亲子经济财富流转数额

从独生子女家庭亲子经济支持额的均值看（见表9-4），子代给予亲代的经济支持额、亲代给予子代的经济支持额均在3000元以上，亲代给予子代的平均经济支持额高于子代，亲子经济支持净额为负值，表现为亲代给予子代经济支持。

表 9-4　　　　　独生子女家庭的亲子代经济支持额　　　　单位：元

子女性别	子代→亲代 均值（元）	标准差	F检验	样本数	亲代→子代 均值（元）	标准差	F检验	样本数	亲子代净经济支持 均值（元）	标准差	F检验	样本数
男	2798.80	6389.560	*	835	4366.81	22213.135	*	834	-1678.76	23549.422	+	804
女	3652.17	6198.029		443	3092.82	6340.784		439	355.88	8183.038		427
合计	3094.61	6334.437		1278	3927.47	18366.861		1273	-973.00	19651.523		1231

注：①亲子代净经济支持额为子代给予亲代的经济支持额减去亲代给予子代的经济支持额；② $^*p<0.05$，$^+p<0.1$。

资料来源：2015 年 5 省（市）城市独生子女家庭状况调查。

分性别看，独生子给予父母的经济支持额明显低于独生女，父母给予独生子的经济支持额高于给予独生女的经济支持，独生子与父母之间的经济支持净额表现为从父母流向独生子，而独生女与父母之间的经济支持净额表现为从独生女流向父母。独生子与独生女给予父母的经济支持额、独生子的父母与独生女的父母给予各自子女的经济支持额、亲子代净经济支持额的均值均存在显著差异。

分子女婚姻状况看，未婚子女给予亲代的经济支持额明显高于已婚未育、已婚生育的独生子女；父母给予已婚生育子女、未婚子女的经济支持额明显高于给予已婚未育子女的经济支持额。未婚子女、已婚未育子女、已婚已育子女与父母的净经济支持额均为负值，表现为从父母流向子女。另外，均值 F 检验的结果表明，未婚、已婚未育、已婚已育的独生子女给予父母的经济支持额存在显著的差异，但父母给予子女的经济支持额、亲子间的净经济支持额均值不存在显著差异。

分亲代年龄看，年龄为 65 岁及以上的独生子女父母得到的子女给予的经济支持额均值相对最低，年龄为 65 岁以下的独生子女父母群体得到的子女给予的经济支持额均值均高于 3000 元，均值 F 检验的结果表明，不同年龄独生子女父母得到的来自子女的经济支持额存在一定的差异。

就父母给予子女的经济支持看,年龄在65岁及以上父母给予子女的经济支持最高,逾6000元,年龄为55—59岁的父母居次,年龄为55岁以下的父母给予子女的经济支持额均值相对最低。F检验结果表明,不同年龄父母给予子女的经济支持并不存在显著差异。

表9-5　　　　分子女婚姻状况的亲子代际经济支持额　　　　单位:元

子女婚育状况	子代→亲代 均值(元)	标准差	F检验	样本数	亲代→子代 均值(元)	标准差	F检验	样本数	亲子代净经济支持 均值(元)	标准差	F检验	样本数
未婚	3985.59	8597.263		340	3900.73	17193.582		344	-137.77	19764.166		327
已婚未育	2657.27	4360.981	*	117	3114.04	6462.648	ns	114	-433.33	6277.859	ns	111
已婚生育	2787.95	5365.616		821	4052.54	19916.691		815	-1392.95	20808.345		793
合计	3094.61	6334.437		1278	3927.47	18366.861		1273	-973.00	19651.523		1231

注:①亲子代净经济支持额为子代给予亲代的经济支持额减去亲代给予子代的经济支持额;② *$p<0.05$,ns 不显著。

资料来源:2015年5省(市)城市独生子女家庭状况调查。

从独生子女亲子间的净经济支持额看,年龄为55岁以下、60—64岁的父母亲子间的经济支持表现为从子女流向父母,而年龄为55—59岁、65岁及以上父母亲子间的净经济支持则表现为从父母流向子女,但这种差异在统计上并不显著。

总体上,在亲子同住的独生子女家庭中,独生子女经常资助父母的比例高于父母经常资助子女的比例,子女从不资助父母的比例远低于父母从不资助子女的比例。从亲子代经济支持数额看,亲代给予子代的平均经济支持高于子代,亲子经济支持净额为负值,表现为亲代给予子代经济支持。部分亲子间日常没有经济往来,家庭生活多由亲代或子代一方承担,代际财富单向流动;多数家庭亲子间存在经济交流,家庭财富表现为亲子双向流动,最终亲子财富流动的方向取决于亲代给予子代、子代给予亲代的经济支持数额的多寡。独生子女的性别、婚育状况，以及独生子女父母的年龄等均对独生子女家庭亲子经济支持额有一定影响。

表9-6　分年龄组的独生父母与子女间的经济支持额　　单位：元

亲代年龄	子代→亲代				亲代→子代				亲子代净经济支持			
	均值（元）	标准差	F检验	样本数	均值（元）	标准差	F检验	样本数	均值（元）	标准差	F检验	样本数
55岁以下	3409.36	6276.555	+	236	2562.87	5801.561	ns	237	590.44	8129.552	ns	229
55—59岁	3027.91	5679.508		430	5031.12	26721.681		429	-2176.27	27642.023		415
60—64岁	3162.34	7080.679		462	2916.03	6342.198		463	225.79	9393.219		449
65岁及以上	2582.00	5772.058		150	6137.50	25750.068		144	-3849.28	27169.439		138
合计	3094.61	6334.437		1278	3927.47	18366.861		1273	-973.00	19651.523		1231

注：①亲子代净经济支持额为子代给予亲代的经济支持额减去亲代给予子代的经济支持额；② $^+ p<0.1$，ns 不显著。

资料来源：2015年5省（市）城市独生子女家庭状况调查。

二　家务支持

利用调查问项"过去12个月孩子（及配偶）帮您（及配偶）做家务吗？""过去12个月您（及配偶）帮孩子（及配偶）做家务吗？"得到的信息，分析独生子女家庭亲子家务支持情况。

（一）子女给予父母的家务支持

在与父母同住的独生子女中，几乎天天帮父母做家务、很少或不帮父母做家务的比例相当，平均约为38%；其余为每周做几次或每月做几次。分子女性别看，独生女经常帮父母做家务的比例略高于独生子，很少或不帮父母做家务的比例低于独生子，但这种差异在统计上并不显著。

表9-7　　　　　　　子女给予父母的家务支持　　　　　单位:%

子女类型	几乎天天做	每周几次	每月几次	一年几次	很少做	不做	极大似然检验	样本数
儿子	35.77	19.80	4.39	0.79	22.95	16.31	ns	889
女儿	40.85	16.81	4.68	1.06	20.00	16.60		470
合计	37.53	18.76	4.49	0.88	21.93	16.41		1359

注：ns 不显著。

资料来源：2015年5省（市）城市独生子女家庭状况调查。

不同婚育状况的独生子女给予父母的日常家务帮助不同（见表9-8）。具体地，已婚已育子女每天帮父母做家务的比例最高，其次为已婚未育子女，未婚子女每天帮父母做家务的比例最低，且不同婚育状态的独生子女日常帮父母做家务的情况存在显著差异。

表9-8　　　不同婚育状况的独生子女帮父母做家务的情况　　　单位:%

子女婚育类型	几乎天天做	每周几次	每月几次	一年几次	很少做	不做	极大似然检验	样本数
未婚	26.09	21.47	4.62	2.17	23.91	21.74	***	368
已婚未育	35.77	17.89	3.25	0	22.76	20.33		123
已婚已育	42.63	17.74	4.61	0.46	20.97	13.59		868
合计	37.53	18.76	4.49	0.88	21.93	16.41		1359

注：*** $p<0.001$。

资料来源：2015年5省（市）城市独生子女家庭状况调查。

从父母的年龄看，子女几乎天天帮55岁以下父母做家务的比例相对较高，其次为60—64岁父母，65岁及以上父母得到的家务支持相对最低。统计检验结果表明，不同年龄父母得到的子女的家务支持不存在显著差异。这一结果可能源于，55岁以下父母大多尚处在工作岗位，需要子女负担更多的家务；而55岁及以上的父母逐步离开工作岗位，闲暇时间充裕，子女给予的家务支持减少。

（二）父母给予子女的家务支持

对亲代而言，日常几乎天天帮子女做家务的比例超过80%，很少或不帮子女做家务的父母比例较小。与独生子同住、与独生女同住的父母帮子女做家务的情况不存在显著差异，这在一定程度上表明，家中仅有一个孩子的情况下，子女性别已不再是父母给予子女代际支持的先决条件。

表9-9　　　　　不同年龄父母得到的子女给予的
　　　　　　　　　　　　家务支持　　　　　　　　　单位:%

亲代年龄	几乎天天做	每周几次	每月几次	一年几次	很少做	不做	极大似然检验	样本数
55岁以下	40.39	19.61	5.49	0.78	16.08	17.65	ns	255
55—59岁	36.24	20.52	3.93	1.09	24.02	14.19		458
60—64岁	38.40	16.22	5.34	0.82	22.18	17.04		487
65岁及以上	33.96	20.13	1.89	0.63	24.53	18.87		159
合计	37.53	18.76	4.49	0.88	21.93	16.41		1359

注：ns 不显著。

资料来源：2015年5省（市）城市独生子女家庭状况调查。

表9-10　　　　　　亲代给予子代的家务支持　　　　　单位:%

子女类型	几乎天天做	每周几次	每月几次	一年几次	很少做	不做	极大似然检验	样本数
儿子	80.82	8.14	1.56	0.56	2.56	6.35	ns	897
女儿	80.21	7.79	1.26	0.63	2.95	7.16		475
合计	80.61	8.02	1.46	0.58	2.70	6.63		1372

注：ns 不显著。

资料来源：2015年5省（市）城市独生子女家庭状况调查。

从独生子女父母帮子女做家务的情况看,父母帮已婚已育子女做家务的比例最高,其次为已婚未育子女,帮未婚子女做家务的比例相对较低,但这种差异在统计上并不显著。现实中,相对于未婚、已婚未育子女,与已婚已育子女同住的父母大多在帮助子女照料孙子女,承担了相对更多的家务劳动。

表9-11　　　　　亲代日常帮子女做家务的比例　　　　　单位:%

子女婚育类型	几乎天天做	每周几次	每月几次	一年几次	很少做	不做	极大似然检验	样本数
未婚	75.27	9.84	1.60	0.80	2.93	9.57	ns	376
已婚未育	78.86	8.13	1.63	0.81	4.88	5.69		123
已婚生育	83.16	7.22	1.37	0.46	2.29	5.50		873
合计	80.61	8.02	1.46	0.58	2.70	6.63		1372

注:ns 不显著。

资料来源:2015年5省(市)城市独生子女家庭状况调查。

由表9-12可知,65岁及以上年龄的父母几乎每天为子女做家务的比例相对较低,65岁以下的独生子女父母几乎每天为子女做家务的比例均在80%以上,超过8%的独生子女父母很少或不帮子女做家务。本次调查发现,大部分独生子女父母处于中年或年轻的老年人时期,精力与体力尚可,会尽力帮助子女分担家务,为支持子女的工作和生活做出更多的贡献。

总之,在亲子同住的独生子女家庭中,独生子女帮父母做家务的比例较低,很少或不帮父母做家务的比例较高;父母经常帮子女做家务的比例较高,很少做或不做的比例相对较低。独生女帮父母做家务的比例高于独生子;已婚已育子女帮父母做家务的比例最高,父母帮已婚已育子女做家务的比例也最高。在中国,子女未婚时大多与父母同住,多数子女"习惯"了日常生活中主要由父母操持家务,由父母安排吃住等日常事务。而已婚子女大多已参加工作,工作的繁忙减少了做家务的时间,对父母的依赖性增强。多数已婚已育子女与父母同住可能因为需要父母帮助料理家务、照看孩子；已婚未育子女与父母同住可能因为受住房限制，也可能因为家庭关系和睦，在父母有精力与能力的情况下，大多会帮子女做家务，料理家事。当然，在亲子同住家庭中也不乏因父母的健康需要，在这种情况下，父母也需要同住子女为其提供家务支持，以维持日常生活。

表9-12　　不同年龄父母给予独生子女的家务支持　　单位:%

亲代年龄	几乎天天做	每周几次	每月几次	一年几次	很少做	不做	极大似然检验	样本数
55岁以下	82.56	5.43	0.39	0.78	4.65	6.20		258
55—59岁	79.65	8.66	2.38	0	1.95	7.36		462
60—64岁	81.02	7.55	1.22	1.22	2.24	6.73	+	490
65岁及以上	79.01	11.73	1.23	0	3.09	4.94		162
合计	80.61	8.02	1.46	0.58	2.70	6.63		1372

注：+ $p<0.1$。
资料来源：2015年5省（市）城市独生子女家庭状况调查。

三　情感支持

（一）子女给予父母的情感支持

利用问项"您和孩子讲自己的心事和困难时他/她愿不愿意听？""孩子和您讲心事和困难吗？"分别分析子女给予父母的情感支持和父母给予子女的情感支持。

表9-13给出了独生子女给予父母的情感支持情况，结果显示，逾63%的子女总是愿意听父母讲自己的心事，逾12%的子女有时不愿意听父母讲自己的困难或心事，部分父母不愿意和自己的子女讲心事和困难，还有部分子女总是不愿意听父母讲自己的心事。

城市第一代独生子女家庭亲子财富流转

表9-13　　　独生子与独生女给予父母的情感支持　　　单位:%

子代类型	总是不愿意听	有时不愿意听	总是愿意听	自己不愿意讲	极大似然检验	样本数
儿子	8.18	13.90	59.08	18.83	***	891
女儿	6.16	9.77	70.70	13.38		472
合计	7.48	12.47	63.10	16.95		1363

注:*** $p<0.001$。

资料来源:2015年5省(市)城市独生子女家庭状况调查。

分子女的婚育类型看,已婚已育的子女总是愿意听父母讲自己的心事或困难,其次为已婚未育子女,未婚子女最低。本书认为,已婚独生子女可能更能体谅父母的心情,而愿意同父母交流情感。

表9-14　　　不同婚育状况子女给予父母的情感支持　　　单位:%

子代类型	总是不愿意听	有时不愿意听	总是愿意听	自己不愿意讲	极大似然检验	样本数
未婚	11.62	13.78	58.38	16.22	**	370
已婚未育	5.69	16.26	59.35	18.70		123
已婚生育	5.98	11.38	65.63	17.01		870
合计	7.48	12.47	63.10	16.95		1363

注:** $p<0.01$。

资料来源:2015年5省(市)城市独生子女家庭状况调查。

(二)父母给予子女的情感支持

就独生子女父母而言,近60%的子女愿意同父母讲自己的心事或困难,约15%的子女有时不愿意与父母讲自己的心事或困难,超过1/4的子女不愿意同父母讲自己的心事和困难,不愿意听自己子女讲心事或困难的父母所占比例相对较低。分性别看,独生女愿意与父母交流的比例明显高于独生子,不愿意与父母交流的比例明显低于独生子。极大似然检验结果表明，独生女、独生子与父母间的情感支持存在显著差异。

表 9-15　　　独生子与独生女得到的情感支持　　　单位:%

子代类型	不愿意讲	有时不愿意讲	愿意讲	父母不愿意听	极大似然检验	样本数
儿子	27.50	16.72	54.55	1.23	***	891
女儿	21.82	11.65	65.68	0.85		472
合计	25.53	14.97	58.40	1.10		1363

注:*** $p<0.001$。

资料来源:2015 年 5 省(市)城市独生子女家庭状况调查。

就子女而言，已婚已育的子女愿意给父母讲自己的心事或困难的比例高于已婚未育子女，未婚子女、已婚未育子女与父母的情感交流情况差别不大。但独生子女的婚育因素对其与父母的情感交流情况不存在显著差异。

表 9-16　　　父母给予不同婚育状况子女的情感支持　　　单位:%

子代类型	不愿意讲	有时不愿意讲	愿意讲	父母不愿意听	极大似然检验	样本数
未婚	27.64	17.07	54.20	1.08	ns	369
已婚未育	29.27	15.45	53.66	1.63		123
已婚生育	24.11	14.01	60.85	1.03		871
合计	25.53	14.97	58.40	1.10		1363

注:ns 不显著。

资料来源:2015 年 5 省(市)城市独生子女家庭状况调查。

总体上，大部分独生子女愿意听父母讲自己的心事或困难，有时不愿意听或总是不愿意听的子女所占比例相对较低，相当比例的独生子女父母不愿意同子女讲自己的心事和困难。在子女与父母的情感支持中，多数子女愿意向父母讲自己的心事和困难，也有逾四分之一的独生子女不愿意同父母进行情感交流，但不愿意听子女讲自己的心事或困难的独生子女父母所占比例甚少。可见，在独生子女家庭中亲子情感支持主要取决于子女，子女愿意倾听父母的心事和困难、愿意向父母讲述自己的事情均有助于增进亲子感情，有助于情感财富在亲子间的流转。另外，也有一定比例的独生子女父母不愿意与子女讲自己的心事与困难，但不愿意倾听子女讲述其心事与困难的比例明显较低，也在一定程度上表明，父母能更大程度地包容子女，体谅子女，这也将有助于与子代保持良好的家庭关系，形成更为和谐的家庭氛围。

第二节 亲子不同住家庭中的代际财富流转

亲子不同住家庭中的代际财富流转主要关注独生子女家庭亲子代际之间的经济支持、家务支持、情感支持等问题。

一 经济支持

（一）亲子经济支持频率

由表9-17独生子女家庭亲子代间的经济互动频率的分析结果可知，近35%的子代家庭经常资助父母，偶尔资助父母的子女所占比例最高，从不资助父母钱物的独生子女相对较少。另外，独生女中经常资助父母的比例高于独生子，但这种差异在统计上不显著。

就亲代而言，从不在经济上资助子女的父母所占比例最高，经常资助子女的父母所占比例最低。且经常在经济上资助独生女的父母所占比例低于经常资助独生子的父母的比例，但这种差异在统计上并不显著。相对而言，经济上经常资助父母的独生女所占比例高于经济上经常资助子女的比例。

表9-17　　　　　　亲子代间的经济互动频率　　　　　　单位:%

子女性别	子代家庭→亲代家庭					亲代家庭→子代家庭			
	从不	偶尔	经常	极大似然检验	样本数	从不	偶尔	经常	极大似然检验	样本数
男	21.45	45.96	32.59	ns	853	41.69	32.79	25.53	ns	854
女	20.25	44.21	35.53		864	41.55	36.00	22.45		864
合计	20.85	45.08	34.07		1717	41.62	34.40	23.98		1718

注：ns 不显著。

资料来源：2015年5省（市）城市独生子女家庭状况调查。

分子女婚育状况看（见表9-18），未婚子女经常资助父母的比例最高，其次为已婚已育子女，不同婚育状况的独生子女给予父母的经济支持频率不存在显著差异。

表9-18　　　不同婚育状况子女亲子经济支持频率　　　　单位:%

子女婚姻状况	子代家庭→亲代家庭					亲代家庭→子代家庭			
	从不	偶尔	经常	极大似然检验	样本数	从不	偶尔	经常	极大似然检验	样本数
未婚	21.20	42.93	35.87		184	46.74	33.15	20.11		184
已婚未育	17.31	50.00	32.69	ns	312	46.47	34.62	18.91	ns	312
已婚生育	21.70	44.14	34.15		1222	39.61	34.53	25.86		1222
合计	26.27	36.46	37.27		1718	41.62	34.40	23.98		1718

注：ns 不显著。

资料来源：2015年5省（市）城市独生子女家庭状况调查。

从父母对子女的资助频率看，独生子女父母经常在经济上资助已婚已育子女的比例最高，其次为未婚子女，给予已婚未育子女经济支持的比例相对最低。这可能源于已婚已育子女因要养育年幼子女，经济负担较重，更需要父母给予支持；而未婚子女即使已成年，仍沿袭着对父母较强的经济依赖惯习，只要没结婚，就会把他/她作为经济支持的对象,对于自身没收入或收入低的子女更是如此。

相对而言,年龄在 60 岁及以上的独生子女父母经常得到子女经济支持的比例高于年龄为 60 岁以下的群体;与之相仿,年龄在 60 岁以下的父母经常资助子女的比例高于 60 岁及以上的独生子女父母,65 岁及以上的父母经常给予子女经济支持的比例最低。统计检验结果表明,不同年龄组的独生子女父母得到的子女的经济支持频率、给予子女经济支持的频率不存在显著差异。

总之,亲子分居的独生子女家庭中,均有一定比例的父母从来不给子女经济支持、子女也从来不给父母经济支持。经济上资助父母的独生女所占比例高于经济上经常资助子女的比例。已婚已育子女经常资助父母的比例最高,其次为已婚未育子女。

表 9-19　　分父母年龄的独生子女亲子经济支持频率　　单位:%

亲代年龄(岁)	子代家庭→亲代家庭					亲代家庭→子代家庭				
	从不	偶尔	经常	极大似然检验	样本数	从不	偶尔	经常	极大似然检验	样本数
55 岁以下	15.43	50.53	34.04		188	37.23	38.30	24.47		188
55—59 岁	21.81	45.88	32.31		619	40.32	34.35	25.32		620
60—64 岁	21.45	43.18	35.37	ns	704	42.76	33.24	24.01	ns	704
65 岁及以上	20.87	44.17	34.95		206	45.63	34.95	19.42		206
合计	20.85	45.08	34.07		1717	41.62	34.40	23.98		1718

注:ns 不显著。
资料来源:2015 年 5 省(市)城市独生子女家庭状况调查。

(二) 经济支持额

在亲子分开生活的情况下,子代给予亲代的经济支持额均值、亲代给予子代的经济支持额均值均接近 4000 元,亲子代的净经济支持额相对较小,且表现为从父母流向子女。

分性别看，独生女给予父母的经济支持额均值高于独生子，且独生女对父母的经济支持远高于独生子女给予父母的经济支持的平均值，而独生子对父母的经济支持则低于独生子女给予父母的经济支持的平均值。F检验结果表明，独生子与独生女给予父母的经济支持额具有显著差异。独生子得到的父母的经济支持额明显高于独生女，且高于父母给予子女的经济支持额的均值。独生女与其父母的净经济支持额为正值，表现为经济财富由独生女流向其父母；而独生子与其父母的净经济支持为负值，表现为经济财富由父母流向子女。同时，F检验的结果表明，独生女和独生子过去12个月给予父母的经济支持额、得到的来自父母的经济支持额、亲子代的净经济支持额均值均存在显著差异。另外，较大的标准差也在一定程度上表明，独生子女群体中单个个体间给予父母的经济支持存在显著差异。

表9-20　　　　　亲子分居情况下亲子代的经济支持

子女性别	子代→亲代 均值（元）	标准差	F检验	样本数	亲代→子代 均值	标准差	样本数	F检验	亲子代净经济支持 均值（元）	标准差	F检验	样本数
男	3642.30	19017.994	*	783	4612.69	22390.029	792	***	-1006.55	29365.582	*	768
女	4193.95	14466.507		782	3191.84	11883.363	790		970.67	18625.274		763
合计	3917.95	16894.504		1565	3903.16	17938.602	1582		-21.17	24617.964		1531

注：*** $p<0.001$，* $p<0.05$。

资料来源：2015年5省（市）城市独生子女家庭状况调查。

分子女的婚育状况看，未婚子女给予父母的经济支持额均值最高，其次为已婚已育子女，已婚未育子女给予父母的经济支持最低。父母给予未婚子女的经济支持均值最高，其次为已婚生育子女，给予已婚未育子女的经济支持相对最低。从亲子代经济支持净值看，未婚子女与父母间的净经济流量为正值，表现为子女的经济财富向父母流动；已婚未育、已婚已育子女与父母间的净经济支持额均为负值，表现为父母的经济财富流向子女。F 检验的结果表明，亲子分居条件下，未婚、已婚未育、已婚已育的独生子女与其父母间的经济支持不存在显著差异。

从亲代的年龄看，65 岁及以上的亲代得到的子女给予的经济支持额均值最高，其次为 55 岁以下的独生子女父母，55—59 岁的独生子女父母得到的经济支持相对最低。随着亲代年龄的上升，亲代给予子代的经济支持额均值呈下降趋势，年龄越大的亲代给予子女的经济支持相对越少。从亲子代经济支持的净值看，65 岁以下的亲代与其子代间的经济支持的净值为负值，变现为亲代的经济财富流向子代，而 65 岁及以上的亲代与其子代间的净经济支持额均值为正值，表现为子女的经济财富流向亲代。

表 9-21　　亲子分居情况下不同婚育状况子女与其父母的经济支持

子女婚育状况	子代→亲代 均值（元）	标准差	F检验	样本数	亲代→子代 均值（元）	标准差	F检验	样本数	亲子代净经济支持 均值（元）	标准差	F检验	样本数
未婚	6189.43	13259.699		175	4611.43	18519.194		175	1614.91	23560.947		171
已婚未育	3225.98	6721.178	ns	281	3480.31	11256.079	ns	286	-317.52	12702.157	ns	278
已婚生育	3734.84	19049.799		1109	3900.47	19198.959		1121	-203.59	26993.452		1082
合计	3917.95	16894.504		1565	3903.16	17938.602		1582	-21.17	24617.964		1531

注：ns 不显著。
资料来源：2015 年 5 省（市）城市独生子女家庭状况调查。

总之，在亲子分开生活的独生子女家庭中，部分亲子代间未发生财富流动，经常在经济上资助父母的子女比例高于经常在经济上资助子女的父母所占的比例。亲子代的经济支持流向因亲代的年龄、子代的婚育状况与性别而有所差异。成年独生子女与父母间存在着家庭财富从亲代向子女的流动，也存在着家庭财富从子代向亲代的流动。

表9-22 亲子分居状态下不同年龄的亲代与其子代间的经济支持

亲代年龄	子代→亲代 均值(元)	标准差	F检验	样本数	亲代→子代 均值(元)	标准差	F检验	样本数	亲子代净经济支持 均值(元)	标准差	F检验	样本数
55岁以下	3805.39	8601.636	+	167	4336.83	18237.121	ns	167	-545.71	19048.977	ns	163
55—59岁	3248.49	8574.283		571	4196.72	23400.859		574	-1010.23	25165.550		560
60—64岁	3663.78	12236.044		635	3669.85	13494.451		649	-53.19	18019.390		621
65岁及以上	6847.40	39323.228		192	3436.98	10637.105		192	3504.28	40839.031		187
合计	3917.95	16894.504		1565	3903.16	17938.602		1582	-21.17	24617.964		1531

注：+ $p<0.1$，ns 不显著。
资料来源：2015年5省（市）城市独生子女家庭状况调查。

二 家务支持

（一）子女给予父母的家务支持

亲子分居状态下逾60%的子女日常很少或不帮父母做家务，几乎天天帮父母做家务的子女所占比例最低，每周几次、每月几次帮父母做家务的比例相对较高。独生子天天帮父母做家务的比例高于独生女，独生女中每周、每月帮父母做几次家务的比例高于独生子。极大似然检验结果表明，独生子和独生女给予父母的家务支持存在显著差异。

从子代的婚育状态看，未婚子女、已婚未育子女几乎天天、每周帮父母做家务的比例最低；已婚生育的子女几乎天天、每周几次帮父母做家务的比例最高。未婚、已婚未育子女很少或不帮父母做家务的比例超过70%。统计检验结果表明，不同婚育状况的子女给予父母的家务支持存在显著差异。

表9-23　　亲子分居状况下子女给予父母的家务支持　　　　单位:%

子女性别	几乎天天做	每周几次	每月几次	一年几次	很少做	不做	极大似然检验	样本数
男	6.50	9.15	8.18	5.90	23.35	46.93	*	831
女	4.29	12.62	10.00	7.14	21.90	44.05		840
合计	5.39	10.89	9.10	6.52	22.62	45.48		1671

注:* $p<0.05$。

资料来源:2015年5省（市）城市独生子女家庭状况调查。

表9-24　　不同婚育状况的子代给予父母的家务支持　　　　单位:%

子女婚育类型	几乎天天做	每周几次	每月几次	一年几次	很少做	不做	极大似然检验	样本数
未婚	4.60	4.02	2.87	12.64	17.24	58.62	***	174
已婚未育	4.30	9.93	9.60	4.30	20.53	51.32		302
已婚生育	5.77	12.13	9.87	6.19	23.93	42.09		1195
合计	5.39	10.89	9.10	6.52	22.62	45.48		1671

注:*** $p<0.001$。

资料来源:2015年5省（市）城市独生子女家庭状况调查。

在表9-25中，各年龄段独生子女父母均有逾65%很少或没有得到子女给予的家务帮助。相对于54岁及以下的独生子女父母，55岁及以上的独生子女父母其子女几乎天天或每周帮其做家务的比例相对较高。极大似然检验结果表明，不同年龄的独生子女父母得到的子女的家务支持存在显著差异。这一结果在一定程度上表明，年龄较大的独生子女父母得到了相对较多的家务支持，日常生活中家务劳动支持得到了较好的满足。

总体上，亲子分开居住后，60%以上的独生子女父母很少或没有得到子女给予的家务支持，几乎天天或每周几次得到子女家务支持的父母的比例相对较低。独生子与独生女、未婚与已婚独生女给予父母的家务支持存在显著差异；不同年龄父母得到的子女的家务支持不同。

表9-25　不同年龄的父母得到的子女给予的家务支持　　　单位:%

亲代年龄	几乎天天做	每周几次	每月几次	一年几次	很少做	不做	极大似然检验	样本数
55岁以下	3.87	9.94	10.50	7.18	30.94	37.57	*	181
55—59岁	5.60	12.36	6.43	6.59	22.24	46.79		607
60—64岁	5.56	10.40	12.01	6.30	20.50	45.24		683
65岁及以上	5.50	9.00	6.00	6.00	23.50	49.50		200
合计	5.39	10.89	9.10	6.52	22.62	45.48		1671

注:* $p<0.05$。

资料来源:2015年5省(市)城市独生子女家庭状况调查。

(二) 父母给予子女的家务支持

亲子分居状态下,超过20%的父母几乎每天帮子女做家务或每周帮子女做几次家务,近60%的父母很少或不帮子女做家务。分子女性别看,独生子父母几乎天天帮孩子家做家务的比例明显高于独生女父母,每周帮孩子家做几次家务的比例略低于独生女父母;独生子父母很少或不帮助孩子家做家务的比例略高于独生女父母。独生子与独生女父母给予子女的家务支持在统计上具有一定差异。

表9-26　亲子分居状态下父母给予子女的家务支持　　　单位:%

子女性别	几乎天天做	每周几次	每月几次	一年几次	很少做	不做	极大似然检验	样本数
儿子	12.10	9.70	7.07	5.87	17.84	47.43	+	835
女儿	8.84	11.44	9.55	7.08	16.51	46.58		848
合计	10.46	10.58	8.32	6.48	17.17	47.00		1683

注:+ $p<0.1$。

资料来源:2015年5省(市)城市独生子女家庭状况调查。

从子女的婚育状况看,近78%的独生子女父母很少或不帮不同住的未婚子女做家务；独生子女父母中帮已婚已育子女天天做家务的比例、一周做几次家务的比例均远高于已婚未育子女，不做家务的比例远低于已婚未育子女。极大似然检验结果表明，独生子女父母给予不同婚育状况子女的家务支持存在显著差异。一方面，部分不与父母同住的未婚子女可能长期在学校读书，回家少，父母较少帮其做家务；另一方面，已婚已育子女需要照顾孩子，家务较为繁重，在居住距离近或交通方便的情况下，自身有精力的父母也会前往子女家帮助其料理家务。

表9-27　不同婚育状况的独生子女其父母给予的家务支持　　　单位：%

子女婚育类型	几乎天天做	每周几次	每月几次	一年几次	很少做	不做	极大似然检验	样本数
未婚	5.81	4.65	2.33	9.30	17.44	60.47	***	172
已婚未育	7.54	8.20	10.49	3.93	17.05	52.79		305
已婚生育	11.86	12.02	8.62	6.72	17.16	43.62		1206
合计	10.46	10.58	8.32	6.48	17.17	47.00		1683

注：*** $p<0.001$。

资料来源：2015年5省（市）城市独生子女家庭状况调查。

由表9-28可知，各年龄组独生子女父母均有逾60%很少或不帮助子女做家务，年龄为60—64岁的独生子女父母中几乎天天、每周几次帮助子女做家务的比例相对较高，其次为年龄为55—59岁的父母，年龄为55岁以下的父母较高频次地帮子女做家务的比例相对较低。

总体上，亲子分开居住后，有相当比例的父母不帮助子女做家务，也有一定比例的子女不帮助父母做家务。几乎天天帮子女做家务、每周帮子女做几次家务的独生子女父母所占比例相对较低；同样，几乎天天帮父母做家务、一周做几次家务的子女所占比例也相对较低。

表9-28　　　　不同年龄父母给予子女的家务支持　　　　单位:%

亲代年龄	几乎天天做	每周几次	每月几次	一年几次	很少做	不做	极大似然检验	样本数
55岁以下	11.05	7.73	11.05	8.84	19.89	41.44	ns	181
55—59岁	8.52	12.13	8.52	6.89	18.03	45.90		610
60—64岁	12.05	10.30	7.69	5.81	16.98	47.17		689
65岁及以上	10.34	9.36	7.39	5.42	12.81	54.68		203
合计	10.46	10.58	8.32	6.48	17.17	47.00		1683

注：ns 不显著。

资料来源：2015年5省（市）城市独生子女家庭状况调查。

三　情感支持

（一）子女给予父母的情感支持

对于不与父母同住的独生子女而言，约61.5%总是愿意听父母讲自己的心事和困难，约10%有时不愿意听父母讲心事和困难，总是不愿意听父母讲自己的心事和困难的独生子女比例相对较低。同时，有超过20%的父母自己不愿意同子女讲心事和困难。

分子女性别看，独生女总是愿意听父母讲自己的心事和困难的比例明显高于独生子，而父母自己不愿意讲、独生女有时不愿意听或总是不愿意听的比例也远低于独生子。另外，极大似然检验结果表明，独生子与独生女给予父母的情感支持具有显著差异。这一结果可能源于女儿作为女性更容易与父母进行情感交流，也在一定程度上印证了"女儿是父母的小棉袄"的俗语。

从子女的婚育状况看，已婚未育子女总是不愿意听父母讲自己心事的比例最高，已婚未育、已婚生育的子女总是愿意听父母讲自己心事的比例较高，父母中不愿意与子女讲自己心事的比例相对最高。但这种差异在统计上并不显著。

城市第一代独生子女家庭亲子财富流转

表9-29 子女给予父母的情感支持 单位:%

子女性别	总是 不愿意听	有时 不愿意听	总是 愿意听	自己 不愿意讲	极大似 然检验	样本数
男	7.29	11.18	57.53	24.00	***	850
女	6.74	8.59	65.39	19.28		861
合计	7.01	9.88	61.48	21.62		1711

注：*** $p<0.001$。

资料来源：2015年5省（市）城市独生子女家庭状况调查。

表9-30 不同婚育状况子女给予父母的情感支持 单位:%

子代婚 育状况	总是 不愿意听	有时 不愿意听	总是 愿意听	自己 不愿意讲	极大似 然检验	样本数
未婚	5.46	9.84	57.92	26.78	ns	183
已婚未育	8.06	9.68	62.90	19.35		310
已婚生育	6.98	9.93	61.66	21.43		1218
合计	7.01	9.88	61.48	21.62		1711

注：ns 不显著。

资料来源：2015年5省（市）城市独生子女家庭状况调查。

从父母的年龄看，55岁以下、65岁及以上的父母中自己不愿意同子女讲心事与困难的比例相对较高；年龄在55—64岁的父母自己不愿意和子女讲心事与困难的比例相对较低，而子女总愿意听的比例相对最高。极大似然检验结果表明，不同年龄的父母得到的子女的情感支持存在显著差异。

总体上，大多数不与父母共同生活的子女总是愿意听父母讲自己的心事和困难，近1/5的父母不愿意与子女进行情感交流。中年、老年父母不愿意与子女进行情感交流的比例较高；子女有时不愿意与这些父母交流的比例也比较高。这可能源于中年父母的子女相对比较年轻，有时缺乏耐心倾听父母的诉说；而年纪较大的父母中，子女大多已婚育，小家庭事务多，他们更关注于自己的子女，陪伴父母的时间相对较少，难以满足父母的情感需求，在父母感到被冷落之时即不会再与子女讲述自己的心事与困难。

表9-31　　　不同年龄亲代得到的子女的情感支持　　　单位:%

亲代年龄	总是不愿意听	有时不愿意听	总是愿意听	自己不愿意讲	极大似然检验	样本数
55岁以下	2.12	15.87	58.73	23.28	**	189
55—59岁	9.06	7.61	62.62	20.71		618
60—64岁	6.88	10.17	62.61	20.34		698
65岁及以上	5.83	10.19	56.80	27.18		206
合计	7.01	9.88	61.48	21.62		1711

注:** $p<0.01$。

资料来源:2015年5省(市)城市独生子女家庭状况调查。

(二) 父母给予子女的情感支持

在不与父母同住的子女中，约60%愿意同父母讲自己的心事与困难，但也有逾20%的子女不愿意与父母进行情感交流。多数父母愿意倾听子女讲述自己的心事，只有极少数父母不愿意听子女的述说。

分性别看，独生女不愿意与父母讲自己的心事、有时不愿意讲的比例均明显低于独生子，而愿意向父母讲述自己心事或困难的比例明显高于独生子，父母不愿意听独生女倾诉的比例也低于独生子。统计检验结果表明，独生子和独生女得到的父母的情感支持存在显著差异。

从子女的婚育状况看，未婚子女愿意向父母讲述自己心事的比例最低；未婚子女和已婚未育子女不愿意与父母交流自己心事的比例高于已婚生育子女，而父母不愿意听未婚子女讲述心事的比例则最高。相对而言，已婚生育子女更容易得到父母的情感支持。统计检验结果表明，不同婚育类型的子女得到的父母的情感支持并不存在显著差异。

表9-32　　　　　　父母给予子女的情感支持　　　　　　单位:%

子女性别	不愿意讲	有时不愿意讲	愿意讲	父母不愿意听	极大似然检验	样本数
男	27.87	16.04	53.98	2.11	**	854
女	20.33	12.20	66.09	1.39		861
合计	24.08	14.11	60.06	1.75		1715

注:** $p<0.01$。

资料来源:2015年5省(市)城市独生子女家庭状况调查。

表9-33　　　不同婚育类型的子女得到的父母的情感支持　　　单位:%

子代婚育类型	不愿意讲	有时不愿意讲	愿意讲	父母不愿意听	极大似然检验	样本数
未婚	25.95	12.43	57.84	3.78	ns	185
已婚未育	25.72	11.25	61.09	1.93		311
已婚生育	23.38	15.09	60.13	1.39		1219
合计	24.08	14.11	60.06	1.75		1715

注:ns 不显著。

资料来源:2015年5省(市)城市独生子女家庭状况调查。

表9-34给出了不同年龄父母给予子女的情感支持的分析结果。

表9-34　　　　不同年龄的父母给予子女的情感支持　　　　单位:%

亲代年龄	不愿意讲	有时不愿意讲	愿意讲	父母不愿意听	极大似然检验	样本数
55岁以下	26.06	11.70	61.17	1.06	ns	188
55—59岁	22.46	13.25	62.04	2.26		619
60—64岁	25.64	15.24	57.26	1.85		702
65岁及以上	21.84	15.05	62.62	0.49		206
合计	24.08	14.11	60.06	1.75		1715

注:ns 不显著。

资料来源:2015年5省(市)城市独生子女家庭状况调查。

从父母的年龄看，年龄为 60—64 岁的父母的子女总愿意与其进行交流的比例相对最低，年龄为 55 岁以下父母的子女中不愿意与其进行感情交流的比例最高，年龄为 65 岁及以上的父母不愿意听子女讲自己心事的比例相对最低。虽然不同年龄父母对子女情感支持的差异在统计上并不显著，但也在一定程度上表明，65 岁及以上的老年父母更愿意同子女进行情感交流。

总体上，在亲子分开生活的独生子女家庭中，多数父母与其子女能较好地进行情感交流，部分父母不愿意同子女讲述自己的心事或困难；多数子女愿意与父母进行情感交流，但也有一定比例的子女不愿意向父母讲述自己的事情，而不愿意听子女讲自己心事的父母甚少，子女与父母的情感交流更多地取决于子女的交流意愿。这一结果在一定程度上表明，独生子女父母更包容子女，子女在亲子情感交流中处于强势地位，父母则相对处于劣势。

第三节　亲子同住与不同住家庭中代际财富流转的差异

一　经济支持

（一）经济支持频率

由表 9-35 中过去 12 个月同住与不同住亲子间的经济支持频率可知，同住独生子女经常买东西、给父母钱的比例高于不同住子女，而从不给予父母经济支持的比例却远高于不同住子女。极大似然检验结果表明，同住与不同住子女给予父母的经济支持频率存在显著差异。

对于亲代而言，与子女同住父母经常给予子女经济支持的比例明显高于不与子女同住的父母，同住与不同住父母中从不给予子女经济支持的父母所占比例差别甚微。统计检验结果显示，与子女同住与不同住父母给予子女的经济支持频率也存在显著差异。

表9-35　过去12个月同住与不同住亲子间的经济支持频率　单位:%

亲子居住类型	子代家庭→亲代家庭					亲代家庭→子代家庭				
	从不	偶尔	经常	极大似然检验	样本数	从不	偶尔	经常	极大似然检验	样本数
不同住	20.85	45.08	34.07	*	1717	41.62	34.40	23.98	***	1718
同住	24.32	40.18	35.50		1369	41.42	29.29	29.29		1369
合计	22.39	42.90	34.71		3086	41.53	32.13	26.34		3087

注:*** $p<0.001$,* $p<0.05$。

资料来源:2015年5省(市)城市独生子女家庭状况调查。

(二) 经济支持数额

从同住与不同住亲子间的经济支持数量看(见表9-36),与父母不同住的子女给予父母的经济支持额均值高于不与父母同住的子女,F检验结果表明,这种差异在统计上具有显著性。与子女同住的亲代、不与子女同住的亲代给予子女的经济支持额均值差别较小,且这种差异在统计上不显著。相应地,亲子代经济支持额均值均为负值,均表现为从亲代流向子代,且亲子同住家庭中,亲代给予子女的经济支持明显高于亲子不同住家庭中的父母。但这种差异在统计上并不显著。

表9-36　过去12个月同住与不同住亲子间的经济支持额

子女性别	子代→亲代				亲代→子代				亲子代净经济支持			
	均值(元)	标准差	F检验	样本数	均值(元)	标准差	F检验	样本数	均值(元)	标准差	F检验	样本数
不同住	3917.95	16894.504	+	1565	3903.16	17938.602	ns	1582	-21.17	24617.964	ns	1531
同住	3094.61	6334.437		1278	3927.47	18366.861		1273	-973.00	19651.523		1231
合计	3547.84	13238.996		2843	3914.00	18127.617		2855	-445.39	22541.121		2762

注:+ $p<0.1$,ns不显著。

资料来源:2015年5省(市)城市独生子女家庭状况调查。

(三) 亲子净经济支持的流向

进一步地，由亲子同住与不同住情况下亲子代间的经济流动类型看（见表9-37），同住与不同住状态下除逾13%的亲子代未发生经济互动外，亲子代经济支持单纯由子代流向亲代的比例最高（亲代未给予子代经济支持），其次为亲子代均发生了经济流动且主要流向子代（亲代给予子代经济支持、子代给予亲代经济支持，且前者数额大于后者），最后为亲子代均发生了经济流动且主要流向亲代（亲代给予子代经济支持、子代给予亲代经济支持，且前者数额小于后者）。亲子代经济支持单纯由亲代流向子代（子代未给予亲代经济支持）的比例、亲子流动对等（亲代给予子代、子代给予亲代的经济支持额相等）的比例相对较低。极大似然检验结果表明，亲子同住与不同住状态下，子女与父母的经济支持流向存在一定差异。

表9-37　亲子同住与不同住状态下亲子经济支持的方向　　单位：%

亲子居住类型	单纯流向亲代	单纯流向子代	亲子经济流动均衡	亲子互动且流向亲代	亲子互动且流向子代	亲子未发生经济互动	极大似然检验	样本数
不同住	31.64	9.15	7.99	17.85	20.10	13.27	+	1552
同住	30.11	12.44	8.00	15.37	20.68	13.39		1262
合计	30.95	10.63	8.00	16.74	20.36	13.33		2814

注：+ $p<0.1$。

资料来源：2015年5省（市）城市独生子女家庭状况调查。

诚然，亲子经济支持单纯由子女流向父母，表现为子女供养父母。在子女年幼时、成年前父母养育子女，供其读书，在子女成年后给予父母支持，这在一定程度上表明父母得到了前期养育子女的回报，亲子间的代际互动具有交换特征。亲子间有经济互动，父母给予子女的较多或子女给予父母的较多，甚至亲子代经济支持均衡，更多地体现了父母或子女在某些事件上对经济上的单方面需求，需要借助于对方的支持予以满足。单纯由亲代流向子代则在一定程度上表明，成年子女仍未能在经济上独立，处于"啃老"状态，这种一味地索取势必增大父母的生活压力和负担。而对于亲子未发生互动，或父母、子女经济状况都比较好，不需要相互支持，或父母、子女经济状况均较差，无力资助对方，也可能亲子关系较差，互相"不闻不问"，个中状况尚需要后续继续深入探究。

总之，亲子是否同住对亲子间的经济互动产生了重要影响，不与父母同住的子女给了父母更多的经济支持，净经济支持更多地表现为从子女流向父母。在亲子同住的家庭中，亲子经济支持单纯流向亲代的比例高于单纯流向子代的比例；亲子间有经济互动，但财富流向子代的比例高于亲代。另外，还有部分家庭亲子间未发生经济交流，各自为政。在部分家庭中，子代未给予亲代经济支持，完全依赖亲代给予的经济支持，而成为"啃老族"，这种情况在亲子同住的家庭中更为严重。

二　家务支持

（一）子代给予亲代的家务支持

就亲子家务支持而言，亲子同住家庭中，几乎天天帮父母做家务、每周做几次的比例明显高于亲子不同住时子女给予父母的家务支持。不同住的子女不帮助父母做家务的比例远远高于与父母同住的子女。统计检验结果表明，与父母同住、不同住子女给予父母的家务支持具有显著差异。

表9-38　亲子同住与不同住状态下的子女给予父母的家务支持

单位：%

亲子居住类型	几乎天天做	每周几次	每月几次	一年几次	很少做	不做	极大似然检验	样本数
同住	37.53	18.76	4.49	0.88	21.93	16.41	***	1359
不同住	5.39	10.89	9.10	6.52	22.62	45.48		1671
合计	19.80	14.42	7.03	3.99	22.31	32.44		3030

注：*** $p<0.001$。

资料来源：2015年5省（市）城市独生子女家庭状况调查。

（二）亲代给予子代的家务支持

从父母给予子女的家务支持看（见表9-39），80%与子女同住的父母几乎天天帮子女做家务，很少做、不做的比例很低；而在不与子女同住的父母中，也有逾20%的父母几乎天天或每周帮子女做家务。极大似然检验结果表明，过去12个月与子女同住、不同住的父母给予子女的家务支持具有一定差异。

表9-39　亲子同住与不同住状态下的父母给予子女的家务支持

单位:%

亲子居住类型	几乎天天做	每周几次	每月几次	一年几次	很少做	不做	极大似然检验	样本数
同住	80.61	8.02	1.46	0.58	2.70	6.63	+	1372
不同住	10.46	10.58	8.32	6.48	17.17	47.00		1683
合计	41.96	9.43	5.24	3.83	10.67	28.87		3055

注：+ $p<0.1$。

资料来源：2015年5省（市）城市独生子女家庭状况调查。

总体上，居住安排影响了亲代与子代间的家务支持。在亲子同住的家庭中，亲代几乎每天帮子女做家务、子代几乎每天帮父母做家务的比例均较高；子女很少或不帮父母做家务的比例明显低于亲子不同住的家庭。可见，居住距离影响了亲子间的日常家务互助。

三　情感支持

（一）子代给予亲代的情感支持

由表9-40可知，与父母同住的子女总是愿意听、有时不愿意听父母讲自己的心事和困难的比例明显高于不同住子女，父母自己不愿意讲的比例明显低于亲子不同住的家庭。统计检验结果表明，与父母同住、不同住的独生子女给予父母的情感支持具有显著差异。

表9-40　亲子同住与不同住状态下子女给予父母的情感支持　单位:%

亲子居住类型	总是不愿意听	有时不愿意听	总是愿意听	自己不愿意讲	极大似然检验	样本数
同住	7.48	12.47	63.10	16.95	**	1363
不同住	7.01	9.88	61.48	21.62		1711
合计	7.22	11.03	62.20	19.55		3074

注:** $p<0.01$。

资料来源:2015年5省(市)城市独生子女家庭状况调查。

(二) 亲代给予子代的情感支持

从父母给予子女的情感支持看(见表9-41),与父母同住子女愿意与父母讲自己的心事和困难的比例略低于与父母不同住子女,而不愿意同父母讲自己的心事和困难的比例则略高于不与父母同住的子女,但这种差异在统计上并不显著。

表9-41　亲子同住与不同住状态下父母给予子女的情感支持　单位:%

亲子居住类型	不愿意讲	有时不愿意讲	愿意讲	父母不愿意听	极大似然检验	样本数
同住	25.53	14.97	58.40	1.10	ns	1363
不同住	24.08	14.11	60.06	1.75		1715
合计	24.72	14.49	59.32	1.46		3078

注:ns 不显著。

资料来源:2015年5省(市)城市独生子女家庭状况调查。

相对而言，亲子同住的家庭子女给予了父母更多的情感支持，在不同住的情况下，父母给予子女的情感支持更为丰富。但无论亲子同住与否，均有相当比例的父母不愿意同子女讲自己的心事，而不愿意听子女讲自己心事的父母所占比例甚低，父母在感情上对子女给予了更多的包容与满足。

第四节 日常代际互动中亲子财富流转的影响因素分析

一 研究设计

（一）亲子财富流转影响因素的理论分析

理论上，独生子女家庭亲子财富流转会受到家庭生命周期阶段、亲代因素和子代家庭因素等的影响。

如前所述，在家庭生命周期的不同阶段、子女成长的不同时期，亲代与子代的责任、义务不同，亲子代际财富流转的内容不同。如以亲代为中心，子女成年前抚育子女，提供经济支持让子女接受学校教育，学业有成后需要帮助其找工作、就业。在这些阶段，家庭财富大多从父母流向子女。随后，成年子女结婚、生育，亲代对子代的财富支持再次成为家庭财富流转的主流。之后，随着亲代年龄的增长，亲代需要做好自己的养老准备，或已进入养老期，相应地，家庭财富逐步转为由子代流向亲代。以亲代为主，不同时期的居住安排则在一定程度上体现着家庭的生命周期阶段。已有研究表明，居住模式与亲子代际支持具有很强的关系，是代际互动最重要的决定因素之一[1]。传统社会，女儿外嫁、兄弟分家是子女与父母分开生活的主要方式[2]，在独生子女家庭中，子女结婚、生育同样会使亲子的居

---

[1] 杨菊华、李路路：《代际互动与家庭凝聚力——东亚国家和地区比较研究》，《社会学研究》2009年第3期。

[2] 王跃生：《网络家庭的理论和经验研究——以北方农村为分析基础》，《社会科学》2009年第8期。

住安排发生变化。

独生子女父母与独生子女自身因素也会对亲子财富流转产生影响。已有研究表明，中国家庭中子女和父母之间的代际转移存在一定的交换关系，在这种关系中子女的无私动机和交换动机并存，且社会养老保障对家庭养老存在一定的"挤出"效应[1]。50岁以上的独生子女父母家庭大多已由父母养育子女转向子女反哺父母阶段[2]。养老支持多与父母年老、鳏居或寡居、健康状况下降和收入低密切相关[3]。有经济收入的老年人会减少经济上对他人的依靠；健康的身体使老年人具有较高的独立生活能力，从而降低了日常生活上对他人的依赖；高龄老人受健康、生活自理能力等的影响，对子女家庭日常家务支持等需求增大。儿子对父母的养老支持主要以经济支持为主，女儿则更多地为父母提供情感沟通和日常家务支持等辅助性的老年支持[4]。在业、在婚、已育子女更可能与父母分开居住，更少接受父母的帮助，更少与父母情感联络，但会给予父母更多的经济支持[5]。

基于以上分析，本章将从家庭生命周期因素、亲代因素和子代因素等方面实证分析独生子女家庭子代给予亲代的代际财富流转的影响。

---

[1] 王梦淇：《父母收入水平是否影响子女对父母的代际转移——基于CHARLS 2011年数据的研究》，《经济资料译丛》2017年第1期。

[2] 周长洪：《农村50岁以上独生子女父母与子女经济互动及养老预期——基于对全国5县调查》，《人口学刊》2012年第5期。

[3] Lee, Y. J. W. L. Parish, and R. J. Willis, "Sons, Daughters, and Intergenerational Support for the Elderly in Taiwan", *American Journal of Sociology*, 1994, Vol. 99, No. 4; Agree E. M., Biddlecom A. E., Chang M. C., et al. "Transfers from Older Parents to Their Adult Children in Taiwan and the Philippines", *Journal of Cross-cultural Gerontology*, 2003, Vol. 17, No. 4.

[4] 徐勤：《儿子与女儿对父母支持的比较研究》，《人口研究》1996年第5期；Yang, H., "The Distributive Norm of Monetary Support to Older Parents: A Look at a Township in China", *Journal of Marriage and the Family*, 1996, Vol. 58, No. 2.

[5] 宋健、黄菲：《中国第一代独生子女与其父母的代际互动——与非独生子女的比较研究》，《人口研究》2011年第5期。

（二）方法

独生子女家庭日常代际互动中亲子财富流转的影响因素分析分为两部分。首先，分析子女给予父母的代际财富流转的影响因素；其次，亲子经济互动是家庭代际财富流转的最重要的内容，为此，针对亲子均发生了经济互动的样本，将亲子经济互动划分为亲子净经济流量相当、净经济流量由父母流向子女、净经济流量由子女流向父母三种情况，分析亲子经济支持流向的影响因素。

1. 子女给予父母的代际财富流转的影响因素分析

子女给予父母的代际财富流转的影响因素分析采用多元线性回归分析方法，因变量分别为子女给予父母的经济支持、家务支持和情感支持。其中，经济支持为过去12个月子代家庭提供给亲代家庭的现金与实物等的价值总和，为消除数据差异对分析结果的影响，经济支持采用对数运算值 $Ln(N+1)$（N 为子代家庭给予亲代家庭的经济支持的实际数额）。实际支持依据"过去12个月子女家庭帮父母做家务的次数"进行赋值：从来没做过=0；每天都做=4；每周做几次=3；每月做几次=2；一年做几次、一年做一次=1。情感支持依据"当您和这个孩子讲自己的心事或困难时您觉得他/她愿意听吗"进行赋值：总是不愿意听=1，有时不愿意听=2，总愿意听=3，自己不愿意讲=0。

自变量包括家庭生命周期因素、亲代因素和子代因素三类。家庭生命周期因素分别采用亲代的家庭结构和子女的婚育状况表示。因依据亲代的家庭结构即可在一定程度上判断出亲子是否共同生活，即使在二代直系家庭中，绝大多数也是独生子女父母与已婚独生子女夫妇共同生活，为避免分析中的多重共线性，在此不将亲子是否同住列入自变量。亲代的家庭结构分为夫妇家庭、单人户、标准及单亲核心家庭、二代及以上直系家庭、隔代家庭等；子女的婚姻状况划分为未婚、已婚未育和已婚生育三类。亲代因素包括亲代的性别、年龄、婚姻状况、健康状况、入住养老院意愿、2014年年收入、是否有养老保险、是否有产权房等经济状况，以及亲子居住距离等；子代因素包括子女的性别、年龄、受教育程度、就业状况、是否有产权房、2014年年收入。

另外，亲子关系会因为不同社会中文化与伦理的不同而不同，也会受到社会经济发展水平的制约[1]。考虑不同省区社会经济发展水平、老年人居住安排、家庭养老习俗等存在的差异对农村家庭养老产生的影响，本章将调查省区变量纳入代际财富流转的影响因素回归分析模型。

2. 亲子净经济支持流向的影响因素分析

亲子净经济支持流向的影响因素分析采用多项logistic回归分析方法，分析中的因变量为亲子净经济流的方向，划分为亲子经济流动均衡、由父母流向子女和由子女流向父母三类，分析中以亲子经济流动均衡为基准。自变量与子女给予父母的代际财富流转的影响因素分析相同，在此不再赘述。

二 结果

（一）亲子财富流转的影响因素

1. 回归分析变量描述信息

由表9-42给出的独生子女家庭亲子财富流转的影响因素回归分析的变量描述信息可知，37%的父母生活在二代及以上直系家庭中，单人户和隔代家庭相对较少。约14%的子女已婚未育，约68%则已婚生育。31%的被访亲代为男性，年龄在55—64岁者居多，丧偶、离异者相对较少。绝大多数父母健康状况良好，有自有产权房和养老保险。42%的父母未来有入住养老院的打算。亲子居住距离在20千米以内者居多。独生子居多，年龄在34岁及以下所占比例较高，半数以上受教育程度在大专及以上，绝大多数处于在业状态，2014年年收入在5万元以内者居多，有自有产权房者相对较少。

---

[1] 杨善华、贺常梅：《责任伦理与城市居民的家庭养老——以"北京市老年人需求调查"为例》，《北京大学学报》（哲学社会科学版）2004年第1期。

第九章 日常代际互动中亲子财富流转

表9-42　亲子财富流转的影响因素分析变量描述信息

变量		均值	标准差
因变量			
子女给予父母的经济支持（取自然对数）		5.72	3.423
子女给予父母的家务支持		1.41	1.677
子女给予父母的情感支持		2.16	1.205
自变量			
家庭生命周期因素			
亲代的家庭结构（夫妇家庭）	单人户	0.05	0.225
	标准及单亲核心家庭	0.11	0.317
	二代及以上直系家庭	0.37	0.483
	隔代家庭	0.04	0.202
婚育状况（未婚）	已婚未育	0.14	0.348
	已婚已育	0.68	0.467
亲代因素			
性别（女）：男		0.31	0.464
年龄（54岁及以下）	55—59岁	0.35	0.477
	60—64岁	0.38	0.487
	65岁及以上	0.12	0.324
婚姻状况（已婚有配偶）	离异	0.04	0.205
	丧偶	0.09	0.281
亲代健康状况（良好）：差		0.27	0.446
收入（取自然对数）		10.55	0.975
是否有养老保险（无）：有		0.91	0.288
是否有产权房（无）：有		0.83	0.374
入住养老院意愿（不确定）	有	0.42	0.494
	无	0.33	0.469

229

续表

变量		均值	标准差
与子女的居住距离（同住）	0—5 千米	0.20	0.398
	5—20 千米	0.15	0.357
	20—100 千米	0.07	0.247
	100 千米以上	0.14	0.342
子代因素			
子女性别（女）：男		0.57	0.496
年龄（35 岁及以上）	34 岁及以下	0.72	0.449
受教育程度（初中及以下）	高中/高职/中专	0.28	0.449
	大专	0.23	0.423
	大学本科及以上	0.39	0.488
就业状况（未就业）	在业有待业经历	0.24	0.429
	一直在业	0.65	0.478
年收入（无收入）	0—3 万元	0.35	0.478
	3 万—5 万元	0.31	0.461
	5 万—10 万元	0.12	0.322
	10 万元以上	0.05	0.209
是否有产权房（无）：有		0.24	0.429
区域因素			
省/份（黑龙江）	重庆	0.19	0.394
	湖北	0.20	0.397
	山东	0.20	0.402
	甘肃	0.20	0.402

注：表格中计算子女给予父母的经济支持的样本量为2843，子女给予父母的家务支持的样本量为3030，子女给予父母的情感支持的样本量为3074；表格中自变量的样本量为3074。

资料来源：2015 年 5 省（市）城市独生子女家庭状况调查。

2. 回归分析结果

表9-43给出了独生子女给予父母的经济支持、家务支持和情感支持的影响因素分析的结果。首先，从经济支持的影响因素看，相对于独生子女的母亲而言，独生子女的父亲得到的子女的经济支持相对较少。随着亲代年龄的增大，独生子女给予父母的经济支持减少，健康状况差的父母得到的子女的经济支持相对少于健康状况好的父母。独生子给予父母的经济支持明显少于独生女。子女的受教育程度、就业状况和2014年年收入等对其给予父母的经济支持具有正向影响。受教育程度越高的独生子女，给予父母的经济支持也相对越多，目前在业的独生子女给予父母的经济支持显著高于未就业的独生子女，且一直在业的独生子女给予父母的经济支持相对高于有待业经历但目前在业的子女；年收入在3万元及以上的独生子女给予父母的经济支持相对较高，且年收入越高给予父母的基金资助越多。有自有产权房的子女给予父母的经济支持明显高于无自有产权房的子女。相对于黑龙江省的被访者而言，山东省的独生子女父母得到子女的经济支持相对越多，重庆市则少于黑龙江省。

表9-43　　亲子代际财富流转影响因素回归分析结果

变量		经济支持		家务支持		情感支持	
		非标准化系数	标准误差	非标准化系数	标准误差	非标准化系数	标准误差
家庭生命周期因素							
亲代的家庭结构（夫妇家庭）	单人户	-0.359	0.353	-0.088	0.157	0.011	0.124
	标准及单亲核心家庭	-0.546	0.400	0.159	0.180	-0.051	0.141
	二代及以上直系家庭	-0.151	0.255	0.393***	0.114	0.031	0.090
	隔代家庭	0.193	0.315	0.365*	0.143	-0.146	0.111

续表

变量		经济支持		家务支持		情感支持	
		非标准化系数	标准误差	非标准化系数	标准误差	非标准化系数	标准误差
婚育状况（未婚）	已婚未育	-0.232	0.295	0.095	0.134	0.014	0.104
	已婚已育	-0.392	0.268	0.224+	0.122	0.003	0.095
亲代因素							
性别（女）：男		-0.501***	0.143	-0.013	0.064	-0.234***	0.050
年龄（55岁以下）	55—59岁	-0.418*	0.198	-0.125	0.087	-0.076	0.068
	60—64岁	-0.532*	0.216	-0.116	0.095	-0.059	0.075
	65岁及以上	-0.614*	0.291	-0.236+	0.129	-0.168+	0.101
婚姻状况（已婚有配偶）	离异	-0.321	0.344	0.051	0.157	-0.167	0.122
	丧偶	-0.161	0.267	0.040	0.118	-0.044	0.094
亲代健康状况（良好）：差		-0.431***	0.143	-0.049	0.063	-0.043	0.050
收入（取自然对数）		-0.070	0.080	-0.050	0.032	-0.023	0.025
是否有养老保险（无）：有		0.248	0.218	0.184+	0.097	0.120	0.076
是否有产权房（无）：有		-0.047	0.170	0.192*	0.076	0.006	0.060
入住养老院意愿（不确定）	有	-0.005	0.157	-0.009	0.070	-0.016	0.055
	无	0.183	0.164	0	0.073	0.031	0.057
与子女的居住距离（同住）	0—5千米	-0.334	0.279	-0.963***	0.125	-0.072	0.098
	5—20千米	-0.155	0.285	-1.067***	0.127	0.065	0.100
	20—100千米	-0.303	0.349	-1.348***	0.155	-0.137	0.121
	100千米以上	-0.310	0.310	-1.452***	0.140	-0.177	0.109

续表

变量		经济支持 非标准化系数	经济支持 标准误差	家务支持 非标准化系数	家务支持 标准误差	情感支持 非标准化系数	情感支持 标准误差
子代因素							
子女性别（女）：男		−0.550***	0.132	−0.111+	0.059	−0.218***	0.046
年龄（35岁及以上）	35岁以下	−0.242	0.175	0.018	0.077	0.007	0.061
受教育程度（初中及以下）	高中/高职/中专	0.602**	0.231	0.173+	0.103	0.188*	0.082
	大专	1.025***	0.244	0.118	0.109	0.236**	0.086
	大学本科及以上	1.274***	0.242	0.179+	0.107	0.252**	0.085
就业状况（未就业）	在业有待业经历	1.251***	0.337	−0.164	0.147	−0.300**	0.115
	一直在业	1.302***	0.319	−0.072	0.139	−0.247*	0.109
年收入（无收入）	0—3万元	0.214	0.279	0.170	0.119	0.274**	0.094
	3万—5万元	0.547*	0.278	0.136	0.119	0.329***	0.094
	5万—10万元	1.043***	0.313	−0.023	0.136	0.368***	0.106
	10万元以上	1.767***	0.391	−0.349*	0.173	0.234+	0.135
是否有产权房（无）：有		0.372*	0.152	0.101	0.068	0.139**	0.053
区域因素							
省/份（黑龙江）	重庆	−0.363+	0.204	−0.124	0.090	0.347***	0.071
	湖北	−0.111	0.205	−0.325***	0.090	0.302***	0.070
	山东	0.506*	0.203	0.144	0.089	0.218**	0.070
	甘肃	0.252	0.203	0.190*	0.088	0.158*	0.069
常数		5.370***	0.963	1.925***	0.402	2.144***	0.315

注：***$p<0.001$，**$p<0.01$，*$p<0.05$，+$p<0.1$。

资料来源：2015年5省（市）城市独生子女家庭状况调查。

其次，从子女给予父母的家务支持看，亲代的家庭结构对其得到的家务支持具有正向影响，生活在二代及以上直系家庭、隔代家庭的父母得到的子女给予的家务支持相对高于夫妇单独居住的父母。相对于未婚子女，已婚已育的独生子女给予父母的家务支持相对越多。有自有产权房的父母得到的子女给予的家务支持相对越多。亲子居住距离对子女给予父母的家务支持具有显著的负向影响，随着亲子居住距离的增大，子女给予父母的家务支持减少。独生子给予父母的家务支持少于独生女，子女受教育程度也对父母得到的家务支持具有一定的正向影响。相对于黑龙江省，甘肃省的被访独生子女父母得到的子女给予的家务支持相对越多，湖北省则相对较少。

最后，从子女给予父母的情感支持看，独生子日常给予父母的情感支持相对较少；受教育程度越高的子女，日常给予父母的情感支持相对越多；子女的收入对其给予父母的情感支持具有正向影响，收入越高的子女给予父母的情感支持也相对越多；调查时点处于在业状态的子女，给予父母的情感支持相对越少。有自有产权房的子女给予父母的情感支持相对越多。从调查区域看，相对于黑龙江省，重庆市、湖北省、山东省和甘肃省的独生子女父母得到的子女给予的情感支持相对较多。

3. 结论与讨论

由独生子女给予父母的经济支持、家务支持和情感支持等有形与无形的代际财富的影响因素分析主要得到以下结论。

第一，亲子代的家庭生命周期因素对子女给予父母的家务支持具有显著影响。生活在二代及以上直系家庭和隔代家庭的父母得到的子女的家务支持较多。由调查数据可知，二代及以上直系家庭大多为亲子同住，便于子女给予父母更多的家务支持，隔代家庭中，父母同孙子女共同生活，为减轻父母日常照料孙子女的负担，子女会尽力增加对父母的家务支持。

第二，亲代的社会人口特征对子女给予的代际财富流转具有影响。年龄越大的独生子女父母得到的子女的经济支持相对越少，独生子女的父亲得到的经济支持和情感支持明显少于独生子女的母亲，父母的健康状况越差子女给予的经济支持相对越少。

第三，子女的个体特征对其给予父母的财富流转具有重要影响。独生子给予父母的经济支持和情感支持相对较少；受教育程度越高的独生子女给予父母的经济支持和情感支持越多；在业的子女，相对收入较稳定，收入越多给予父母的经济支持和情感支持越多，给予父母的家务支持相对越少。有产权房的子女给予父母的经济支持和情感支持越多。

家庭生命周期因素对子女给予父母的经济支持和情感支持尚未产生影响。一方面，经济支持更多地源于亲代的需要；另一方面，子女给予父母的经济支持更多地受子女的经济收入等经济条件的影响，弱化了家庭发展阶段，特别是父母的生命周期阶段对子女给予父母的经济支持影响。对于情感支持而言，仅有一个子女的情况下，父母与子女间会更为互相关注关心对方，基于长期的互相关爱，独生子女与父母间的情感更多地源自内心的亲情，相应弱化了经济或其他外在因素的影响。

子女的受教育程度越高、目前在业、收入越高，其给予父母的经济支持和情感支持相应越多，这在一定程度上表明，父母前期对于子女的教育投入等得到了预期的回报。当前中国城乡家庭代际关系仍具有"抚养—赡养"的反馈模式特征与交换特征，并存在显著的地域差异。

（二）亲子代际经济支持流向的影响因素分析

1. 结果

由表9-44中亲子代际经济支持流向多项logistic回归分析结果可知，对于亲子代净经济支持从父母流向子女而言，与夫妇个体生活相比，单独生活的亲代将显著增大家庭财富向子女流动的概率。已婚已育的子女更可能使亲子财富流转趋于均衡。相对于母亲而言，家庭中父亲的经济支持更可能使子女获得亲子代净财富流流向子女。相对于55岁以下的父母，65岁及以上的父母更可能使家庭净财富流流向子代。相对于身体健康状况好的父母，身体健康状况差的父母将会降低亲子净经济支持向子女转移的可能。亲代的年收入越高，亲子代净经济支持流向子代的概率越大。相对于独生女，亲子财富流由父母流向独生子的概率越大；有产权房的独生子女获得亲代财富流的概率相对小于无产权房的独生子女。

对于亲子代净财富流由子女流向父母而言，相对于未婚子女，已婚已育的独生子女获得亲子净经济流由子女流向父母的概率下降。亲代健康状况差的情况下亲子净经济流由子女流向父母的概率越低。与子女居住距离越远亲子净经济流由子女流向父母的概率越高。34岁及以下的子女亲子财富流由子女流向父母的概率越高；有自有产权房的子女亲子财富流由子女流向父母的概率越低。与黑龙江省相比，重庆市、山东省、湖北省的独生子女家庭亲子净财富流由子女流向父母的概率较高。

表9-44　亲子代际经济支持流向影响因素分析的变量描述信息和回归结果

变量		变量描述信息		父母流向子女		子女流向父母	
		均值	标准差	Exp（B）	标准差	Exp（B）	标准差
家庭生命周期因素							
亲代的家庭结构（夫妇家庭）	单人户	0.05	0.216	1.873***	0.130	0.738	0.464
	标准及单亲核心家庭	0.12	0.320	0.792	0.492	1.030	0.582
	二代及以上直系家庭	0.37	0.484	0.636	0.605	1.255	0.317
	隔代家庭	0.04	0.205	1.096	0.333	1.913	0.454
婚育状况（未婚）	已婚未育	0.14	0.347	0.464	0.488	0.588	0.471
	已婚已育	0.67	0.470	0.424⁺	0.456	0.465⁺	0.443
亲代因素							
性别（女）：男		0.30	0.458	1.376⁺	0.192	1.237	0.185

续表

变量		变量描述信息		父母流向子女		子女流向父母	
		均值	标准差	Exp（B）	标准差	Exp（B）	标准差
年龄（55岁以下）	55—59岁	0.35	0.478	1.126	0.249	1.066	0.235
	60—64岁	0.39	0.488	1.127	0.279	1.279	0.265
	65岁及以上	0.11	0.318	2.926*	0.421	2.565	0.407
婚姻状况（已婚有配偶）	离异	0.04	0.197	2.293	0.537	1.750	0.508
	丧偶	0.09	0.281	1.599	0.357	1.311	0.332
亲代健康状况（良好）：差		0.27	0.443	0.423***	0.223	0.440*	0.215
收入（取自然对数）		10.59	0.902	1.873***	0.130	0.934	0.103
是否有养老保险（无）：有		0.91	0.284	0.859	0.313	0.684	0.295
是否有产权房（无）：有		0.83	0.374	0.934	0.229	0.853	0.216
入住养老院意愿（不确定）	有	0.42	0.494	1.141	0.212	0.979	0.201
	无	0.33	0.470	1.308	0.187	1.012	0.178
与子女的居住距离（同住）	0—5千米	0.20	0.401	1.363	0.358	1.483	0.344
	5—20千米	0.15	0.355	0.867	0.369	1.531	0.349
	20—100千米	0.06	0.239	1.021	0.468	1.588	0.441
	100千米以上	0.13	0.341	1.289	0.445	2.424*	0.421
子代因素							
子女性别（女）：男		0.57	0.495	1.930***	0.174	1.304	0.166
年龄（35岁及以上）	35岁以下	0.72	0.450	1.359	0.225	1.464+	0.215
受教育程度（初中及以下）	高中/高职/中专	0.28	0.448	1.062	0.331	0.967	0.321
	大专	0.23	0.423	0.642	0.338	0.732	0.326
	大学本科及以上	0.39	0.489	0.683	0.342	0.987	0.329
就业状况（未就业）	在业有待业经历	0.24	0.428	0.317	1.182	0.405	1.202
	一直在业	0.65	0.478	0.243	1.184	0.421	1.202

续表

变量		变量描述信息		父母流向子女		子女流向父母	
		均值	标准差	Exp（B）	标准差	Exp（B）	标准差
年收入（无收入）	0—3万元	0.35	0.478	1.526	1.147	1.976	1.167
	3万—5万元	0.31	0.461	1.578	1.15	2.404	1.169
	5万—8万元	0.12	0.329	1.305	1.174	3.204	1.188
	8万元以上	0.05	0.213	1.877	1.200	3.930	1.212
是否有产权房（无）：有		0.25	0.432	0.636*	0.190	0.560***	0.182
区域因素							
省/市（黑龙江）	重庆	0.18	0.382	0.843	0.284	2.206**	0.264
	湖北	0.20	0.400	0.928	0.252	1.655*	0.240
	山东	0.22	0.417	1.291	0.246	1.865**	0.238
	甘肃	0.20	0.400	1.140	0.250	1.233	0.242
−2ll				3829.273***			
样本数		2492		2492			

注：***$p<0.001$，**$p<0.01$，*$p<0.05$，+$p<0.1$。
资料来源：2015年5省（市）城市独生子女家庭状况调查。

2. 结论与讨论

由独生子女家庭亲子净经济支持流向的影响因素分析主要得出以下结论。

第一，目前独生子女亲代和子代所处的家庭生命周期特征尚未对独生子女亲子代间净经济流动产生重要影响。已婚已育的独生子女更可能实现亲子代际支持均衡，单独生活的亲代更可能实现亲子财富由亲代流向子女。这一结果表明，独居父亲或母亲会给予子女相对更多的经济财富，已婚已育的独生子女在与父母的经济互动中更趋同于父母。换句话说，独居亲代在满足了自身经济需要的同时，能有相对较多的财富资助子女；而已婚已育子女在维持自身家庭生活需要后，与亲代的经济交往更趋向于"礼尚往来"。

第二，亲代的性别、年龄、健康状况、年收入等对亲子净经济支持流向产生了影响。父亲大多为家庭的经济支柱,父亲的经济支持更可能使子代成为家庭净经济财富的获益者。65岁及以上的独生子女父母更可能给予子女更多的经济支持。身体健康状况差的父母在与子女的经济互动中更可能趋同于子女。年收入高的父母更可能给予子女更多的经济支持。这些结果在一定程度上表明,独生子女家庭亲子财富净流动的方向依赖于亲代自有经济资源水平,在自有经济资源较为丰富的情况下,父母会给予子女更多的经济支持,从而使亲子净经济支持流向子女;反之,则与子女趋同,实现亲子经济支持均衡,而不是由子女流向父母。可见,在亲子经济互动过程中,子女处于优势地位,父母会尽可能给予子女更多的经济支持,在自身条件有限的情况下,则趋同于子女,亲子经济互动趋于均衡,不让子女"吃亏"。

第三,独生子女的性别和是否有产权房对于亲子净经济支持流向具有显著影响。独生子更可能得到父母更多的经济支持,成为亲子经济互动的受益者。有自有产权房的独生子女在亲子代的经济互动中更可能趋同于亲代。这可能一方面源于有房产的子女因购买住房具有较大的经济压力;另一方面,也可能因为已经有了住房,解决了家庭的一大重要问题,亲代给予的经济支持相应减少。

总之,独生子女家庭亲子经济互动更多地取决于亲代的经济资源水平,子代在亲子经济互动中处于优势地位,亲子净经济支持更趋向于使子代受益。

第五节 本章小结

本章利用2015年城市独生子女家庭状况调查数据,在明确近期(过去12个月)独生子女亲子代际互动现状的基础上,分析了子女给予父母的代际经济支持、家务支持和情感支持的影响因素,以及亲子代际经济流动方向的影响因素。本章主要得出以下结论。

在亲子同住的独生子女家庭中,独生子女经常资助父母的比例高于父母经常资助子女的比例,子女从不资助父母的比例远低于父母从不资助子女的比例。部分亲子间日常没有经济往来，家庭生活支出多由亲代或子代一方承担，代际财富单向流动；多数家庭亲子间存在经济交流，家庭财富表现为亲子双向流动，最终亲子财富流动的方向取决于亲代给予子代、子代给予亲代的经济支持数额的多寡。独生子女帮父母做家务的比例较低，很少或不帮父母做家务的比例较高；父母经常帮子女做家务的比例较高，很少做或不做的比例相对较低。在独生子女家庭中亲子情感支持主要取决于子女，大部分独生子女愿意听父母讲自己的心事或困难，有时不愿意听或总是不愿意听的子女所占比例相对较低，相当比例的独生子女父母不愿意同子女讲自己的心事和困难。多数子女愿意向父母讲自己的心事和困难，但不愿意听子女讲述心事或困难的独生子女父母所占比例甚少。

在亲子分开生活的独生子女家庭中，经常在经济上资助父母的子女比例高于经常在经济上资助子女的父母所占的比例，部分亲子代间未发生财富流动。子女与父母间存在着家庭财富从亲代向子代的流动，也存在着家庭财富从子代向亲代的流动，亲子代的经济支持流向因亲代的年龄、子代的婚育状况与性别而有所差异。亲子分开居住后，几乎天天帮子女做家务、每周帮子女做几次家务的独生子女父母所占比例相对较低；有相当比例的父母不帮助子女做家务、子女不帮助父母做家务。多数独生子女父母与其子女能较好地进行情感交流，不愿意听子女讲自己心事的父母甚少，子女与父母的情感交流更多地取决于子女的交流意愿。

亲子代的家庭生命周期因素、亲代与子代因素等均对亲子代际财富流及其方向产生了影响。生活在二代及以上直系家庭和隔代家庭的父母得到的子女的家务支持较多。年龄越大的独生子女父母得到的子女的经济支持相对越少，独生子女的父亲得到的经济支持和情感支持明显少于独生子女的母亲，父母的健康状况越差子女给予的经济支持相对越少，独生子给予父母的经济支持和情感支持相对较少。受教育程度越高的独生子女给予父母的经济支持和情感支持越多；在业的子女，相对收入较稳定，收入越多给予父母的经济支持和情感支持越多,给予父母的家务支持相对越少。有产权房的子女给予父母的经济支持和情感支持越多。子女的受教育程度越高、目前在业、收入越高,其给予父母的经济支持和情感支持相应越多,这在一定程度上表明,父母前期对于子女的教育投入等得到了应有的回报。当前中国城乡家庭代际关系仍具有"抚养—赡养"的反馈模式特征与交换特征,并存在显著的地域差异。

独生子女家庭亲子财富净流动的方向依赖于亲代自有经济资源水平,在自有经济资源较为丰富的情况下,父母会给予子女更多的经济支持,从而使亲子净经济支持流向子女;反之,则与子女趋同,实现亲子经济支持均衡。总之,独生子女家庭亲子经济互动更多地取决于亲代的经济资源水平,子代在亲子经济互动中处于优势地位,亲子净经济支持更趋向于使子代受益。

日常生活中,独生子女家庭亲子间总或多或少地存在着子女流向父母的财富流,也存在着父母流向子女的财富流,那么在父母进入老年后,财富流是不是更多地由子女流向父母?子女给予父母的财富支持会对老年父母的预期养老方式产生影响吗?第十章将对以上问题予以解答。

第十章 老年独生子女父母的养老现状与预期

家庭养老、社区养老和机构养老是中国3种基本的养老模式。家庭养老模式下老年人的养老需求主要由家庭成员或其他近亲属承担，这体现着代际间的一种责任。受传统文化观念的影响，家庭养老一直是中国城乡老年人养老的主要方式。随着社会经济、文化的变迁，家庭规模缩小，家庭结构趋于核心化，老年人的家庭地位下降，子女给予老年父母的养老支持减少，家庭养老功能趋于弱化。为应对日益严峻的养老问题，社会化养老服务体系作为应对老龄化的公共服务，得到了各级政府的关注并付诸实践。上海市在"十一五"提出了"9073"模式，北京市于2009年在《市民居家养老（助残）服务（"九养"）》办法中构建了"9064"养老服务模式[①]。2011年2月，民政部发布《社会养老服务体系建设"十二五"规划》，提出"以居家养老为基础、社区养老为依托、机构养老为支撑（十三五时期改为机构为补充）"的养老服务格局。时至今日，这一基本思想已广泛体现在各省市区的公共服务发展规划之中。依据当前社会养老服务体系的设计，居家养老中养老服务主要由老年人居住的社区提供，因此，在一定程度上，老年人的社会养老服务主要包括社区养老服务和机构养老两大类。

实际生活中，老年人的养老需求可划分为物质生活、精神文化

---

① "9064"模式：90%的老年人在社会化服务协助下通过家庭照顾养老，6%的老年人通过政府购买社区照顾服务养老，4%的老年人入住养老服务机构集中养老。"9073"模式：90%的老年人家庭自我照顾，7%社区居家养老服务，3%机构养老。

生活、权益维护以及生活质量等内容[1]。与之相应地，针对老年人在老年期生理、心理等的特殊需求，养老服务则主要包括生活照料、医疗卫生、康复护理和精神文化服务等[2]。有学者指出，社会养老服务是家庭养老日渐式微的产物，社会养老服务需求在很大程度上取决于家庭养老的可替代性[3]。面对子女少、可获得的养老支持不足的现实，需要对已步入老年的独生子女父母从家庭、社区、社会得到的养老服务，是否会有更多的独生子女父母由家庭养老转向社会化养老需要，以及影响老年独生子女父母养老服务的需求与供给的因素进行深入的探讨。

在本次调查得到的有效样本中，60岁及以上老年独生子女父母样本共计1565个。样本中被访者的平均年龄为62.95岁，男性占41.21%，丧偶和离异的比例分别为9.97%和3.26%。本章利用2015年城市独生子女家庭状况调查60岁及以上的老年独生子女父母数据，在揭示当前独生子女父母的家庭养老支持、社区养老服务的需求与供给状况的基础上，分析独生子女父母早期对子女的投资、近期子女给予父母的代际支持等因素对老年独生子女父母社区养老服务需求和机构养老意愿的影响，以明晰独生子女父母对子女的早期财富投入对其预期养老方式选择的影响，进一步揭示独生子女家庭亲子代际关系的本质特征。

第一节　老年独生子女父母得到的家庭养老支持

基于本次调查数据，家庭给予老年人的养老支持主要从经济支持、日常家务支持和情感交流三个方面进行分析。

---

[1]　郑功成：《中国社会保障改革与发展战略》（救助与福利卷），人民出版社2011年版。
[2]　王莉莉、杨晓奇：《我国老龄服务业发展现状、问题及趋势分析》，《老龄科学研究》2015年第7期。
[3]　田北海、王彩云：《城乡老年人社会养老服务需求特征及其影响因素——基于对家庭养老替代机制的分析》，《中国农村观察》2014年第4期。

一 经济支持

从亲子的经济支持看（见表10-1），过去1年子女给予父母的经济支持均值略高于父母，亲子代净经济为从子女流向父母。分子女性别看，独生子给予父母的年平均经济支持额低于独生女，父母给予独生子的年平均经济支持额高于独生女，独生子与父母间的净经济支持表现为从父母流向独生子；独生女与父母间的净经济支持表现为从独生女流向父母。相对而言，独生女给予了父母更多的经济支持。

表10-1　独生子女亲子经济支持

子女性别	子代→亲代 均值（元）	标准差	F检验	样本数	亲代→子代 均值（元）	标准差	F检验	样本数	亲子代净经济支持 均值（元）	标准差	F检验	样本数
男	3436.81	18606.29	ns	838	4123.93	15641.71	ns	845	-708.07	24319.59	+	814
女	4341.85	14747.88		601	2969.87	8854.59		603	1323.27	17334.69		581
合计	3814.8	17101.33		1439	3643.34	13253.24		1448	137.96	21701.75		1395

注：+ $p<0.1$，ns 不显著。
资料来源：2015年5省（市）城市独生子女家庭状况调查。

二 日常家务支持

（一）部分父母得到了子女的家务支持，父母帮子女操持家务更为普遍

由表10-2独生子女亲子家务支持情况的分析结果可知，独生子女每天帮助父母做家务的比例约为18.68%，近60%的子女很少或基本不帮父母做家务。特别地，在亲子同住家庭中，几乎每天帮父母做家务的子女近37.2%，每周几次的比例达17.4%，很少、不做的比例相对较高。

第十章　老年独生子女父母的养老现状与预期

表10-2　　　　　独生子女亲子家庭家务支持情况　　　　　单位：%

内容	几乎每天	每周几次	每月几次	一年几次	很少	不做
亲子同住	37.18	17.41	4.43	0.79	22.63	17.56
总计	18.68	12.8	8.03	4.11	22.08	34.29

资料来源：2015年5省（市）城市独生子女家庭状况调查。

（二）与父母同住、居住在父母附近的子女给予了父母更多的日常家务支持

研究表明，子代的居住安排会对其给予亲代的日常照料、家务等实际支持产生影响[①]。本次调查中，与父母同住的子女几乎每天、每周帮父母做几次家务的比例相对最高，随着子女居住地距父母家距离的增大，父母日常得到的家务支持锐减。

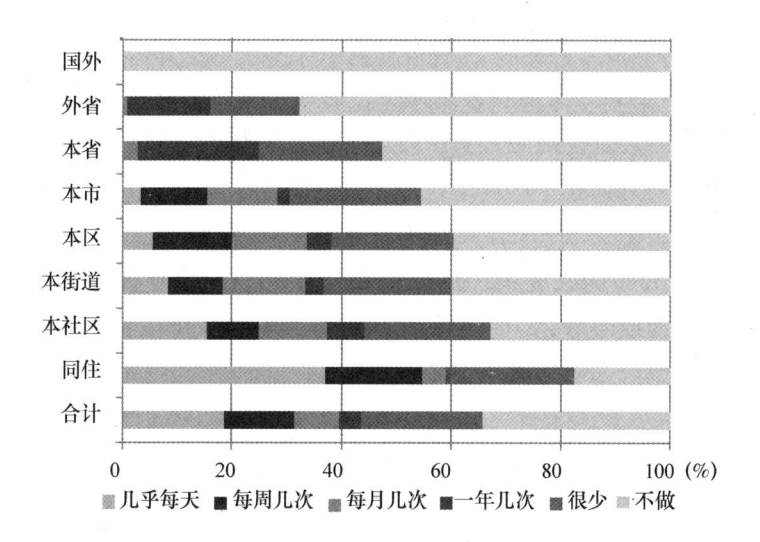

图10-1　不同居住安排下子女（及配偶）给予父母的日常家务支持

资料来源：2015年5省（市）城市独生子女家庭状况调查。

---

① 鄢盛明、陈皆明、杨善华：《居住安排对子女赡养行为的影响》，《中国社会科学》2001年第1期。

245

以上结果在一定程度上表明，受居住安排的影响，绝大多数独生子女日常给予父母的家务服务少于父母为之提供的家务支持，"日常为子女付出"在老年人独生子女父母中仍较为普遍，享有子女给予的养老服务水平较低。一方面，目前城市第一代独生子女父母多数属于低龄老年人，生活自理能力强，尚不需要子女帮助操持家务；另一方面，包括未婚独生子女在内，与父母同住的比例仅为40.7%，亲子普遍分居也降低了独生子女为父母提供日常家务等实际支持的可能。随着独生子女父母年龄的增大，即使有一定比例的独生子女回归原生家庭，亲子共同生活，家务、日常照料等实际养老服务的缺乏势必会影响独生子女父母的晚年生活。

三 情感交流

情感慰藉是老年人更为需要的养老支持之一，"常回家看看""与父母聊聊天、谈谈心"真切地道出了老年人的情感需求。

（一）因亲子分居日常见面少，影响了独生子女亲子情感交流

整体上，过半独生子女家庭中亲子几乎每天见面，近80%的家庭亲子每周见面在1次以上，一年见几次面、一年见一次面的比例相对较低。在亲子分居家庭中，亲子几乎每天见面的比例不足30%，近50%的家庭亲子每周或每月能见面，也有极少数家庭中亲子不见面或不联系。亲子见面少不可避免地减少了亲子间面对面的交流，给亲子关系带来了不利影响。

表10-3　　　　　独生子女家庭亲子见面情况　　　　　单位:%

分类	几乎每天	每周3—4次	每周1—2次	每月1—2次	一年几次	一年1次	不见面/不联系
所有家庭	55.47	9.79	12.92	8.25	7.93	4.22	1.41
亲子分居家庭	27.65	15.55	20.73	13.71	13.07	7.02	2.27

资料来源：2015年5省（市）城市独生子女家庭状况调查。

（二）相当比例的父母不愿意与子女交流情感，独生女在感情上更体贴父母

独生子女家庭中，逾20%的父母不愿意对子女讲自己的心事或困难，60%以上的子女愿意听父母讲自己的心事或困难，不愿意听父母讲心事或困难的子女所占比例相对较低。其中，独生女在感情上更能理解体贴父母，日常愿意听父亲或母亲讲心事或困难的比例高于独生子。

表10-4　　　　　　　　子女给予父母的情感支持　　　　　　单位:%

父亲/母亲	儿子/女儿	不愿意听	有时不愿意听	愿意听	自己不愿意讲
父亲	儿子	7.67	13.15	53.42	25.75
	女儿	7.69	7.69	62.64	21.98
	小计	7.68	10.82	57.37	24.14
母亲	儿子	8.40	12.87	57.46	21.27
	女儿	4.76	8.99	72.22	14.02
	小计	6.89	11.27	63.57	18.27
总计		7.22	11.08	61.02	20.68

资料来源：2015年5省（市）城市独生子女家庭状况调查。

进一步地，在经常或有时感到孤独的独生子女父母中，近40%日常不愿意与子女讲自己的心事或困难。与多子女家庭相比，子女少本身造成了父母从家庭可获得的情感支持的减少，加之部分子女不愿意倾听父母的心声，或父母不愿意与子女交流，家庭中老年人情感慰藉的主要通道不畅势必增强老年父母的孤独与无助，影响其日常的生活质量。

第二节　老年独生子女父母对社区养老设施及服务的需求

"十二五"以来，中国致力于发展社会养老服务体系，社会养老资源将成为老年人晚年生活的重要依赖，而社区所能提供的养老设施与服务又是社会养老资源的重要部分。本次调查针对被访社区的养老设施、养老服务等情况开展了详细调查。本节就社区养老设施、养老服务的供给，以及老年人对相应设施的利用等进行深入分析，探讨社区养老资源的现状。

一　社区养老设施及利用

（一）社区养老设施资源

本次调查主要从被访者视角对社区的养老设施情况进行了调查，发现绝大部分被访者住家周围有运动场地，所居住社区有老年活动室和图书室的比例相对较高，用于日间照料的托老所、用于丰富老年人日常文化生活的老年大学的比例相对较低。

表10-5　　社区养老设施情况　　单位：%

内容	有	无
托老所（日间照料）	47.83	52.17
老年活动室	84.24	15.76
老年大学	50.00	50.00
运动场地	88.04	11.96
图书室	74.46	25.54

资料来源：2015年5省（市）城市独生子女家庭状况调查。

分城市级别看，省会城市中社区有托老所、老年人活动室、老年大学、运动场地、社区图书室的比例均高于二级城市和地级市社区，地级市社区中有相应养老设施的比例普遍较低。但同时也发现，即使在省会城市托老所、老年大学、社区图书室等养老设施的保有率也较低。随着老龄化的加剧，养老设施的不足将不可避免地影响老年人的日常生活，满足居家养老对社区养老服务的需求，在各级城市中继续加强社区养老设施建设势在必行。

（二）独生子女父母对社区养老设施的利用率相对较低

相对而言，在知悉相应养老设施的老年人中，经常或偶尔在住家周围的运动场地和社区活动室参加活动的老年人所占比例相对较高，其次为参加老年大学、到社区图书室读书，经常或偶尔去社区托老所的老年人所占比例最低。

可见，基于室外运动、强身健体的需求，老年人住家周围的运动场地和老年活动室的利用率最高。一些社区图书室面积较小、书少，经常无人接待等也不可避免地影响了图书室的使用，使老年大学、图书室等的利用率相对较低。

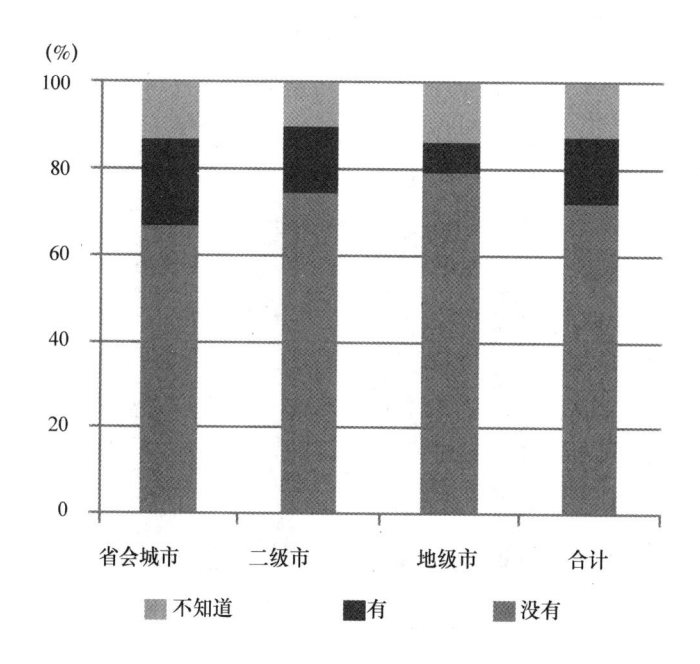

图 10-2 社区托老所

资料来源：2015 年 5 省（市）城市独生子女家庭状况调查。

城市第一代独生子女家庭亲子财富流转

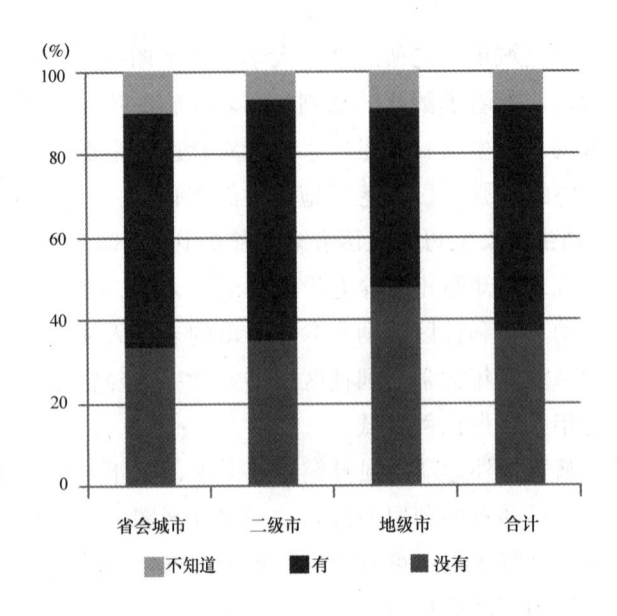

图 10-3　社区老年活动室

资料来源：2015年5省（市）城市独生子女家庭状况调查。

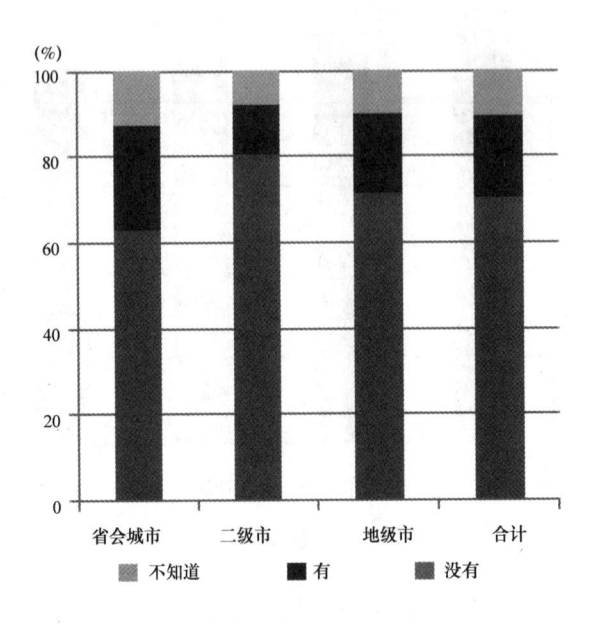

图 10-4　老年大学

资料来源：2015年5省（市）城市独生子女家庭状况调查。

第十章 老年独生子女父母的养老现状与预期

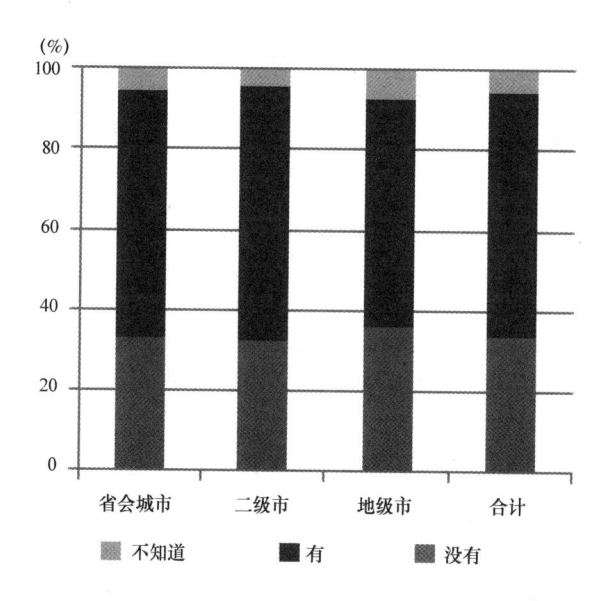

图 10-5 社区运动场地

资料来源：2015 年 5 省（市）城市独生子女家庭状况调查。

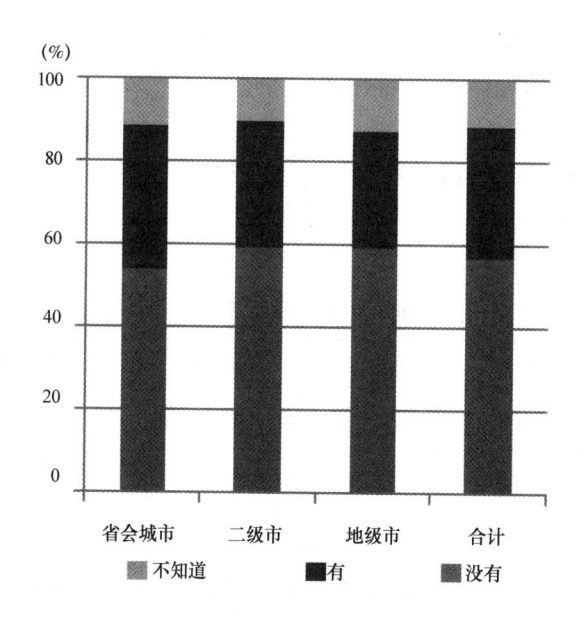

图 10-6 社区图书室

资料来源：2015 年 5 省（市）城市独生子女家庭状况调查。

表10-6　　　　　老年人对社区设施的利用情况　　　　　　单位：%

内容	经常	偶尔	从不
托老所（日间照料）	10.26	10.26	79.47
老年活动室	31.79	27.06	41.14
老年大学	18.25	15.75	66.00
运动场地	44.89	27.41	27.71
图书室	16.50	25.58	57.92

资料来源：2015年5省（市）城市独生子女家庭状况调查。

在知晓社区相关养老设施的独生子女老年人中，男性对社区养老设施的使用率普遍高于女性老年人，65岁及以上老年人利用社区养老设施的比例高于65岁以下老年人，健康状况好、一般的老年人使用养老设施的比例显著高于健康状况不好的老年人；家庭经济富裕的老年人对养老设施的使用比例高于经济状况一般、困难的老年人，家庭经济困难的老年人对社区养老设施的利用率均普遍较低。这可能源于独生子女家庭中老年女性大多需要操持家务、带孙子女，自己锻炼娱乐的时间相对少于男性老年人；多数健康状况差的老年人身体功能下降或丧失，外出活动减少；而家庭经济状况好的老年人家庭生活的富足使其大多较为乐观，愿意与亲朋邻居交往，参加室外活动。

表10-7　　不同个体特征老年人对社区养老设施的利用情况　单位：%

养老服务内容	性别 男	性别 女	年龄 64-	年龄 65+	健康状况 好	健康状况 一般	健康状况 不好	家庭经济状况 富裕	家庭经济状况 一般	家庭经济状况 困难
老年活动室	60.99	57.43	58.56	59.81	61.59	59.09	51.18	63.25	60.71	47.30
老年大学	36.30	32.68	32.55	38.24	35.35	35.34	27.54	34.43	36.46	22.58
托老所	22.06	19.51	19.76	22.58	22.89	23.42	9.38	27.45	20.43	14.55
运动场地	72.06	72.45	71.32	75.42	75.83	73.02	61.20	78.36	73.94	60.12
图书室	47.78	38.16	38.82	52.00	46.25	40.31	33.33	48.31	42.52	34.38

资料来源：2015年5省（市）城市独生子女家庭状况调查。

另外，被访老年人中有相当比例不知道当地社区有托老所（日间照料）、老年人活动室、老年大学、运动场地以及图书室，这也在一定程度上降低了相应养老设施的使用效果。为此，社区应针对独生子女家庭中老年人的个体差异，在养老设施建设、社区活动开展中特别关注独生子女家庭中的女性老年人、身体健康状况差、家庭经济困难的群体，带动他们积极参与社区活动，使他们融入社区老年人群体，丰富这些特殊群体的老年生活。同时，应在日常工作中通过开展活动、加强信息宣传等方式提高老年人对社区相应公共设施的知晓率，使养老资源更好地在老年人的日常生活中发挥效用。

二　社区养老服务的供给与利用

（一）社区养老服务的供给

目前，社区提供的老年人生活照料主要包括上门起居照料、介绍保姆和小时工、日常帮助购买生活用品、老年餐桌服务、上门看病/送药、老年人服务热线、法律援助和组织文娱活动，涵盖了日常生活照料、医疗服务和精神生活服务三个方面。其中，组织文娱活动在社区服务中较为普遍，半数以上社区提供上门起居照料、老年人服务热线、法律援助服务，提供介绍保姆/小时工、帮助购买生活用品，以及老年餐桌服务的社区所占比例相对较低。

省会城市中提供上门起居照料、上门看病/送药、介绍保姆/小时工、老年人服务热线、日常帮助购买生活用品、法律援助、老年人餐桌服务的社区比例均明显高于二级市和地级市；二级市提供日常帮助购买生活用品、法律援助服务的社区比例与地级市无明显差别；地级市组织文娱活动的社区比例依次高于二级市和省会城市，省会城市社区这一比例最低；地级市中目前尚无社区开展老年餐桌服务，省会城市和二级市社区这一服务已形成一定规模。

城市第一代独生子女家庭亲子财富流转

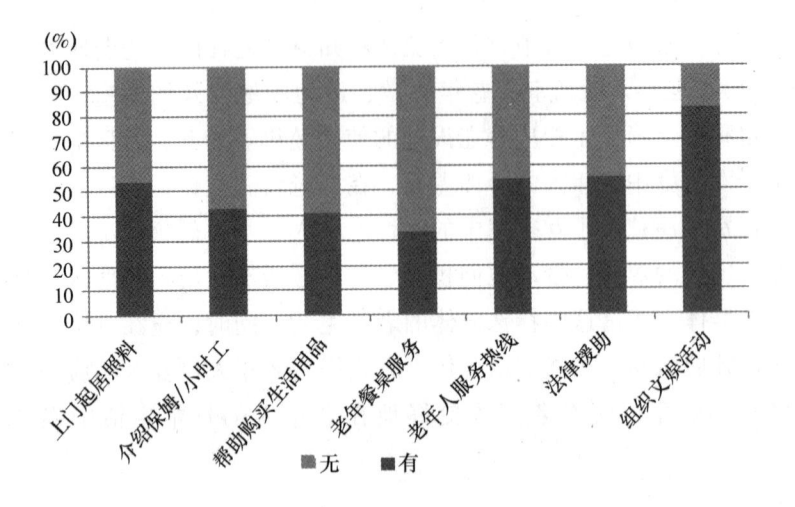

图 10-7 社区养老服务项目

资料来源：2015年5省（市）城市独生子女家庭状况调查。

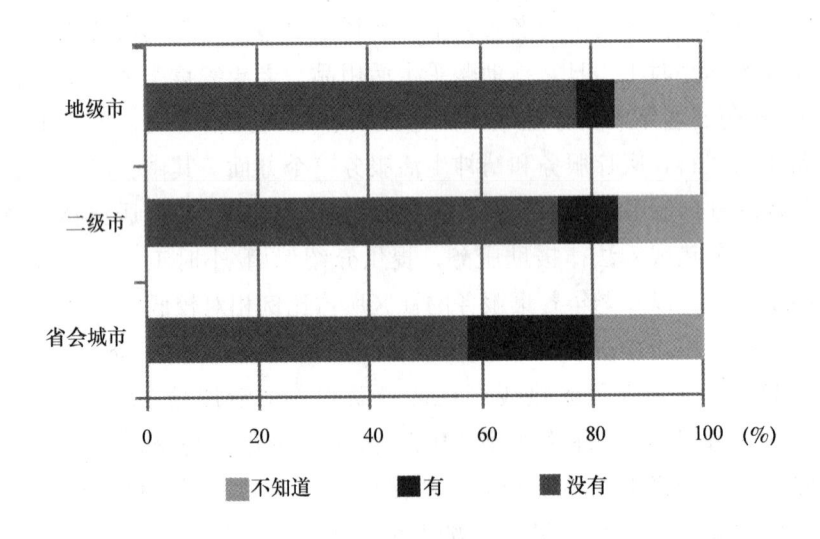

图 10-8 上门起居照料服务

资料来源：2015年5省（市）城市独生子女家庭状况调查。

第十章　老年独生子女父母的养老现状与预期

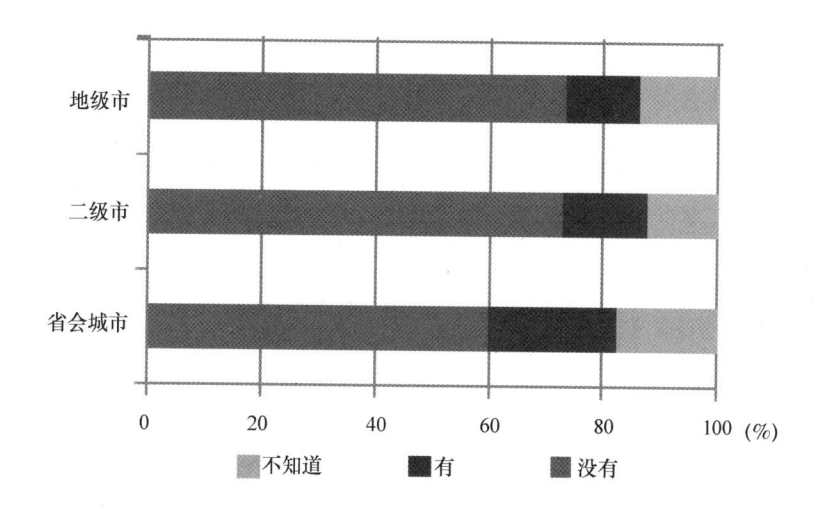

图 10-9　上门看病/送药服务

资料来源：2015 年 5 省（市）城市独生子女家庭状况调查。

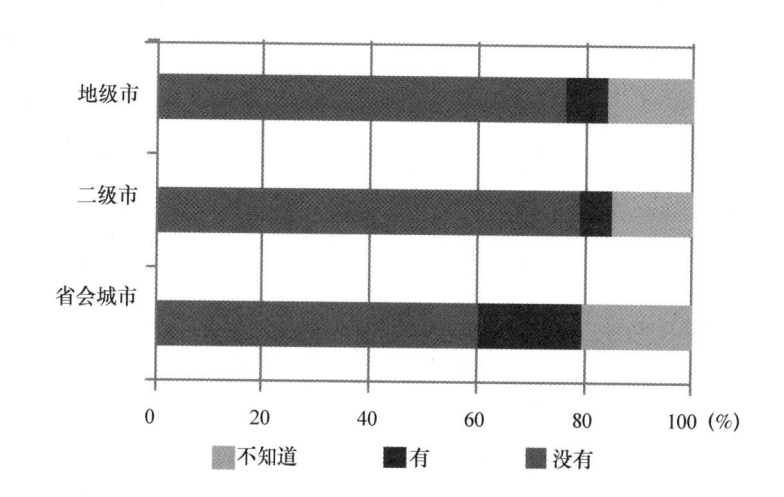

图 10-10　介绍保姆/小时工的服务

资料来源：2015 年 5 省（市）城市独生子女家庭状况调查。

城市第一代独生子女家庭亲子财富流转

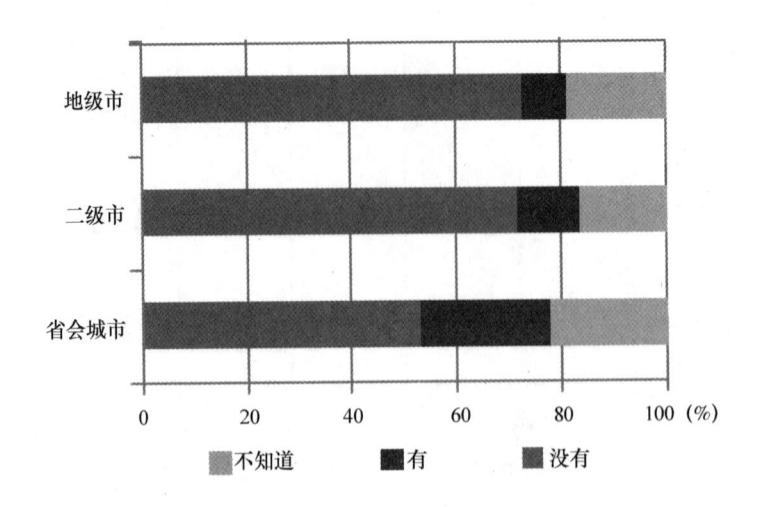

图 10-11 老年人服务热线

资料来源：2015 年 5 省（市）城市独生子女家庭状况调查。

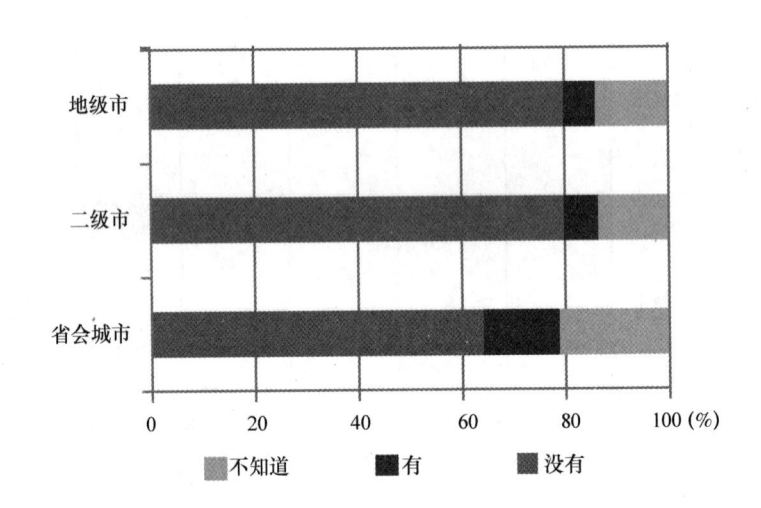

图 10-12 日常帮助购买生活用品的服务

资料来源：2015 年 5 省（市）城市独生子女家庭状况调查。

第十章 老年独生子女父母的养老现状与预期

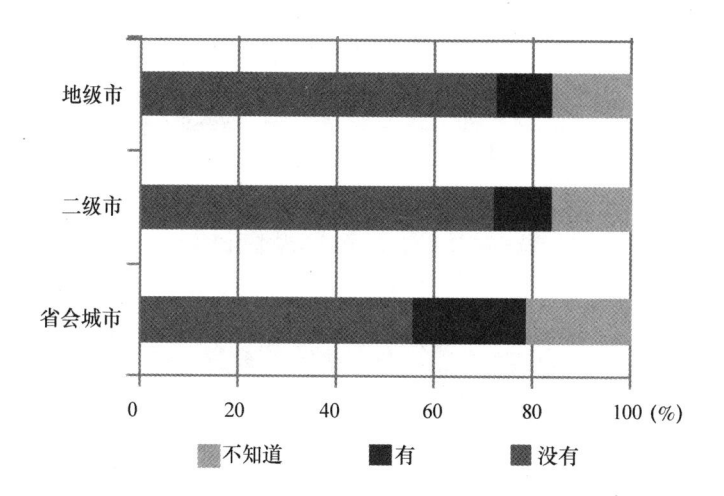

图 10-13 法律援助服务

资料来源：2015年5省（市）城市独生子女家庭状况调查。

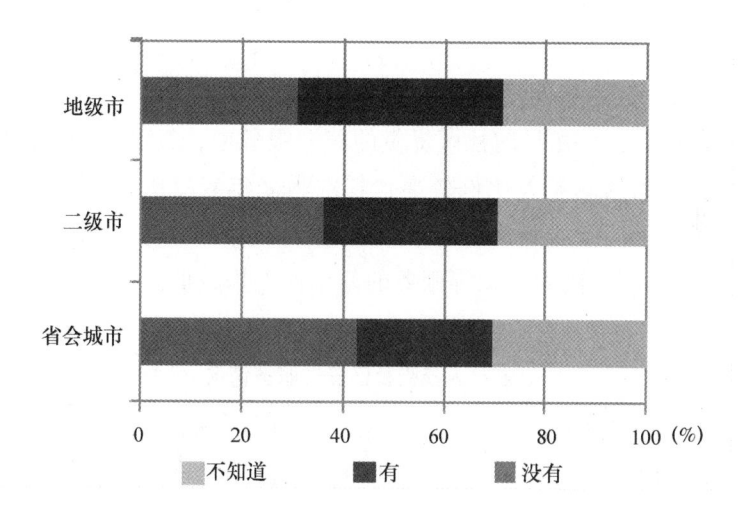

图 10-14 组织文娱活动

资料来源：2015年5省（市）城市独生子女家庭状况调查。

257

城市第一代独生子女家庭亲子财富流转

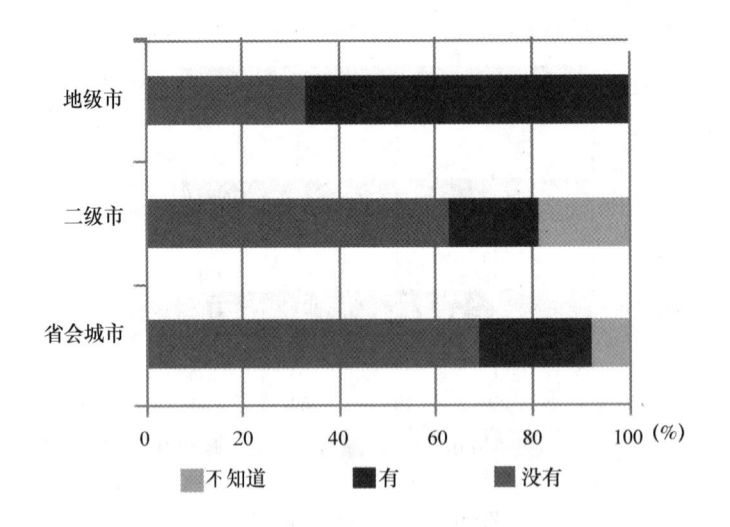

图 10-15　老年餐桌服务

资料来源：2015 年 5 省（市）城市独生子女家庭状况调查。

（二）独生子女父母对社区养老服务的使用情况

相对而言，在目前社区提供的养老服务中，经常参加社区组织的文娱活动的老年人比例较高，其次为老年餐桌服务、介绍保姆/小时工、上门起居照料和老年人服务热线，帮助购买生活用品、上门看病/送药、法律援助等服务的使用比例均较低。

表 10-8　　　　　老年人接受社区养老服务情况　　　　单位：%

养老服务内容	从不	偶尔	经常
上门起居照料	80.17	14.46	5.37
介绍保姆/小时工	67.27	25.18	7.55
帮助购买生活用品	85.49	10.88	3.63
上门看病/送药	83.33	13.64	3.03
老年人服务热线	76.58	18.99	4.43
法律援助	85.50	11.07	3.44
组织文娱活动	38.21	32.02	29.78
老年餐桌	66.89	24.50	8.61

资料来源：2015 年 5 省（市）城市独生子女家庭状况调查。

在知晓社区相关养老设施的独生子女老年人中,女性参与社区文娱活动的比例相对较高,老年餐桌、老年人服务热线和介绍保姆/小时工等社区服务的利用率较高;相对而言,男性对老年餐桌、上门起居照料、老年餐桌等服务的利用率高于女性。

表10-9 不同个体特征老年人对社区服务的利用情况 单位:%

养老服务内容	性别 男	性别 女	年龄 64-	年龄 65+	健康状况 好	健康状况 一般	健康状况 不好	家庭经济状况 富裕	家庭经济状况 一般	家庭经济状况 困难
上门起居照料	21.30	18.66	21.23	15.87	13.27	27.17	21.62	10.00	19.55	30.30
介绍保姆/小时工	36.13	30.19	34.14	28.77	30.47	32.69	39.13	15.79	36.68	29.27
帮助购买生活用品	17.11	12.82	15.44	11.36	12.00	16.67	19.05	10.34	15.11	16.00
上门看病/送药	16.96	16.45	16.02	18.07	17.32	13.54	21.95	22.86	14.14	23.68
老年人服务热线	23.08	23.66	24.37	20.51	23.61	20.31	31.82	20.83	22.52	30.43
法律援助	12.39	16.11	14.93	13.12	15.15	14.89	11.11	11.76	15.63	11.11
组织文娱活动	50.70	68.50	62.82	58.24	61.54	64.17	58.16	57.78	64.26	53.04
老年餐桌	33.33	32.94	30.77	41.17	28.77	34.48	45.00	35.29	29.91	52.94

资料来源:2015年5省(市)城市独生子女家庭状况调查。

分年龄看,65岁及以上老年人参与文娱活动的比例略低于65岁以下老年人,上门看病/送药和老年餐桌的利用率高于65岁以下老年人,年龄尚未形成老年人社区等服务利用率的分野。健康状况不好的老年人对老年餐桌、老年人服务热线、介绍保姆/小时工、帮助购买生活用品等养老服务的使用率明显高于健康状况好、一般的老年人。可见,社区养老服务的内容需更多地关注老年人的健康状况。家庭经济状况富裕的独生子女老人利用上门起居照料、上门看病/送药、老年人服务热线、老年餐桌的比例低于家庭经济状况不好的老年人。

总体上,虽然目前社区提供的养老服务涵盖了老年人日常生活照料、求医问药和精神生活，但城市第一代独生子女父母群体使用社区养老服务的比例较低，这源于目前第一代独生子女父母尚处于老年初期阶段，年龄较低，健康状况普遍较好，尚具有较强的生活自理能力，对于家庭，甚至配偶之外的实质性的诸如生活照料、看病送药、购买生活用品等养老帮助需求处于较低层次。分析也发现，老年人的健康状况在一定程度上决定着他们对养老服务的需求，因此，社区服务内容的设定需要结合老年人的健康状况，考虑老年人的健康诉求进行细分化。家庭经济状况不好的独生子女父母对社区养老服务的利用率相对较高，在一定程度上表明，社区养老服务能更好地惠及经济较为困难的老年人，发展社区养老服务有助于经济困难的独生子女家庭中老年人养老质量的提高。

（三）独生子女家庭老年人对社区养老服务的需求

分析问项"再过几年您认为自己需要社区提供以下服务吗？"数据发现，逾30%的独生子女父母未来对社区提供的养老服务非常需要或比较需要，尤其对上门起居照料、介绍保姆/小时工服务具有较高的潜在需求。可见独生子女能给予的有限的家庭养老，促使独生子女父母未雨绸缪，未来对社区养老服务的需求率远高于目前相应养老服务的使用率。

表10-10　　　　　老年人接受社区养老服务情况　　　　　单位：%

养老服务内容	非常需要	比较需要	一般	不太需要	不需要
上门起居照料	14.67	24.07	11.33	22.27	27.67
介绍保姆/小时工	16.97	24.84	11.61	20.65	25.94
帮助购买生活用品	12.61	20.94	11.83	23.27	31.35
上门看病/送药	14.85	22.98	12.65	21.24	28.28
老年人服务热线	13.06	21.98	11.70	21.72	31.54
法律援助	12.62	20.00	13.07	22.85	31.46
组织文娱活动	21.28	28.37	11.80	16.89	21.66
老年餐桌	14.89	20.22	12.55	20.94	31.40

资料来源：2015年5省（市）城市独生子女家庭状况调查。

三 小结

调查省市内多数社区有老年活动室、老年大学、托老所、运动场地和图书室，为社区居民提供了一定的运动、娱乐和学习场所，有助于丰富城市第一代独生子女父母的生活。同时，调查涉及的社区大多为老年人提供上门起居照料、出门看病/送药、介绍保姆/小时工、老年人服务热线、日常帮助购买生活用品、法律援助、组织文娱活动和老年餐桌等服务，涵盖老年人日常生活照料、医疗和精神生活等方面。但目前接受过相关社区服务的第一代独生子女父母比例相对较低，社区养老设施、养老服务的知晓率和利用率尚比较低。随着第一代独生子女父母年龄的增大、步入老年的这一群体人数的增多，对社区养老设施与养老服务的需求将逐步扩大，需要对社区养老服务进行宣传，进一步地针对所服务群体进行细分化，为居家养老的独生子女父母做好养老服务。

第三节 老年独生子女父母的养老意愿

前述研究结果表明，独生子女家庭中亲子分居在一定程度上弱化子女给予老年父母的日常家务等养老支持，增大了老年父母养老的困境。在未来，随着年龄的增大，身体健康状况的恶化，生活自理能力降低甚至丧失的情况下，独生子女父母会有什么样的居住安排意愿？未来有多大比例独生子女父母有入住养老院的打算？本节将利用调查数据给出答案。

一 独生子女父母的居住意愿

（一）不同生活自理能力下独生子女父母的居住意愿

本次调查发现，独生子女父母中生活能自理时更愿意独住，生活不能自理时与子女同住、住养老院者参半；在生活能自理时，超过3/4的城市第一代独生子女父母希望独自居住，另外近1/5的独生子女父母希望与子女共同生活。可见，生活能自理时独自生活是绝大多数独生子女父母期望的居住方式。

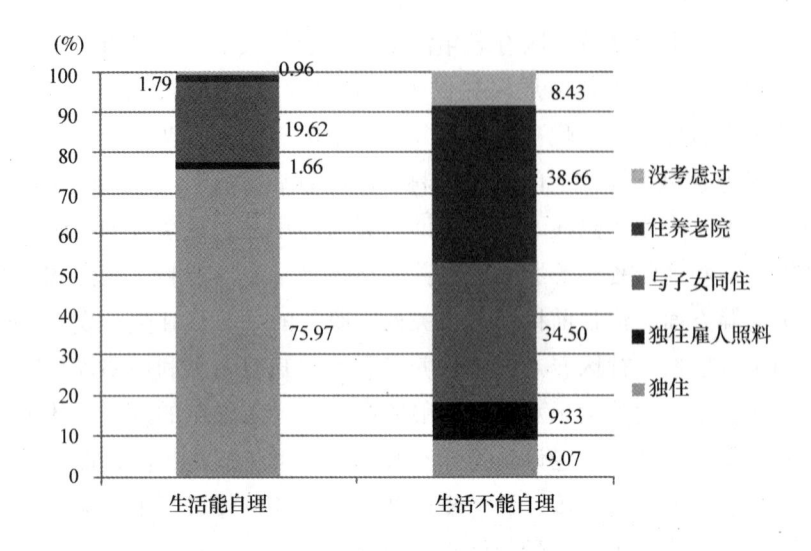

图 10-16　不同生活自理程度下独生子女父母的居住意愿

资料来源：2015 年 5 省（市）城市独生子女家庭状况调查。

在生活不能自理时，意愿入住养老院和与子女共同生活的独生子女父母比例均显著增加，独住比例降低，独住雇人照料的比例也有所上升，已有相当比例的独生子女父母在生活不能自理时也不再依靠子女养老。基于子女少的现实，部分独生子女父母在养老问题上更趋于通过社会养老服务的方式安度晚年。

（二）不同家庭经济状况的独生子女父母的居住意愿

在生活能自理时，家庭富裕的独生子女父母期望独住雇人照料者的比例显著高于家境一般、困难者；家庭经济困难的独生子女父母希望与子女同住的比例相对较高。当生活不能自理时，家境富裕的独生子女父母中有独住雇人照料意愿的比例最高，住养老院比例低于家境一般的老年人，家庭比较困难的老年人有与子女同住意愿的比例明显增大。可见，家庭经济状况对独生子女家庭中老年人的养老方式具有直接影响。

第十章 老年独生子女父母的养老现状与预期

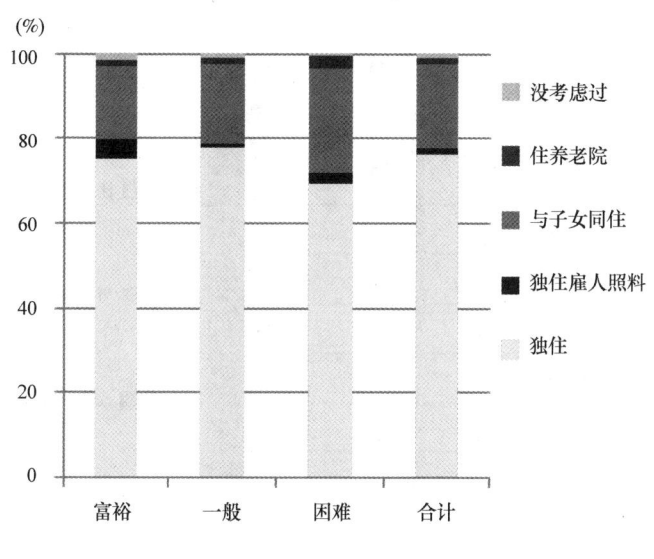

(a) 生活能自理时

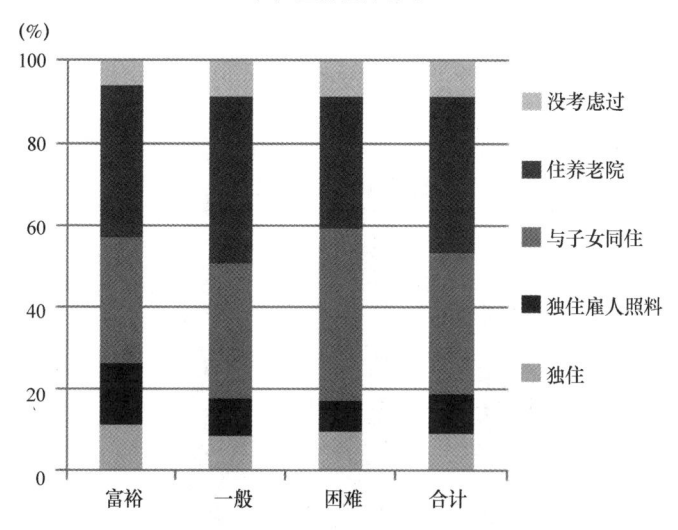

(b) 生活不能自理时

图10-17 不同家庭经济状况的独生子女父母的居住意愿

资料来源：2015年5省（市）城市独生子女家庭状况调查。

（三）不同婚姻状况的独生子女父母的居住意愿

已有研究表明，配偶主要通过日常生活照顾、精神慰藉、防范

263

城市第一代独生子女家庭亲子财富流转

(a) 生活能自理时

(b) 生活不能自理时

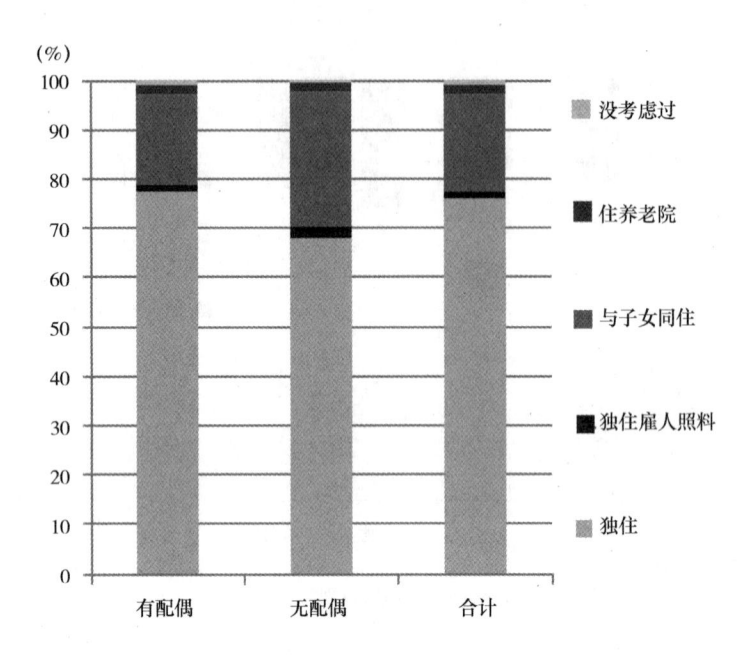

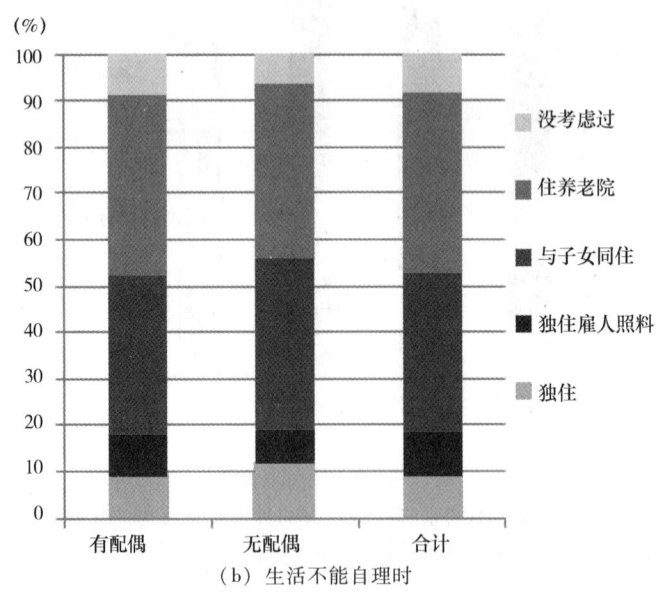

图 10-18　不同婚姻状况的独生子女父母的居住安排意愿

资料来源：2015 年 5 省（市）城市独生子女家庭状况调查。

意外事故等对老年人的健康与生活发挥保护作用[1]。配偶的缺失也促使丧偶老年人对来自子女等其他家庭成员、社区与社会的依赖性增强。由于子女少，配偶在独生子女家庭老年人生活方式的作用更为突出：在生活能自理时，有配偶的老年人意愿独住的比例明显高于无配偶的老年人；在生活不能自理时，有配偶的老年人与子女同住的比例低于无配偶的老年人，入住养老院的比例也相应高于无配偶的老年人。

（四）不同受教育程度的独生子女父母的居住意愿

生活能自理时，随着受教育程度的上升，独生子女父母意愿独住的比例呈上升趋势，意愿与子女共同生活的比例相应呈下降趋势；生活不能自理时，随着教育程度的上升，意愿入住养老院、独住雇人照料的比例相应上升，意愿独住、与子女共同生活的比例显著降低。这一结果在一定程度上表明，具有较高受教育程度的独生子女父母，更希望依靠自身的力量解决养老问题，不愿意增加子女的负担。与之相对地，受教育程度较低的独生子女父母，依然具有较强的传统的依靠子女养老的观念，在确实需要生活照护时依赖子女养老。

可见，健康状况、家庭经济状况、婚姻状况和受教育程度等均在一定程度上对独生子女父母的居住安排意愿产生了影响。其中，健康状况是决定独生子女父母居住安排意愿的重要基础。其次，受教育程度高、家庭经济状况越好的独生子女父母，在身体健康因素的影响下，越有可能入住养老院或独住雇人照料。相对地，受教育程度低、家庭经济状况差的独生子女父母，在生活不能自理后更可能与子女共同生活，依赖子女养老。

二 独生子女父母入住养老院的打算

（一）逾 40% 的城市独生子女父母将来打算入住养老院

调查发现，逾 40% 的城市独生子女父母将来打算入住养老院，近 35% 不打算入住养老院，约 25% 的被访者则"不好说"将来是否去住养老院，尚处于不确定状态。

---

[1] 林湘华：《大城市丧偶老人群体状况分析》，《南方人口》2007 年第 4 期。

城市第一代独生子女家庭亲子财富流转

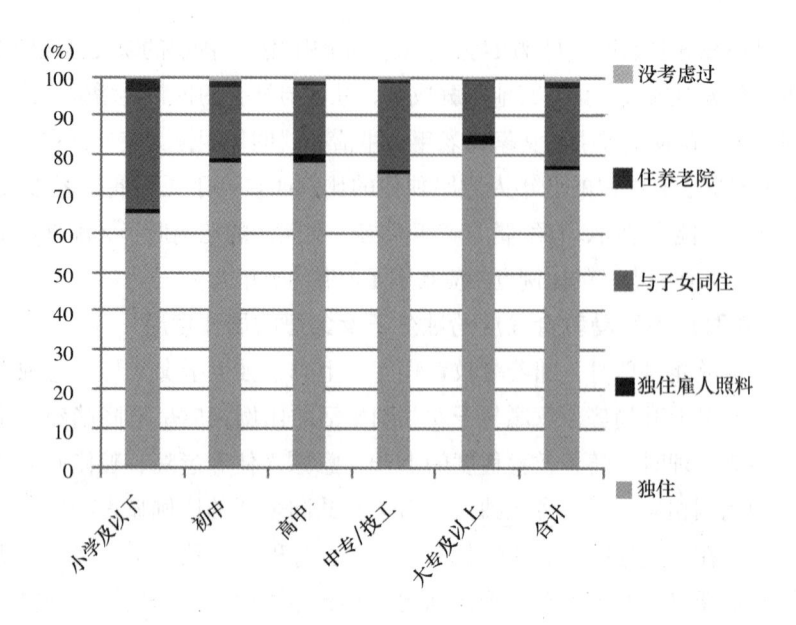

(a) 生活能自理时

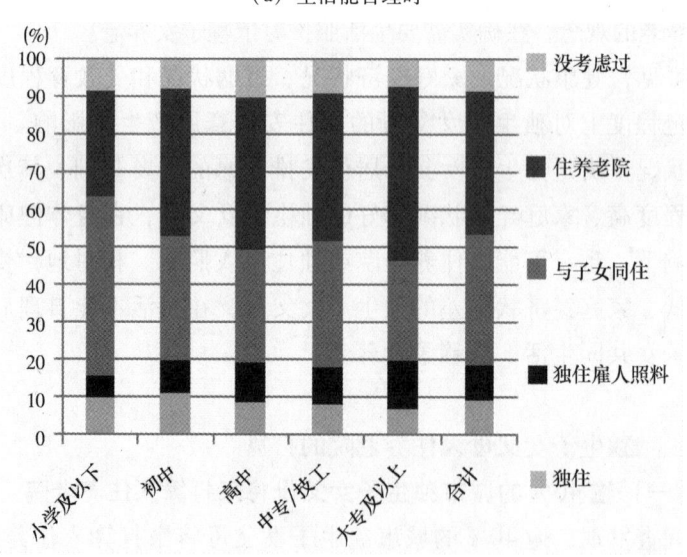

(b) 生活不能自理时

图 10-19 受教育程度与独生子女家庭老年人的居住安排意愿

资料来源：2015年5省（市）城市独生子女家庭状况调查。

进一步地，比较不同个体特征的独生子女父母入住养老院的意愿可知（见表10-11），女性老年人、70岁以下的独生子女父母入住养老院意愿相对较高。受教育程度为高中、中专/技工的独生子女父母意愿入住养老院的比例相对较高。离异或丧偶的独生子女父亲或母亲意愿入住养老院的比例略高于有配偶者，健康状况一般、与子女不同住的独生子女父母入住养老院意愿较高。这一结果在一定程度上表明，低龄老人、受教育程度高的独生子女父母更能接受家庭之外的社会化养老方式，诚然，这一群体大多有较为稳定的养老金或退休金，以及较为丰厚的家庭经济资源，更有能力购买社会化养老服务。单独生活、夫妇共同生活的独生子女父母处于空巢期，日常与子女的亲情交流、得到的子女的生活照料等普遍少于与子女共同生活在直系家庭中的老年人，相对更能接受社会化养老，形成入住养老院的意愿。隔代生活的独生子女父母大多尚在照料孙子女，相对繁重的家务与生活负担在一定程度上助长了其"逃离家庭"，强化了其入住养老院的打算。

表10-11　不同特征独生子女父母意愿入住养老院情况　　单位:%

个体特征		有	没有	不好说	样本数
性别	男	35.13	38.92	25.95	632
	女	46.19	31.71	22.10	905
年龄	60—64岁	41.96	35.49	22.55	1175
	65—69岁	41.01	32.18	26.81	317
	70岁及以上	37.78	31.11	31.11	45
受教育程度	小学及以下	37.55	36.06	26.39	269
	初中	40.18	36.25	23.56	662
	高中	46.18	32.82	20.99	262
	中专/技工	48.39	30.32	21.29	155
	大专及以上	40.74	33.33	25.93	189
婚姻状况	有配偶	41.43	35.26	23.31	1330
	无配偶	43.00	30.92	26.09	207

续表

个体特征		有	没有	不好说	样本数
健康状况	好	38.91	36.71	24.38	771
	一般	47.49	30.94	21.57	459
	不好	39.74	35.18	25.08	307
与子女同住	不同住	44.64	31.18	24.18	914
	同住	37.24	39.81	22.95	623
家庭结构	单人户	46.51	27.91	25.58	86
	夫妇家庭	44.97	30.50	24.53	636
	核心家庭	40.31	29.46	30.23	129
	直系家庭	37.48	40.92	21.60	611
	隔代家庭	44.00	36.00	20.00	75
区域	东部	47.92	34.23	17.86	336
	中部	45.76	36.10	18.14	590
	西部	34.21	33.55	32.24	611
城市类型	省会城市	38.99	37.97	23.04	690
	二级市	44.72	31.30	23.98	492
	地级市	42.54	32.96	24.51	355
合计		41.64	34.68	23.68	1537

资料来源：2015年5省（市）城市独生子女家庭状况调查。

另外，东部和中部省区的独生子女父母意愿入住养老院的比例明显高于西部省份的独生子女父母，二级市和地级市中的独生子女父母未来打算入住养老院的比例高于省会城市的独生子女父母。这一结果在一定程度上表明，相关部门需要因地制宜，统筹规划，在城乡社区服务体系建设中加强中东部省区、二级市、地级市社区养老服务与养老院的建设与监管，提高这些区域机构养老的供给水平与服务质量。

（二）亲子同住或子女婚后住父母家附近将是独生子女家庭居住安排的主流

调查发现，已婚有配偶的独生子女中，配偶为独生子女、配偶不是独生子女的比例分别为 38.3% 和 61.7%。这些配偶双方为独生子女的夫妇中仅 25.3% 与父母同住，与父母住在同一社区、同一街道、同一区等距离父母家较近者约占 64.15%，住在外省，甚至国外者的比例相对较低。夫妇一方为独生子女时与父母同住的比例相对高于夫妇均为独生子女时的情况。总体上，已婚独生子女与父母同住或住地离父母家距离较近已成为独生子女家庭亲子居住安排的主要特征。

表 10-12　已婚有配偶的独生子女夫妇与父母居住情况　　单位：%

类型	同住	本社区	本街道	本区/县	本市	本省	外省	国外
夫妇双方为独生子女	25.25	10.18	6.31	17.72	29.94	3.05	6.92	0.61
夫妇一方为独生子女	41.59	13.40	3.67	12.90	16.81	1.90	9.23	0.51
合计	35.34	12.17	4.68	14.74	21.84	2.34	8.35	0.55

资料来源：2015 年 5 省（市）城市独生子女家庭状况调查。

亲子共同生活固然能较好地满足老年独生子女父母在日常照料与情感慰藉上的需要，但子女工作的需要、观念与生活方式的差异又不可避免地使部分独生子女婚后不与父母共同生活；亲子共同生活家庭中家事的操劳，以及两代人之间生活观念、生活方式的差异，又不可避免地会产生各种家庭矛盾，影响家庭生活。鉴于此，除亲子同住、独生子女父母入住养老院外，子女住在父母家附近、父母居家养老、社区提供养老服务的方式不失为城市独生子女老年父母养老的理想方式。

第四节　老年独生子女父母养老意愿的影响因素分析

有关城市第一代独生子女父母养老意愿的影响因素分析主要分为独生子女父母社区养老服务需求的影响因素分析和入住养老院意愿的影响因素分析两部分。

一　独生子女父母对社区养老服务需求的影响因素分析

（一）研究设计

1. 分析方法

独生子女父母对社区养老服务需求的影响因素分析采用二元 Logistic 回归方法。

2. 变量设计

（1）因变量。因变量为独生子女父母是否需求上门起居照料、上门看病/送药、日常帮助购买生活用品、老年餐桌服务、法律援助、组织文娱活动和老年人服务热线，分为有需求和无需求两类，分析中以"无需求"为基准。

（2）自变量。独生子女父母对社区养老服务需求影响因素分析的自变量包括子女给予父母的养老支持、独生子女父母的社会交往。其中，子代给予父母的养老支持细化为子女给予父母的净经济支持是否流向父母、子女是否给予父母日常家务支持和情感支持；子女是否与父母同住分为同住和不同住两类；独生子女父母的社会交往包括独生子女父母经常往来的邻居数（取自然对数）和过去12个月是否与朋友聚会聊天。

（3）控制变量包括独生子女父母因素和区域因素。独生子女父母因素有亲代的性别、子女的性别、亲代的受教育程度、退休前的职业类型、夫妻双方的健康状况、年龄、婚姻状况、2014年年收入（取自然对数）等。考虑不同级别城市中社区养老服务、养老机构发展状况、社会经济文化等的差异，将城市级别引入回归分析，将其划分为省会城市（市区）、二级市和地级市三类。

(二) 分析结果

由表10-13中独生子女父母对社区养老服务需求的影响因素分析的结果可知。

第一，独生子女给予的养老支持对老年父母的社区养老服务需求具有显著影响。得到子女净经济支持的独生子女父母对社区提供的上门起居照料、帮助购买生活用品、老年餐桌服务、老年人服务热线和法律援助等的需求风险显著低于未得到子女净经济支持的独生子女父母。经常得到子女家务帮助的父母有上门起居照料、上门看病/送药、老年餐桌服务、老年人服务热线和法律援助等需求的概率显著低于日常未得到子女家务支持的独生子女父母。日常与子女具有较好情感交流的独生子女父母对帮助购买生活用品、老年餐桌、老年人服务热线、法律援助等社区养老服务的需求风险显著高于日常未得到子女情感支持的老年人。这在一定程度上表明，亲子间能较好地谈自己的心事与困难的老年人，同样能较好地与他人进行交流，相应地，在生活中碰到困难时更易于向社区服务者寻求帮助，对社区服务的需求会相对较高。与子女同住的老年人对老年餐桌服务、法律援助和老年人服务热线的需求风险降低。以上结果在一定程度上表明，家庭养老支持对老年人的养老方式的选择具有重要影响，家庭给予的养老照护支持与社区养老服务具有替代性，在家庭照料支持缺位的情况下，社区养老服务将是满足独生子女父母日常照料或生病照料需求的主要来源。

第二，独生子女父母日常的社会交往对其社区养老服务需求产生了影响。日常邻里交往较频繁的独生子女父母对社区上门起居照料、上门看病/送药、帮助购买生活用品、老年餐桌服务、法律援助和老年人服务热线等社区养老服务的需求风险也相对较高。可见，社区作为当前居民获取社会支持的重要平台，社区在居民日常生活中的作用日益增强，邻里互动在增进邻里交往、加深邻里感情的同时，也有利于社区养老服务在独生子女父母养老生活中利用率的提高。

第三，独生子女父母的个体因素影响了其对社区养老服务的需求。男性老年人对社区组织文娱活动的需求概率显著低于女性老年人。身体健康的老年人对上门起居照料、上门看病/送药等养老服务需求的风险显著低于健康状况差的老年人。配偶健在的老年人对上门起居照料、上门看病/送药、老年人服务热线、帮助购买生活用品、老年人餐桌服务和法律援助等社区养老服务的需求概率均显著低于离异、丧偶的老年人。受教育程度为初中、大专及以上的老年人对社区组织文娱活动的需求风险显著高于受教育程度为小学及以下的老年人。退休前在政府机关/事业单位、国有企业和集体企业工作的老年人对上门起居照料、上门看病/就医、介绍保姆/小时工、老年人服务热线、帮助购买生活用品、法律援助、组织文娱活动和老年餐桌等社区服务的需求概率均显著高于退休前无业的老年人，曾经在民营、私营企业等工作的老年人对社区组织文娱活动、老年人服务热线、帮助购买生活用品和老年餐桌服务等的需求风险也相对较高。一方面，退休前在政府机关/企事业单位等就职的老年人在观念上更能接受社会化的养老服务；另一方面，这类人群大多具有较稳定的退休金、养老金，也为他们获取相应的养老服务提供了一定的经济基础，在一定程度上促进了他们对社区养老服务的需求。

第四，居住在不同地理区域与城市的独生子女父母的社区养老服务需求风险存在显著差异。西部地区的独生子女父母对社区提供的上门起居照料、上门看病/送药、帮助购买生活用品、组织文娱活动等服务的需求风险显著高于东部区域。二级城市和地级市的独生子女父母对目前社区所提供的各项养老服务的需求概率均显著高于省会城市/直辖市市区，且居住在二级市的独生子女父母的社区养老服务需求风险相对更高。这可能源于省会城市中社区的各类养老服务大多已形成较好的基础，并在居民实际生活中发挥作用，相应区域内的独生子女父母已"习以为常"，而二级市、地级市的社区养老服务大多处于建设与发展之中,各类社区服务相对较为匮乏,民众的需求相对较高。

表10-13 城市第一代独生子女父母社区养老服务需求的影响因素分析结果

变量	上门起居照料	上门看病/送药	帮助购买生活用品	老年餐桌服务	法律援助	组织文娱活动	老年人服务热线
子女给予的养老支持							
净经济支持>0(否):是	0.826 +	0.890	0.800 *	0.800 *	0.702 ***	0.853	0.789 *
家务支持(无):经常	0.752 +	0.697 *	0.810	0.753 +	0.740 +	0.891	0.744 +
偶尔	0.889	0.811	1.020	1.000	0.977	1.170	1.004
情感支持(否):是	1.204	1.163	1.346 *	1.259 +	1.287 *	1.089	1.285 *
子女与父母同住(否):是	0.898	0.840	0.867	0.793 +	0.799 +	0.820	0.818 +
父母的社会交往							
经常来往的邻居数(取对数)	1.140 *	1.154 *	1.135 *	1.104 +	1.145 *	1.112	1.117 *
与亲朋聚会聊天(否):是	1.055	1.069	1.130	1.096	1.303 +	1.111	1.180
父母因素							
性别(女):男	1.049	1.094	0.942	1.035	1.184	0.743 *	1.042

273

城市第一代独生子女家庭亲子财富流转

续表

变量	Logistic 回归模型发生比 [Exp (B)]						
	上门起居照料	上门看病/送药	帮助购买生活用品	老年餐桌服务	法律援助	组织文娱活动	老年人服务热线
子女性别（女）：男	1.141	1.109	1.113	1.113	1.211 +	1.125	1.049
年龄（64岁）：65岁及以上	1.016	1.118	1.029	1.000	1.002	0.999	1.066
婚姻状况（丧偶/离异）							
有配偶	0.610**	0.616**	0.744 +	0.687*	0.697*	0.752 +	0.704 +
受教育程度（小学及以下）							
初中	1.146	1.223	1.299 +	1.241	1.229	1.404*	1.284
高中/中专/职高	1.081	1.116	1.251	1.151	1.204	1.347 +	1.272
大专及以上	1.347	1.422	1.282	1.296	1.399	1.902**	1.336
健康状况（差）：好	0.768 +	0.760 +	0.795	0.730*	0.808	0.886	0.788 +
一般	0.961	0.921	1.048	1.006	1.204	0.971	0.953
单位类型（无业）							
政府机关/事业单位	1.541 +	1.566 +	1.953*	1.798*	1.802*	2.063**	1.892*
国有企业	1.416	1.255	1.678*	1.449	1.363	1.724*	1.542 +
民营/私营企业/自由职业	1.529	1.355	1.746 +	1.705 +	1.549	2.296**	1.692 +
2014年年收入（取自然对数）	0.979	0.983	1.013	1.030	0.998	1.045	1.031

续表

变量	Logistic 回归模型发生比 [Exp (B)]						
	上门起居照料	上门看病/送药	帮助购买生活用品	老年餐桌服务	法律援助	组织文娱活动	老年人服务热线
区域因素							
居住区域（东部）：中部	0.862	0.845	0.888	0.860	0.873	1.129	0.826
西部	1.332*	1.463***	1.339***	1.257	1.109	1.584**	1.244
居住城市类型（省会城市）							
二级市	2.057***	1.990***	2.025***	1.854***	1.709***	1.629	1.881***
地级市	1.415*	1.505**	1.482**	1.499**	1.439	1.640***	1.573***
常数项	0.867	1.005	0.302	0.438+	0.430+	0.348+	0.394+
-2LL	2020.75***	1999.07***	2004.27***	1998.77***	1992.53***	1947.63***	2012.99***
样本数	1522	1522	1515	1506	1513	1519	1522

注：①除"2014年年收入"外，以括号内所标示的分类为基准；②*** $p<0.001$，** $p<0.01$，* $p<0.05$，+ $p<0.1$。

资料来源：2015年5省（市）城市独生子女家庭状况调查。

二 独生子女父母入住养老院意愿的影响因素

（一）研究设计

1. 分析方法

独生子女父母意愿入住养老院的影响因素分析采用二元 Logistic 回归方法。

2. 变量设计

（1）因变量。分析中的因变量为未来是否打算入住养老院，划分为是和否两类。

（2）自变量。自变量包括子代给予亲代的养老支持、社区养老服务、亲代的社会交往等因素。其中，子女给予父母的养老支持包括子女给予父母的经济支持、家务支持、情感支持。社区养老服务为老年独生子女父母目前所居住的社区为老人提供的养老服务，包括社区是否有上门起居照料、上门看病/送药、介绍保姆和小时工、老年人服务热线、日常帮助购买生活用品、组织文娱活动、老年餐桌服务。亲代的社会交往主要包括亲代与朋友聚会聊天的情况。

（3）控制变量包括亲代因素、子代因素和区域因素。其中，亲代因素包括独生子女父母的性别、年龄、婚育状况、健康状况、受教育程度、退休前的职业类型、2014年年收入（取自然对数）。子代因素为子女的性别。另外，考虑不同级别城市中社区养老服务、养老机构发展状况、社会经济文化等的差异，将城市级别引入回归分析，将其划分为省会城市（市区）、二级市和地级市三类。

（二）分析结果

由表10-14独生子女父母入住养老院意愿影响因素分析的变量描述信息可知，独生子女家庭中逾30%的子女经常给予父母经济支持、经常帮助父母做家务，60%以上的子女总愿意听父母讲自己的心事或困难。约41%的子女与父母同住。社区养老服务中，提供上门起居照料、上门看病/送药、介绍保姆和小时工、老年人服务热线、日常帮助购买生活用品等的社区比例均在10%以上，提供老年餐桌服务的比例相对较低，组织文娱活动的社区比例较高，另外，均有一定比例的独生子女父母不知道社区是否提供相应的养老服务。

从亲代入住养老院意愿的影响因素的分析结果（见表10-14）可知，首先，子女给予父母的养老支持对父母入住养老院意愿具有影响。经常得到子女经济支持的独生子女父母未来入住养老院意愿明显低于得不到子女经济支持的独生子女父母，前者仅为后者的73.6%。亲子居住安排对独生子女父母入住养老院意愿具有显著影响，与子女共同居住的独生子女父母有入住养老院意愿的风险仅为不与子女共同居住的独生子女父母的61.7%。

第十章 老年独生子女父母的养老现状与预期

表10-14 独生子女父母入住养老院意愿影响因素分析的变量描述信息与回归结果

变量	变量描述信息 均值	变量描述信息 标准差	Exp（B）模型
子女给予的养老支持			
经济支持（无）：偶尔	0.41	0.492	1.000
经常	0.36	0.479	0.736 +
家务支持（无）：偶尔	0.11	0.316	1.135
经常	0.32	0.468	1.061
情感支持（不愿意听父母讲其心事/困难）			
有时不愿听	0.11	0.311	1.114
愿意听	0.61	0.489	0.958
父母不愿意讲	0.20	0.404	0.890
子女是否与父母同住（否）：是	0.41	0.492	0.617***
社区养老服务			
上门起居照料（没有）：有	0.16	0.369	0.785
不知道	0.16	0.360	1.029
上门看病、送药（没有）：有	0.18	0.388	1.214
不知道	0.14	0.343	1.611
介绍保姆和小时工（没有）：有	0.13	0.338	2.236**
不知道	0.16	0.369	0.950
老年人服务热线（没有）：有	0.17	0.374	1.149
不知道	0.18	0.388	0.962
日常帮助购买生活用品（没有）：有	0.11	0.311	0.766
不知道	0.16	0.365	1.340
组织文娱活动（没有）：有	0.51	0.500	0.827

城市第一代独生子女家庭亲子财富流转

续表

变量	变量描述信息 均值	变量描述信息 标准差	Exp（B）模型
不知道	0.10	0.295	0.254***
老年餐桌服务（没有）：有	0.09	0.290	0.680
不知道	0.16	0.363	1.227
独生子女父母的社会交往			
与亲朋聚会聊天（否）：是	0.79	0.410	1.576**
独生子女父母因素			
性别（女）：男	0.40	0.490	0.513***
年龄（64岁及以下）：65岁及以上	0.22	0.417	1.300+
婚姻状况（丧偶/离异）：有配偶	0.87	0.335	0.867
健康状况（不好）：好	0.50	0.500	0.942
一般	0.31	0.461	1.363+
受教育程度（初中及以下）：高中	0.18	0.382	0.976
中专/技校	0.11	0.307	1.399
大专及以上	0.12	0.325	1.169
单位类型（无业）：政府机关/事业单位	0.15	0.358	1.524
国有企业	0.58	0.494	1.852+
民营/私营企业/自由职业	0.19	0.393	1.812*
2014年年收入（取自然对数）	10.68	0.827	1.182**
子女因素			
性别（女）：男	0.57	0.495	0.513***
区域因素			
居住城市类型（地级市）：二级市	0.32	0.466	1.667***
省会城市	0.45	0.498	1.421*
常数项			0.119***
-2LL			1485.764***
样本数		1171	

注：①除"2014年年收入"外，以括号内所标示的分类为基准；②*** $p<0.001$，** $p<0.01$，* $p<0.05$，+ $p<0.1$。

资料来源：2015年5省（市）城市独生子女家庭状况调查。

其次，目前社区提供的养老服务对独生子女父母未来是否有入住养老院的意愿具有一定的影响。社区有介绍保姆和小时工的独生子女父母有入住养老院意愿的风险显著高于明确知道社区内无相应服务的独生子女父母。不知道社区是否有组织文娱活动的独生子女父母有入住养老院意愿的风险明显低于明确知道社区无相应服务的独生子女父母。

独生子女父母的社会交往对其是否有入住养老院意愿具有显著影响。经常与亲朋聚会、聊天的独生子女父母有入住养老院的意愿的风险显著高于很少或几乎不与亲朋聚会聊天的独生子女父母，前者约为后者的1.576倍。

亲代自身因素对其入住养老院意愿产生了影响。被访独生子女的父亲有入住养老院意愿的风险明显低于被访的独生子女的母亲，前者仅为后者的51.3%。65岁及以上的独生子女父母有入住养老院意愿的可能性更高。健康状况一般的独生子女父母有入住养老院意愿的概率更高。退休前在国有企业、私营企业工作的独生子女父母将来打算入住养老院的风险显著高于在政府机关、事业单位工作的独生子女父母。年收入越高的独生子女父母有入住养老院意愿的风险越高。

另外，区域因素对独生子女父母是否有入住养老院意愿具有显著影响。相对于居住在地级市的独生子女父母，居住在省会城市、二级市的独生子女父母有入住养老院意愿的风险越高。

三 结论与讨论

利用2015年城市第一代独生子女家庭调查数据分析了独生子女父母对社区养老服务和入住养老院意愿的影响因素，主要有以下几点发现。

第一，由子女提供的家庭养老支持对独生子女父母的社区养老服务需求和入住养老院意愿具有显著影响。独生子女日常帮助父母做家务、给予父母净经济支持均会降低独生子女父母对上门起居照料、上门看病/送药、帮助购买生活用品、老年餐桌服务、法律援助、组织文娱活动、老年人服务热线等社区养老服务的需求风险。单独居住的老年人，日常得到的子女的生活照料相对较少，对社区养老服务的需求风险较高。可见，家庭养老支持对老年人的社区养老服务具有一定的替代作用，家庭养老的缺失将促使老年人转向社区养老服务，以满足自身养老的需求。日常得到子女情感支持的独生子女父母对社区提供的各类养老服务的需求风险则明显上升。这可能源于得到子女情感支持的老年人更可能以愉悦、积极健康的心态投入生活，认同社区养老服务。经常得到子女给予的经济支持的独生子女父母有入住养老院意愿的风险显著下降。这一结果一方面表明，子女给予父母的财富流动在一定程度上会对父母预期的养老方式决策产生影响，得到子女经济支持的父母更可能居家养老；另一方面，在居家养老的情况下，子女给予的家庭养老支持将会促使父母减少对社区提供的老年餐桌服务、上门看病送药、上门起居照料等实质性的养老服务的需求。

第二，社区养老服务对独生子女父母入住养老院意愿具有一定的影响。居住的社区有介绍保姆和小时工服务的老年独生子女父母有入住养老院意愿的风险显著提高。保姆、小时工能在日常生活中照顾老年人的生活，通过这种雇佣关系在一定程度上可以满足一定的养老需求。但保姆、小时工的工作质量更多地取决于保姆、小时工自身的人品和素质，大多缺乏外部的有效监管，尤其在一些有关保姆的负面行为的影响下，势必会促使一些确实需要他人照顾日常生活的老年人增强入住养老院的意愿。不知道社区是否有组织文娱活动的独生子女父母有入住养老院意愿的风险明显低于明确知道社区无相应服务的独生子女父母。组织文娱活动是社区丰富老年人业余生活的主要方式之一。一方面，不知道社区有组织文娱活动的老年独生子女父母可能对相应活动不感兴趣；另一方面，这部分老年人可能更愿意独处，不喜欢文娱热闹，而组织文娱活动也是目前多数养老院较常用的丰富入住老年人日常生活的手段，养老院大多有一定的入住规模，想清静地安度晚年的老年人相应地会降低入住养老院的意愿。

第十章 老年独生子女父母的养老现状与预期

第三，独生子女父母的社会交往状况与其养老服务需求紧密相关。经常与亲朋好友聚会聊天的独生子女父母更可能了解、认同机构养老，意愿入住养老院的风险也相对较高。与邻里的互动与交往在增进社区老年人关系的同时，也会提高老年人对社区事务与社区资源的了解，进而促使独生子女父母扩大对社会化养老服务的依赖与需求，借助于社区养老服务、机构养老弥补家庭养老的不足，提高老年生活质量。而当前社会经济的发展、人口的迁移流动与城镇化的加速也推动着城市社区结构的变化，在构建社区体系过程中，需要依据老年人的养老需求，依托社区服务中心（站）、社区日间照料中心、卫生服务中心，以及社区小型养老院等资源，为老年人提供健康、文化、体育、法律援助等服务。

第四，独生子女老年父母的健康状况、收入水平与其养老服务需求息息相关。健康状况差的老年人对社区养老服务的需求风险相对较高，在一定程度上表明，社区养老服务的供给内容需充分考虑老年人的健康状况及其发展趋势，提高康复治疗、护理等社区服务的水平与质量，满足自理、半失能、失能等不同健康状况的有意愿在家养老的独生子女父母居家、依赖社区养老服务的养老需求。经济收入越高的老年人入住养老院的意愿越强，一定程度上表明，收入是影响老年人入住养老院意愿的重要影响因素。因此，一方面，相关部门需要在供给上引导市场发展更多的中档养护型养老机构；另一方面，也需要关注独生子女家庭老年人入住养老院的需求，针对确有入住养老院需求，但缺乏经济购买力的高龄、空巢、特困等独生子女老年父母，政府应有区别地通过养老救助、购买养老服务等方式实现集中供养，满足老年人在自愿基础上的机构养老需求。

特别需要注意的是，分析结果表明，经常得到子女经济支持的独生子女父母有入住养老院意愿的风险相对越低。本次调查发现，独生子女的年收入越高，他们给予老年父母的经济支持也相对越多（见图10-20）。可见，子女给予的经济支持对父母的预期养老方式决策产生了重要影响，在相对较充裕的经济支持下，独生子女父母更可能居家养老。

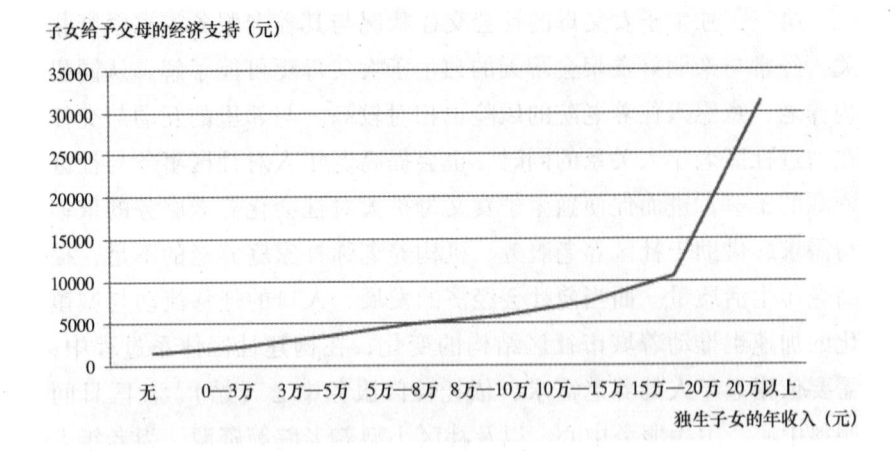

图 10-20 不同年收入水平的独生子女给予父母的经济支持额

资料来源：2015 年城市独生子女家庭状况调查。

子女的收入源于早期成长过程中父母的经济投入与培养，基于父母早期在子女的教育、就业等方面的投入，独生子女接受了相应的学历教育，获取并积累了一定的人力资本，多数独生子女成年后能获得稳定的经济收入。在父母步入老年后，子女将部分经济收入转移给父母，应对父母的养老需求，并对其未来的养老需求与满足需求的方式产生影响。可见，在一定程度上，独生子女与其父母间的财富转移既具有投资与回报的特征，也具有抚育—反馈关系特征，同时，又存在着基于家庭生命周期与个体生命历程阶段以各自需求为亲子财富转移基准的特性。

第五节 本章小结

本章基于 2015 年 5 省（市）独生子女家庭调查数据，分析了城市第一代独生子女父母对社区养老服务的需求和入住养老院意愿现状及相应的影响因素。研究发现，就近期独生子女亲子代际支持而言，过去 12 个月子女给予父母的经济支持均值略高于父母，亲子代净经济为从子女流向父母。分子女性别看，独生子给予父母的

第十章 老年独生子女父母的养老现状与预期

年平均经济支持额低于独生女,父母给予独生子的年平均经济支持额高于独生女,独生子与父母间的净经济支持表现为从父母流向独生子;独生女与父母间的净经济支持表现为从独生女流向父母。相对而言,独生女给予了父母更多的经济支持。受居住安排的影响,绝大多数独生子女日常给予父母的家务服务少于父母为之提供的家务支持,"日常为子女付出"在老年独生子女父母中仍较为普遍,享受子女照顾的老年人较少。因亲子分居日常见面少,影响了独生子女亲子情感交流;相当比例的父母不愿意与子女交流情感,独生女在感情上更体贴父母。

调查省市内多数社区有老年活动室、老年大学、托老所、运动场地和图书室,为社区居民提供了一定的运动、娱乐和学习场所,有助于丰富城市第一代独生子女父母的生活。同时,调查涉及的社区大多为老年人提供上门起居照料、出门看病/送药、介绍保姆/小时工、老年人服务热线、日常帮助购买生活用品、法律援助、组织文娱活动和老年餐桌等服务,涵盖老年人日常生活照料、医疗和精神生活等方面。但目前接受过相关社区服务的第一代独生子女父母比例相对较低,社区养老设施、养老服务的知晓率和利用率尚比较低。

逾30%的独生子女父母将来需要社区提供的养老服务,尤其对社区组织文娱活动、老年餐桌、上门看病/送药、上门起居照料等具有较高的需求;约40%的独生子女父母将来打算入住养老院。家庭养老支持与独生子女父母的社会养老服务需求间存在一定的替代性。子女给予的家务支持、净经济支持将会使独生子女父母对社区提供的各类养老服务的需求风险明显降低。另外,社区养老服务也在一定程度上对独生子女父母未来入住养老院意愿产生了影响。

独生子女给予父母的养老支持不仅对老年父母现时的生活产生了影响,也在一定程度上决定着父母预期的养老方式。在一定程度上,独生子女与其父母间的财富转移既具有投资与回报的特征,也具有抚育—反馈关系特征,同时,又存在着基于家庭生命周期与个体生命历程阶段以各自需求为亲子财富转移基准的特性。

第十一章 结论与研究展望

家庭中的亲子代际财富流转作为家庭资源在成员中的福利分配，不仅影响着子女的教育、就业、婚姻，以及其小家庭的发展，也影响着父母的养老方式、养老资源与养老质量。本书利用中国社会科学院人口与劳动经济研究所2015年5省（市）"城市独生子女家庭状况"调查数据，对城市独生子女家庭亲子财富流转进行了系统分析。本章在总结研究的主要结论的基础上，探索建设和谐家庭代际关系的举措，并指出今后的研究方向。

第一节 主要研究结论

一 亲子生命历程中的财富流转

（一）子女教育中的亲子财富流转

教育一直是影响个人发展的重要因素，家庭对子女的教育投入会影响子女未来的知识和技能水平。调查发现，多数独生子女父母从学龄前开始给予子女教育投入，除学杂费外，还包括择校费、课外学习辅导费。自小学、初中、高中/高职/中专，直至大学专科、大学本科阶段，独生子女的学杂费呈上升趋势；小学、初中和高中阶段独生子女的择校费、课外学习辅导费也均呈上升趋势。小学、初中、高中、高职、大学阶段独生子女的教育花费占家庭年收入的比例总体呈上升趋势，且在每一学习阶段均有一些家庭子女的学杂费明显高于家庭年收入。小学、初中等初等教育阶段子女上学给父母带来的经济压力相对较低，但中等，特别是高等教育阶段随着学杂费的上升，子女教育中父母的经济压力相对增大。调查发现，受教育程度为初中、高中、中专/高职、大学专科和大学本科的独生子女上学期间均在其最后学历阶段父母感到有经济压力的比例最高，受教育程度为研究生的独生子、独生女则大多在本科阶段家庭的经济压力较大，且各阶段感到有经济压力的独生子父母的比例均高于独生女父母。

调查发现，绝大多数父母期望自己的子女能至少达到大学本科学历，甚至硕士、博士学位，以保证孩子未来有好的发展基础。实际中，独生子女受教育程度为大学专科和大学本科者居众，也有一定比例的独生子女学历为研究生，受教育程度为初中和高中者也占有一定比例，受教育程度为小学者甚少。部分独生子女的受教育程度并未达到独生子女父母的投资期望。独生子女的性别和年龄、父母对子女的教育期望、父母的职业阶层和受教育程度，家庭收入，以及区域因素等对独生子女的教育获得具有重要影响。

在独生子女的教育阶段，家庭财富单纯地从父母流向子女，这种财富转移使得子女达到了一定的学历水平，具备了一定的知识与技能，为其求职就业，未来的生活与发展打下了坚实的基础；同时，也为未来父母可获得的回报提供了可能。

（二）子女就业中的亲子财富流转

子女社会化过程中取得的职业上的发展与进步也是父母财富流转至子女所收到的回报。子女就业中的亲子财富流转主要发生在子女求职和职业流动中。研究发现，招聘录用是当前子女获取首份工作的主要途径，也有一定比例的独生子女在招聘过程中托了人情关系，极少数在招聘过程中托关系且花钱后才被录用。自己或与朋友创业、毕业分配也解决了部分独生子女的就业问题，亲朋帮助联系、职工子弟照顾等方式就业者的比例相对较低。社会资本在独生子女就业中的作用尚未充分显现。不同求职途径独生子女的就业花费存在较大的差异，招聘托关系花钱录用方式就业的平均花费最高，其次为自己创业或与朋友创业，毕业分配、直接招聘录用的花费相对较少。

城市第一代独生子女家庭亲子财富流转

基于前期家庭在子女就业上的投入，城市第一代独生子女初次就业时主要在民营/私营企业、国有企业和事业单位工作，自由职业者所占比重也相对较高，在政府机关、外企工作，以及自营公司者相对较少，部分城市第一代独生子女一直未就业。从目前的就业单位类型看，在国有企业和民营/私营企业就业者占比较高，其次为事业单位和政府机关。从目前的工作岗位看，一般职员占比最高，其次为管理人员、专业技术人员，工人占比最低。就职业阶层而言，独生子女处于办事人员阶层比例最高，其次为专业技术人员、产业工人和经理人员，国家与社会管理者层的比例相对较低。从职业流动看，逾40%职业阶层与父辈相比呈向上流动状态，近1/3代际职业阶层下降，其余则亲子代职业阶层相同；近60%职业类型稳定，其余40%职业类属发生变化，代内职业向下流动比例高于向上流动比例。

独生子女的首份工作对其后续职业的发展具有重要影响，首份工作为体制外职业者后续有较大概率实现职业向上流动，工作后的努力能提升个体的就业阶层与社会地位；父母的社会地位、社会阶层越高，子女超越父辈实现代际职业流动的可能越小；相反，父母属于基础阶层的独生子女，更有可能实现代际职业流动。独生子女父母早期给予子女的教育投资对子女进入社会后的职业发展至关重要，受教育程度越高实现职业向上流动的可能性越大，教育公平有助于社会阶层的流动与社会公平。

（三）子女婚事操办中的亲子财富流转

为子女操办婚事是父母的重要责任，也是亲子财富流转的主要事件之一。彩礼/嫁妆、购买婚房、购买汽车、操办婚礼等是子女婚事中最主要的花费所在。在城市第一代独生子女家庭中，父母为子女操办婚事的平均花费远高于子女自身的承担额。随着时间的推移，独生女父母给予独生女的婚姻花费并不存在明显的上升或下降趋势。虽然独生女家庭也会出资为女儿操办婚事，但在婚姻中男方家庭仍是婚事花费的主要承担者，加之随着社会经济的发展，城市家庭发生明显分化，经济状况差别增大，城市独生子女家庭中婚事操办观念尚未因为只有一个子女而发生本质变化。

独生子家庭中出彩礼的比例高于独生女家庭中给女儿陪嫁妆的比例，一些地区独生子女父母的婚姻观念发生改变，部分父母在嫁女儿时会给予女儿陪嫁，而不再向男方家庭收彩礼。逾 60% 的独生子女结婚时办了婚礼，80% 以上的家庭中父母独自或与子女共同出资操办婚礼，虽然这部分支出并不能转变为子女的资产，但却是父母在子女结婚中应承担的主要经济负担之一。

独生子女结婚时礼金全部归子女所有的比例最高，其次为部分归父母部分归子女，完全归父母的比例最低。子女结婚时收受的礼金无明确的分配原则，亲子代共同承担婚礼费用的情况下，礼金全部归子女夫妇者所占比例最高；即使在亲代独自承担子女婚礼花费或子代独自承担婚礼花费的情况下，仍然有相当比例的礼金收入分归未支付婚礼花费的一方。

独生子女结婚时仅 30% 左右购买了婚房，且大多依赖父母购买，特别是男方父母出资购买。部分独生子女父母并未将子女婚房的产权归属为子女，尚未实现家庭财富的流转。多数家庭子女结婚时未购买汽车。在结婚时购买了汽车的被访者家庭中，独生子自己购买汽车的平均花费远高于亲子共同购买汽车、独生女购买汽车的花费。

独生子女家庭中子女结婚时经济压力主要来自购买婚房，其次为婚礼花费，再次为彩礼/嫁妆。独生子家庭和独生女家庭主要经济压力均为购买婚房，独生子家庭中婚礼花费占据第二位，其次为彩礼，而独生女家庭中婚礼花费与嫁妆不分伯仲，2005 年后购车成为部分独生女结婚时家庭中的主要经济压力。在嫁娶婚姻制度下，男方家庭在婚姻中的责任远大于女方，即使儿子工作了，但尚未婚娶，家庭仍会存在巨大的经济压力，直至儿子婚后这种经济压力才得到缓解。

独生子女父母不仅是子女婚事花费的主要承担者，这种责任也延展至子女结婚时的欠债；虽然借款满足了子女成婚时的需求，但作为最终的"受益人"，大部分子女并未承担起相应的偿债责任。

（四）子女育儿中的亲子财富流转

独生子女家庭中，在独生女或儿媳孕育、生产、养育子女过程中，独生子女的父母也为子女提供了经济、日常照料等支持与帮助，将自己的财物、劳动等资源转移至子女。具体地，多数独生子女父母在独生女或儿媳孕育孙子女时提供了经济支持，并在（外）孙子女出生后给了见面礼；月子期间婆婆或娘家妈亲自或花钱找月嫂照顾儿媳或女儿。另外，在生育后，特别是在孩子出生6个月内时，源于对父母帮助照顾孩子的需求，独生子女与父母、公婆或岳父母共同生活的比例较高。

独生子女父母在孙子女成长过程中，每年过生日给买礼物，上幼儿园和上学时帮着交学费、生病带着就医、过春节给压岁钱、日常生活中给钱、买东西。帮助照看孩子、接送上幼儿园、上下学，在孙子女的日常照料中独生子父母承担了较多的责任。独生子女父母在将自己的子女抚育成人后，又或多或少地承担着抚育（外）孙子女的责任，通过（外）孙子女进一步将自己的财富转移给子女。

（五）日常代际互动中的亲子财富流转

亲子是否同住对亲子间的经济互动产生了重要影响，在亲子同住的独生子女家庭中，独生子女经常资助父母的比例高于父母经常资助子女的比例，子女从不资助父母的比例远低于父母从不资助子女的比例。部分亲子间日常没有经济往来，家庭生活支出多由亲代或子代一方承担，代际财富单向流动；多数家庭亲子间存在经济交流，家庭财富表现为亲子双向流动，最终亲子财富流动的方向取决于亲代给予子代、子代给予亲代的经济支持数额的多寡。在亲子分开生活的独生子女家庭中，经常在经济上资助父母的子女比例高于经常在经济上资助子女的父母的比例，部分亲子代间未发生财富流动。子女与父母间存在着家庭财富从亲代向子代的流动，也存在着家庭财富从子代向亲代的流动，亲子代的经济支持流向因亲代的年龄、子代的婚育状况与性别而有所差异。

居住距离影响了亲子间的日常家务互助，在亲子同住的家庭中，亲代几乎每天帮子女做家务、子代几乎每天帮父母做家务的比例均较高；子女很少或不帮父母做家务的比例明显低于亲子不同住的家庭。

亲子同住的家庭子女给予了父母更多的情感支持，在不同住的情况下，父母给予子女的情感支持更为丰富。但无论亲子同住与否，均有相当比例的父母不愿意同子女讲自己的心事，而不愿意听子女讲自己心事的父母所占比例甚低，父母在感情上对子女给予了更多的包容与满足。

亲子代的家庭生命周期因素、亲代与子代因素等均对亲子代际财富流及其方向产生了影响。生活在二代及以上直系家庭和隔代家庭的父母得到的子女的家务支持较多。年龄越大的独生子女父母得到的子女的经济支持相对越少，独生子女的父亲得到的经济支持和情感支持明显少于独生子女的母亲，父母的健康状况越差子女给予的经济支持相对越少，独生子给予父母的经济支持和情感支持相对较少。受教育程度越高的独生子女给予父母的经济支持和情感支持越多；在业的子女，相对收入较稳定，收入越多给予父母的经济支持和情感支持越多，给予父母的家务支持相对越少。有产权房的子女给予父母的经济支持和情感支持越多。子女的受教育程度越高、目前在业、收入越高，其给予父母的经济支持和情感支持相应越多，这在一定程度上表明，父母前期对于子女的教育投入等得到了应有的回报。当前中国城乡家庭代际关系仍具有"抚养—赡养"的反馈模式特征与交换特征，并存在显著的地域差异。

独生子女家庭亲子财富净流动的方向依赖于亲代自有经济资源水平，在自有经济资源较为丰富的情况下，父母会给予子女更多的经济支持，从而使亲子净经济支持流向子女；反之，则与子女趋同，实现亲子经济支持均衡。总之，独生子女家庭亲子经济互动更多地取决于亲代的经济资源水平，子代在亲子经济互动中处于优势地位，亲子净经济支持更趋向于使子代受益。

（六）亲子财富流转背景下老年父母的养老状况与预期

就近期独生子女亲子代际支持而言，过去12个月子女给予父母的经济支持均值略高于父母，亲子代净经济流动为从子女流向父母。分子女性别看，独生子给予父母的年平均经济支持额低于独生女，父母给予独生子的年平均经济支持额高于独生女，独生子与父母间的净经济支持表现为从父母流向独生子；独生女与父母间的净经济支持表现为从独生女流向父母。相对而言，独生女给予了父母更多的经济支持。受居住安排的影响，绝大多数独生子女日常给予父母的家务服务少于父母为之提供的家务支持，"日常为子女付出"在老年独生子女父母中仍较为普遍，享有子女给予的养老服务水平较低。因亲子分居日常见面少，影响了独生子女亲子情感交流；相当比例的父母不愿意与子女交流情感，独生女在感情上更体贴父母。

调查涉及的社区大多为老年人提供上门起居照料、上门看病/送药、介绍保姆/小时工、老年人服务热线、日常帮助购买生活用品、法律援助、组织文娱活动和老年餐桌等服务，涵盖老年人日常生活照料、医疗和精神生活等方面。但目前接受过相关社区服务的第一代独生子女父母比例相对较低，社区养老设施、养老服务的知晓率和利用率尚比较低。独生子女父母未来对社区提供的养老服务的需求远高于目前对社区养老服务的使用率。部分独生子女父母将来打算入住养老院，亲子同住或子女婚后住父母家附近将是独生子女家庭居住安排的主流。

家庭养老支持与独生子女父母的社会养老服务需求间存在一定的替代性。子女给予的家务支持、净经济支持将会使独生子女父母对社区提供的各类养老服务的需求风险明显降低。得到子女给予的经济支持的独生子女父母有入住养老院意愿的风险下降。社区养老服务对独生子女父母入住养老院意愿具有一定的影响。居住的社区有介绍保姆和小时工服务的老年独生子女父母有入住养老院意愿的风险显著提高；不知晓社区有组织文娱活动的老年人有入住养老院意愿的风险明显较高。独生子女父母的年收入越高，他们有入住养老院意愿的可能性越大。在相对较充裕的经济支持下，独生子女父母更可能居家养老，子女给予的经济支持对父母的预期养老方式决策产生了重要影响。虽然仅有一个子女的现实使独生子女父母能够更理性地对待自己的养老，未来对社区养老服务具有一定的需求，部分独生子女父母也有入住养老院的打算，但依靠子女、居家养老仍然是独生子女父母养老的首要选择。

二 独生子女家庭亲子财富流转的特征

在一定程度上，独生子女与其父母间的财富转移既具有投资与回报的特征，也具有抚育—反馈关系特征，同时，又存在着基于家庭生命周期与个体生命历程阶段以各自需求为亲子财富转移基准的特性。

（一）亲子不同生命事件中亲子财富流转的内容与模式不同

依据生命历程理论，在独生子女接受教育、求职就业、结婚和生育，以及父母养老等重要生命事件中独生子女与父母间随着各自年龄的增长、经济收入的变化，亲子财富流转的内容与模式不同。亲子财富流转包括金钱、物品等有形资源，也包括劳务、情感交流等无形资源。独生子女家庭财富流转是一个随独生子女的成长而不断变动的过程，且存在方向性，家庭财富可能从父母流向子女，也可能从子女流向父母；亲子财富流包括财、物的转移，也可能是劳动力或时间的支持。

研究发现，在独生子女求学的各阶段，独生子女自身尚无经济收入，子女的早期智力开发与技能培养、义务教育阶段的择校费、校外辅导、非义务教育时期的学杂费等投入均主要由父母承担。即使在子女工作后的教育培训中，父母也是相应教育费用的主要出资人。在子女的教育事件中，家庭财富主要以金钱的形式单纯地从父母流向子女。

绝大部分独生子女完成学业后进入职场，获得一定的经济收入。而在初次就业和后续的职业流动中，父母会给予子女相应的财富支持，这些财富包括父母的收入、社会关系等社会资本，以及父母自身的社会背景等。独生子女求职过程中亲子财富主要从父母流向子女，既包括金钱等财富的流动，也包括社会资本等无形资源的流动。

城市第一代独生子女家庭亲子财富流转

子女结婚既是子女个人一生中的大事，也是子女成长过程中父母承担的重要责任之一。在子女结婚事件中，虽然多数独生子女已有稳定的经济收入，但父母仍是子女婚事花费的主要承担者，亲子财富流转主要从父母流向子女，具体表现为父母为子女准备彩礼/嫁妆，为子女购买婚房、购买汽车、举办婚礼等。部分家庭中子女办婚礼所收的礼金也全部或部分归子女所有。一些家庭因子女结婚而借债，子女婚后父母仍然承担着偿债的责任。在嫁娶婚姻制度下，相对于独生女父母，独生子父母承担了更多的经济责任。

在独生子女孕育孩子阶段，父母会给予子女经济支持；月子里照顾女儿或儿媳。孙子女成长过程中，日常帮助照顾（外）孙子女的生活，给孙子女钱、物，为孙子女的教育、就医等出钱；接送孙子女上下幼儿园、上下学。在承担抚育（外）孙子女的责任的同时，将自己的经济、劳务等资源通过孙子女进一步转移给子女。

在日常亲子互动中，经济支持、家务支持和情感支持等代际支持是亲子财富流转的主要内容。在此期间，既存在单纯从子女流向父母的财富流，也存在单纯从父母流向子女的财富流，还存在父母、子女之间的双向财富流。

较早期独生子女的教育、就业、结婚和生育等事件均是家庭中亲子物质财富流转的高发期，且子女的教育、就业、结婚和生育事件中家庭财富均主要由父母流向子女，表现为父母对子女的抚养与投入；独生子女就业后因经济上的独立会促使家庭财富由子女流向父母，而婚后生育又会降低子女财富向父母的流动。待独生子女父母步入老年，子女普遍已具有一定的独立经济能力，父母对子女的物质财富流减少，家庭财富主要由子女向父母流动，表现为子代对亲代的供养。

独生子女家庭财富流转既存在由父母流向子女、子女流向父母的单向流转方式，也存在子女与父母互惠的双向流转模式，但由于多数独生子女家庭中父母对子女的抚养与投资时间延长，加之城市老年人经济独立性较强，家庭的净财富流更多地表现为由父母流向子女的抚养模式。

(二) 独生子女成长过程中多数父母承受着巨大的经济压力

随着子女成年、就业、成婚、生育，亲代、子代的经济收益能力和收入发生变化，家庭经济压力也随之改变。独生子女家庭的经济压力主要表现为子女成长过程中父母在承担子女的教育、就业、婚育等相关费用时所承受的经济压力。

在子女教育阶段，除部分独生子女家庭没有经济压力外，其余家庭中受教育程度为初中、高中、中专/高职、大学专科和大学本科的独生子女的父母大多在子女最高学历阶段感到有经济压力。总体上，近1/3的家庭经济压力主要在大学本科教育阶段，其次为中专/高职、高中、初中阶段，大专阶段次之，子女读小学阶段、研究生阶段经济压力较大的家庭所占比例相对较低。

整体上，部分独生子女家庭从养育子女，直至子女成婚均没有经济压力，无经济压力的独生女家庭所占比例高于独生子家庭。一些家庭在子女大学毕业后家庭经济压力消失，多数家庭在子女就读大学本科时具有较大的经济压力，一些家庭在子女工作后或子女结婚后即无经济压力。具体地，约1/5的独生子女家庭在子女完成学业、参加工作后家庭经济压力即得到了缓解，近20%的独生子女家庭在子女结婚后家庭经济压力得到缓解；逾20%的家庭至调查时点家庭经济压力也未得到缓解。在嫁娶婚姻制度下，男方家庭在婚姻中的责任远大于女方，即使儿子工作了，但尚未婚娶，家庭仍会存在巨大的经济压力，直至子女婚后这种经济压力才会得到缓解。

(三) 独生子女自身资本的积累是父母对子女早期投资的基本回馈

独生子女的受教育程度、就业、收入和职业流动状况既是其自身资本积累的过程与结果，也是父母早期投资的回馈。独生子女群体中，不同前期财富投入家庭的子女的发展层次和水平存在差异。

从家庭教育投入的产出看，独生子女受教育程度为大学专科和大学本科者居众，也有一定比例的独生子女学历为研究生，受教育程度为小学者甚少，受教育程度为初中和高中者也占有一定比例。

多数独生子女的受教育程度达到了父母的教育期望。

目前，独生子女在国企和民营/私企就业者占比较高，其次为事业单位和政府机关。从工作岗位看，一般职员占比最高，其次为管理人员、专业技术人员，工人占比最低。就职业阶层而言，独生子女处于办事人员阶层比例最高，其次为专业技术人员、产业工人和经理人员，国家与社会管理者层的比例相对较低。从职业流动看，部分独生子女的代际职业阶层向上流动，相当比例的独生子女亲子代职业阶层相同；大部分独生子女职业类型稳定，在职业类属发生变化的独生子女群体中，代内职业向下流动比例高于向上流动比例。50%以上的独生子女调查时点过去一年的收入在3万元以上，高于2014—2015年城镇居民人均年可支配收入。

（四）独生子女家庭亲子财富流转具有反馈模式与交换特征

独生子女父母早期为子女的教育、就业提供财富支持，在子女婚育中承担责任。绝大多数独生子女在成年、结婚后日常生活中会给予父母，尤其是老年独生子女父母经济支持、家务支持和情感支持。子女的受教育程度越高、目前在业、收入越高，其给予父母的经济支持和情感支持相应越多，在一定程度上表明，父母前期对于子女的教育投入得到了应有的回报。当前中国城乡家庭代际关系仍具有"抚养—赡养"的反馈模式特征与交换特征。

父母早期在子女的教育、就业等方面的投入，使独生子女获得并积累了一定的人力资本，为成年后获取经济收益打下了基础。在父母步入老年后，子女给予父母经济、家务和情感上的支持，满足父母的一定养老需求，并对其未来的养老需求与满足需求的方式产生影响。在一定程度上表明，独生子女家庭中亲子财富流转存在着基于家庭生命周期与个体生命历程阶段以各自需求为亲子财富转移基准的特性，具有一定的利他主义特征。

另外，父母早期给予子女的投资对近期子女给予父母的代际财富流产生影响；而父母对子女的前期投资、近期子女给予父母的代际财富流转又对父母的养老预期产生影响。子女为主要责任承担者的家庭养老支持与独生子女父母对社会养老服务的需求间存在一定的替代性。子女给予的家务支持、净经济支持将会使独生子女父母对社区提供的各类养老服务的需求风险明显降低。得到子女给予的经济支持的父母有入住养老院意愿的风险降低。在相对较充裕的经济支持下,独生子女父母更可能居家养老。

三 促进独生子女家庭代际和谐发展的途径

从子女角度而言,家庭中亲子财富流转的目的在于使子女适时得到适当的教育与培养,在一定的就业岗位上实现自我发展,得到应有的回报,实现自己的价值。从父母角度而言,给予子女教育投资,使子女能具备一定的人力资本,为后续就业、发展奠定基础;尽自己所能在子女的就业、婚姻、生育等事件中帮助子女,希冀子女能幸福生活;在自己年老时能得到子女的养老支持,老有所依,老有所养,安度晚年。依据前述分析,子女的受教育程度、就业状况与收入,亲代的职业阶层、经济状况和居住安排等均会对亲子财富流转产生影响。为改善独生子女家庭亲子财富流转状况,实现亲子两代的幸福生活与发展目标,促进独生子女家庭和谐发展,需要国家、社会、独生子女家庭共同努力。

(一) 重视教育,促进青年子代个体人力资本的提高

前述研究结果表明,教育作为个体重要的人力资本,对个体的职业阶层、收入和职业流动具有决定性意义。同时,因教育引致的收入上的差别也会最终影响着亲子代间的财富流转,特别是子女给予父母的养老支持。因此,促进青年子代个体人力资本的提高势在必行。

家庭支持是个体教育获得的最主要源泉。当前多数家庭能重视子女教育,在子女成长过程中给予相应的教育投入,保证子女获得一定的学历教育。但仍然有部分家庭受经济条件的约束,不能满足子女就学、深造的需要,对此国家应无偿给予经济贫困家庭子女学历教育支持,为其参与学校教育提供经济与生活帮助。另外,也需要在城市地区均衡教育资源,缩小学校间在教育资源、教育水平上的差距,剔除择校之风,减少家庭为追求优质教育资源的不必要支

出。保障学校课堂教育的内容和水平，降低父母为子女课外辅导班的经济支出。

本次调查发现，约10%的独生子女受教育程度为初中，约8%的受教育程度为高中；受教育程度为初中、高中的独生子女相应的就业状况和收入水平普遍差于受教育程度为大专及以上的独生子女。长期以来，城乡二元体制下城市地区的教育资源更为充足，教育水平普遍较高，城市第一代独生子女的教育也得到了家庭和社会的普遍重视，但仍然有近20%的独生子女的受教育水平在高中及以下。虽然中国自1986年开始实行九年义务教育，在小学、初中阶段免除学生的学杂费，高中及以上学习阶段则主要由家庭承担相应的学杂费，义务教育的实施强制性地使适龄公民得到小学和初中教育，但社会经济的发展对人力资本的要求日益提高，初中及以下的受教育程度已成为个体就业、获取收益的短板，为此，国家应实时提高义务教育水平，由目前的九年义务教育提升到十二年，免除高中阶段的学费，强制性地使适龄公民的受教育程度至少达到高中毕业水平，在提高国民素质、满足社会发展需要的同时，降低家庭的教育费用负担。

适时接受学历教育是个体获取人力资本最主要的方式，但成年走上工作岗位后，职业技能培训、在职教育等也是个体提升的重要途径。为此，国家应一方面强化适龄人口适时接受全日制在校教育，保证青少年阶段的教育获得；另一方面，应鼓励个体、企事业单位加强在职技能培训，适时扩展知识与技能。

研究也表明，独生子女的受教育水平存在区域差异，为此，国家应促进教育投入的区域均衡，大力支持教育水平落后地区基础教育的发展，避免贫困的代际累积。

（二）基于独生子女父母的现实需求，保障老年亲代养老权益

父母往往是家庭的经济支柱，但并不总是家庭财富的最大获益人。子女成长过程中，独生子女父母在子女的教育、就业、婚育等事件中给予了支持与帮助。步入老年，经济收益能力下降，仅有一个子女的条件下家庭养老支持势必弱化。虽然独生子女父母在一定

程度上能理性对待自己的养老,但居家养老仍是多数独生子女父母的期盼。为此需多方面保障老年独生子女父母的权益。

首先,需要倡导独生子女父母在子女成年、自立后,更多地专注自己的生活,为自身的养老做准备,进行养老储蓄,以备养老之需。

其次,前述研究表明,亲子居住安排对独生子女父母可获得的养老支持具有重要影响,亲子同住或就近居住是绝大多数老年独生子女父母向往的居住安排。基于现实中独生子女父母的居住安排意愿,倡导子女同父母同住;对于亲子分居家庭,通过相关税收减免等政策,鼓励并支持有条件的独生子女尽可能地在父母家附近购房居住,以方便照料和关怀老年父母。

最后,独生子女父母已能够理性地看待家庭养老,对于社区养老服务和入住养老院具有一定的需求,但当前城市第一代独生子女父母对社区养老服务的使用率远低于其未来对社区各项养老服务的需求。可见,独生子女家庭养老支持的社会外溢已充分显现,随着老年独生子女父母规模的扩大,独生子女父母对社区养老服务的需求将逐步增加。目前城市第一代独生子女父母尚处于低龄期,生活自理能力良好,对家庭、社区、养老院等养老服务的需求相对较低。随着时间的推移,更多的独生子女父母将进入养老期,高龄独生子女父母的增多,他们中失能、患慢性病老人等均需要家庭与社会提供长期的照护服务,但子女少的现实决定了家庭能给予的照护服务将非常有限,社会化养老服务将面临巨大的挑战。为积极应对独生子女父母老龄化浪潮,需构筑由家庭、社会和国家共同承担养老责任的养老保障体系。在社区养老服务建设中,在加强社区养老设施,特别是地级市等中小城市养老设施的建设,满足老年人日常活动、强身健体等需求;积极推广社区养老服务,提高老年人对相应社区养老服务的使用率,有效地支撑独生子女家庭老年人居家养老对社区养老服务的需求。加强对养老机构的监管,适度实施医养结合,鼓励确有入住养老院意愿的独生子女父母进入养老院养老,满足自身的养老需求。

（三）针对独生子女家庭的政策扶持体系的建设

独生子女政策为中国社会带来了数以亿计的独生子女及其家庭。当前家庭养老仍然是中国老年人养老的主要方式，但独生子女家庭的养老责任完全由独生子女承担，养老负担明显。独生子女家庭主要涉及亲子关系、夫妻关系和祖孙关系，亲属关系相对较为简单，亲属网络单一，在面临困难和风险时缺乏有力的外部亲属支持。虽然2014年中国各省市陆续开始实施一方是独生子女的夫妇可以生育两个孩子的"单独二孩"政策之后，自2016年1月1日开始全国正式启动一对夫妇可以生育两个孩子的"全面二孩"政策，这些政策的相继实施能逐步扩大中国的家庭规模，改善家庭结构，扩展亲属网络，增强家庭抵御风险的能力，但实施独生子女政策期间形成的众多独生子女家庭也需要相应的扶持政策，构建独生子女家庭政策支持体系，以应对面临的诸多风险。

首先，应确保城市独生子女父母的基本养老保险和医疗保险，保障老年人老有所养。中国城市地区养老保障体系较为健全，独生子女父母大多有职工养老保险或居民养老保险，在退休后经济上能有一定的保障；城镇职工、城镇居民医疗保险也较为普遍。对于经济上确有困难的独生子女父母，相关部门应给予经济救助，保障独生子女父母的基本生活。另外，对于随子女异地落户的独生子女父母，应建立养老金异地支取、医疗保障异地转移的运行机制，方便随迁独生子女父母异地养老。

其次，建立独生子女父母补贴制度。对于高龄独生子女父母、失能独生子女父母，以及经济上存在困难的丧偶老年独生子女父母给予生活补贴，提高他们经济上应对养老困境的能力。

最后，关注独生子女家庭老年人入住养老院的需求，采取政府补贴方式鼓励独生子女父母入住养老院；针对确有入住养老院需求，但缺乏经济购买力的高龄、失能、特困等独生子女老年父母，政府应有区别地通过养老救助、购买养老服务等方式实行集中供养，实现老年人在自愿基础上的机构养老需求。

虽然独生子女政策已被全面二孩政策所取代，但因计划生育政策而形成的独生子女家庭还将在今后 30 多年内存在，且该时期内独生子女父母的养老问题会日益突出，鉴于此，国家需要在相关家庭事务管理部门设置针对独生子女家庭的专门管理机构，制定推行有助于独生子女家庭发展的政策与措施，满足独生子女、独生子女父母及其家庭的合理之需。

第二节 研究展望

本书利用中国社会科学院人口与劳动经济研究所 2015 年 5 省（市）城市独生子女家庭状况调查数据，分析第一代独生子女家庭在子女教育、就业、婚事操办、育儿等阶段的财富投入，以及相应时期家庭经济压力的状况及变化；探析近期（1 年内）独生子女家庭的亲子财富流转的状况与特征，并基于早期对子女的经济投入和近期净财富流，探析城市独生子女亲子家庭财富流转的影响因素；基于父母的养老预期与养老需求，分析独生子女父母社区养老服务需求和机构养老意愿的影响因素，明晰了独生子女父母对子女的早期财富投入对其预期养老方式的影响，进一步揭示了独生子女家庭亲子代际关系的本质特征。

在后续研究中，将关注独生子女家庭生命周期过程中亲代、子代不同时期的居住安排，探寻亲、子和孙辈三代共存时期独生子女亲子代财富流转的一般规律。同时，随着独生子女父母群体中老年人口的增多，进一步从其养老意愿出发，探究满足老年独生子女父母基本养老需要的养老模式，为积极应对人口老龄化的挑战，促进独生子女家庭和谐发展、完善独生子女家庭养老保障制度提供决策参考。

参考文献

1. 包蕾萍、陈建强：《中国"独生父母"婚育模式初探：以上海为例》，《人口研究》2005 年第 4 期。
2. 包蕾萍：《独生子女比例及其育儿模式的年龄模型》，《中国青年研究》2007 年第 4 期。
3. 包蕾萍：《中国独生子女生命历程：家国视野下的一种制度化选择》，《社会科学》2012 年第 5 期。
4. 毕文章、马新龙：《利他主义视角下的中国传统家庭养老在社会转型情境中的代际关系转变》，《高等教育与学术研究》2009 年第 4 期。
5. 边燕杰：《试析我国独生子女家庭生活方式的基本特征》，《中国社会科学》1986 年第 1 期。
6. 陈国良：《大学、高中收费问题与成本分担》，《上海高育研究》1998 年第 1 期。
7. 陈建强：《重视"独生子女养育独生子女"现象》，《当代青年研究》2004 年第 3 期。
8. 陈皆明：《投资与赡养——关于城市居民代际交换的因果分析》，《中国社会科学》1998 年第 6 期。
9. 陈华帅、曾毅：《"新农保"使谁受益：老人还是子女？》《经济研究》2013 年第 8 期。
10. 陈森斌、刘爽：《第一代独生子女教育观研究》，《兰州学刊》2012 年第 12 期。
11. 陈一心、王玲：《独生子女家庭的亲子关系》，《上海教育科研》

2006 年第 12 期。

12. 程福财、于贤荣:《"跨代育儿组合"与中国独生子女的养育——评〈中国独生子女政策与多重照顾〉》,《当代青年研究》2012 年第 8 期。

13. 程令国、张晔、刘志彪:《"新农保"改变了中国农村居民的养老模式吗?》,《经济研究》2013 年第 8 期。

14. 范辰辰、李文:《新农保、宗族网络与农村家庭代际转移》,《北京社会科学》2015 年第 1 期。

15. 胡仕勇、刘俊杰:《农村家庭代际经济支持状况与对策》,《农村经济》2013 年第 3 期。

16. 仇立平:《职业地位:社会分层的指示器》,《社会学研究》2001 年第 3 期。

17. 戴维·L. 德克尔:《老年社会学》,沈健译,天津人民出版社 1986 年版,第 86 页。

18. 邓淑娟、戴家武、辛贤:《家庭背景对大学生毕业去向的影响》,《中国农业大学学报》(社会科学版) 2012 年第 3 期。

19. 丁士军:《关于家庭财富代际转移动机的几种假说》,《江汉论坛》1999 年第 5 期。

20. 丁志宏:《城市子女对老年父母经济支持的具体研究》,《人口学刊》2014 年第 4 期。

21. 杜亚军:《代际交换——对老化经济学基础理论的研究》,《中国人口科学》1990 年第 3 期。

22. 段云华、张勇:《新机制以来湖北省义务教育投入分析》,《湖北经济学院学报》(人文社会科学版) 2012 年第 9 期。

23. 费孝通:《家庭结构变动中的老年赡养问题——再论中国家庭结构的变动》,《北京大学学报》(哲学社会科学版) 1983 年第 3 期。

24. 风笑天:《独生子女青少年的社会化过程及其结果》,《中国社会科学》2000 年第 6 期。

25. 风笑天:《城市独生子女与非独生子女家庭教育的比较研究》,《青年研究》2001 年第 6 期。

26. 风笑天、王小璐：《城市青年的职业适应：独生子女与非独生子女的比较研究》，《江苏社会科学》2003年第4期。

27. 风笑天：《适当降低对独生子女期望值》，《南京日报》2012年6月29日。

28. 风笑天：《中国第一代城市独生子女的社会适应》，《教育研究》2005年第10期。

29. 风笑天：《中国独生子女：规模、差异与评价》，《理论月刊》2006年第4期。

30. 风笑天：《青年独生子女比例与育儿模式的再讨论》，《中国青年研究》2008年第4期。

31. 谷宏伟：《教育成本、技术进步与劳动力市场均衡——对中国80年代义务教育发展的一个理论解释》，《财经问题研究》2012年第10期。

32. 郭丛斌、闵维方：《中国城镇居民教育与收入代际流动的关系研究》，《教育研究》2007年第5期。

33. 郭于华：《代际关系中的公平逻辑及其变迁——对河北农村养老事件的分析》，《中国学术》（第八辑）2001年，第221—251页。

34. 郭志刚、陈功：《老年人与子女之间的代际经济流量的分析》，《人口研究》1998年第1期。

35. 郭志刚：《北京市家庭户规模的分解研究》，《人口研究》1999年第3期。

36. 郭志刚：《老年人家庭的代际经济流动分析》，《中国老年学杂志》1996年第5期。

37. 郭志刚、张二力、顾宝昌、王丰：《从政策生育率看中国生育政策的多样性》，《人口研究》2003年第5期。

38. 郝玉章：《独生子女结婚成家过程中父母的参与和影响》，《广西民族大学学报》（哲学社会科学版）2011年第5期。

39. 何东昌：《中华人民共和国重要教育文献（1976—1990）》，海南出版社1998年版，第1915页。

40. 洪恺、李克强、周亚家：《家庭教育投资的动机与行为分析》，《北京师范大学学报》（自然科学版）2008年第10期。

41. 胡涛：《家庭教育经费支出："昂贵大餐"还是"家常小菜"》，《江苏教育》2002年第7期。

42. 侯亚非：《北京市独生子女生育意愿调查分析》，《北京社会科学》2003年第3期。

43. 黄建新：《农民职业流动：现状、问题与对策》，《重庆工学院学报》（社会科学版）2008年第12期。

44. 黄琳、文东茅：《大学生独生子女与非独生子女学业状况比较》，《教育学术月刊》2008年第2期。

45. 江克忠、裴育、夏策敏：《中国家庭代际转移的模式和动机研究——基于CHARLS数据的证据》，《经济评论》2013年第4期。

46. 靳小怡、李树茁、朱楚珠：《农村不同婚姻形势下家庭财富代际转移模式的初步分析》，《人口与经济》2002年第1期。

47. 乐章、陈璇、风笑天：《城市独生子女家庭的养老问题》，《青年研究》2000年第3期。

48. 雷晓燕：《中老年女性劳动供给及代际转移在子女间的差异》，《人口与经济》2009年第6期。

49. 李嘉岩：《北京市独生子女生育意愿调查》，《中国人口科学》2003年第4期。

50. 李立荣、林荣日：《上海居民家庭教育投资行为的调查》，《上海教育科研》2009年第7期。

51. 李普亮、贾卫丽：《农村家庭子女教育投资的实证分析——以广东省为例》，《中国农村观察》2010年第3期。

52. 李强、邓建伟、晓筝：《社会变迁与个人发展：生命历程研究的范式与方法》，《社会学研究》1999年第6期。

53. 李若建：《1990—1995年职业流动研究》，《管理世界》1999年第5期。

54. 李拾娣、刘启明：《农村婚姻消费中家庭财富的代际转移机制与影响研究——以S村为例》，《理论观察》2015年第5期。

55. 李树茁、靳小怡、费尔德曼：《当代中国农村的招赘婚姻及其人口与社会后果：来自三个县的调查发现》，《西安交通大学学报》（社会科学版）2006年第5期。
56. 李晓霞：《专用性人力资本与就业流动：行业要素的检验》，《湖北社会科学》2011年第9期。
57. 林湘华：《大城市丧偶老人群体状况分析》，《南方人口》2007年第4期。
58. 刘爱玉、杨善华：《社会变迁过程中的老年人家庭支持研究》，《北京大学学报》（哲学社会科学版）2000年第3期。
59. 刘祯：《影响农村家庭教育投资的因素分析》，《科学与管理》2008年第2期。
60. 柳玉芝、蔡文媚：《中国城市独生子女问题》，《人口研究》1997年第2期。
61. 陆学艺主编：《当代中国社会阶层研究报告》，社会科学文献出版社2002年版。
62. 罗凌云、风笑天：《城市独生子女与非独生子女家庭教育的比较研究》，《青年探索》2001年第6期。
63. 马春华、石金群、李银河、王震宇、唐灿：《中国城市家庭变迁的趋势和最新发现》，《社会学研究》2011年第2期。
64. 马和民：《当前中国城乡人口社会流动与教育之关系》，《社会学研究》1997年第4期。
65. 聂佩进、王振威：《农村家庭代际间财富流转研究——以河北农村为例的实证研究》，《西北人口》2007年第3期。
66. 潘立新：《独生子女在社会化过程中家庭投入的分析与思考——对江苏省4775名独生子女的调查》，《人口学刊》1993年第4期。
67. 商丽浩、田正：《20世纪中国教育收费制度的发展》，《上海高教研究》1998年第5期。
68. 沈奕斐：《"后父权制时代"的中国——城市家庭内部权力关系变迁与社会性别不平等历程分析》，《广西民族大学学报》（哲学社会科学版）2009 年第 6 期。

69. 石金群：《转型期家庭代际关系流变：机制、逻辑与张力》，《社会学研究》2016 年第 6 期。

70. 宋长青、叶礼奇：《独生子女就业——值得关注的社会问题》，《调研世界》1998 年第 7 期。

71. 宋健、黄菲：《中国第一代独生子女与其父母的代际互动——与非独生子女的比较研究》，《人口研究》2011 年第 5 期。

72. 宋健：《中国的独生子女与独生子女户》，《人口研究》2005 年第 2 期。

73. 宋健、戚晶晶：《"啃老"：事实还是偏见——基于中国 4 城市青年调查数据的实证分析》，《人口与发展》2011 年第 5 期。

74. 宋璐、李树茁：《照料留守孙子女对农村老年人养老支持的影响研究》，《人口学刊》2010 年第 2 期。

75. 宋璐、李树茁、李亮：《提供孙子女照料对农村老年人心理健康的影响研究》，《人口与发展》2008 年第 3 期。

76. 孙凤：《职业代际流动的对数线性模型》，《统计研究》2006 年第 7 期。

77. 孙鹃娟、张航空：《中国老年人照顾孙子女的状况及影响因素分析》，《人口与经济》2013 年第 4 期。

78. 孙鹃娟：《中国城乡老年人的经济收入及代际经济支持》，《人口研究》2017 年第 1 期。

79. 陶涛：《农村儿子、女儿对父母的经济支持差异研究》，《南方人口》2011 年第 1 期。

80. 田北海、王彩云：《城乡老年人社会养老服务需求特征及其影响因素——基于对家庭养老替代机制的分析》，《中国农村观察》2014 年第 4 期。

81. 田青、郭汝元、高铁梅：《中国家庭代际财富转移的现状与影响因素——基于 CHARLS 数据的实证研究》，《吉林大学社会科学学报》2016 年第 4 期。

82. 佟新：《人口社会学》，北京大学出版社 2003 年版。

83. 王春光：《中国职业流动中的社会不平等问题研究》，《中国人口科学》2003年第2期。
84. 王广州：《中国独生子女总量结构及未来发展趋势估计》，《人口研究》2009年第1期。
85. 王莉莉、杨晓奇：《我国老龄服务业发展现状、问题及趋势分析》，《老龄科学研究》2015年第7期。
86. 王梦淇：《父母收入水平是否影响子女对父母的代际转移——基于CHARLS 2011年数据的研究》，《经济资料译丛》2017年第1期。
87. 王树新、赵志伟：《第一代独生子女父母养老方式的选择与支持研究——以北京市为例》，《人口与经济》2007年第4期。
88. 王树新：《人口老龄化过程中的代际关系新走向》，《人口与经济》2002年第4期。
89. 王晓焘：《城市青年独生子女与非独生子女的教育获得》，《广西民族大学学报》（哲学社会科学版）2011年第5期。
90. 王跃生：《中国家庭代际关系的理论分析》，《人口研究》2008年第4期。
91. 王跃生：《网络家庭的理论和经验研究——以北方农村为分析基础》，《社会科学》2009年第8期。
92. 王跃生：《婚事操办中的代际关系：家庭财产积累与转移——冀东农村的考察》，《中国农村观察》2010年第3期。
93. 王跃生、伍海霞：《当代农村代际关系研究——冀东村庄的考察》，中国社会科学出版社2011年版。
94. 王跃生：《家庭生命周期、夫妇生命历程与家庭结构变动——以河北农村调查数据为基础的分析》，《社会科学战线》2011年第6期。
95. 王跃生：《中国家庭代际关系内容及其时期差异——历史与现实相结合的考察》，《中国社会科学院研究生院学报》2011年第3期。
96. 王跃生：《中国当代家庭关系的变迁：形式、内容及功能》，《人民论坛》2013年第23期。

97. 王跃生：《中国家庭代际功能关系及其新变动》，《人口研究》2016年第5期。

98. 王远伟、朱苏飞：《中国城镇居民家庭教育投入的状况和特征》，《教育与经济》2009年第4期。

99. 尉建文：《父母的社会地位与社会资本——家庭因素对大学生就业意愿的影响》，《青年研究》2009年第2期。

100. 文东茅：《家庭背景对我国高等教育机会及毕业生就业的影响》，《北京大学教育评论》2005年第3期。

101. 吴翔：《我国东、中、西部地区省会城市家庭中小学教育投入差异研究》，《教育财会研究》2017年第1期。

102. 夏传玲、麻凤利：《子女数对家庭养老功能的影响》，《人口研究》1995年第1期。

103. 夏庆杰、宋丽娜、John Knight、Simon Appleton：《20世纪90年代中国国有企业改革对城镇劳动力市场的影响》，《世界经济》2009年第4期。

104. 夏庆杰、李实、宋丽娜、Simon Appleton：《国有单位工资结构及其就业规模变化的收入分配效应：1988—2007》，《经济研究》2012年第6期。

105. 向晋文：《高等教育收费制度对学生主体教育机会平等的影响》，《华中农业大学学报》（社会科学版）2007年第1期。

106. 肖富群：《农村独生子女的学校教育优势——基于江苏、四川两省的调查数据》，《人口与发展》2011年第2期。

107. 肖富群、风笑天：《我国独生子女研究30年：两种视角及其局限》，《中州学刊》2010年第4期。

108. 解垩：《中国老年人保障与代际间向上流动的私人转移支付——时间照料与经济帮助》，《世界经济文汇》2014年第5期。

109. 谢正勤、钟甫宁：《农村劳动力的流动性与人力资本和社会资源的关系研究——基于江苏农户调查数据的实证分析》，《农业经济问题》2006年第8期。

110. 熊凤水：《从婚姻支付实践变迁看农村家庭代际关系转型》，

《中国青年研究》2009 年第 3 期。

111. 熊跃根：《中国城市家庭的代际关系与老人照顾》，《中国人口科学》1998 年第 6 期。

112. 徐安琪：《家庭结构与代际关系研究——以上海为例的实证分析》，《江苏社会科学》2001 年第 2 期。

113. 徐勤：《儿子与女儿对父母支持的比较研究》，《人口研究》1996 年第 5 期。

114. 许欣欣：《当代中国社会结构变迁与流动》，社会科学文献出版社 2000 年版。

115. 徐映梅、瞿凌云：《独生子女家庭育龄妇女生育意愿及其影响因素——基于湖北省鄂州、黄石、仙桃市的调查》，《中国人口科学》2011 年第 2 期。

116. 鄢盛明、陈皆明、杨善华：《居住安排对子女赡养行为的影响》，《中国社会科学》2001 年第 1 期。

117. 杨国枢：《中国人孝道的概念分析》，载杨国枢主编《中国人的心理》，台北桂冠图书公司 1989 年版。

118. 杨菊华、谢永飞：《累计劣势与老年人经济安全的性别差异：一个生命历程视角的分析》，《妇女研究论丛》2013 年第 4 期。

119. 杨菊华：《生育政策与中国家庭的变迁》，《开放时代》2017 年第 3 期。

120. 杨菊华、何炤华：《社会转型过程中家庭的变迁与延续》，《人口研究》2014 年第 2 期。

121. 杨菊华、李路路：《代际互动与家庭凝聚力——东亚国家和地区比较研究》，《社会学研究》2009 年第 3 期。

122. 杨善华：《中国城市家庭变迁中的若干理论问题》，《社会学研究》1994 年第 3 期。

123. 杨善华、贺常梅：《责任伦理与城市居民的家庭养老——以"北京市老年人需求调查"为例》，《北京大学学报》（哲学社会科学版）2004 年第 1 期。

124. 杨善华：《中国当代城市家庭变迁与家庭凝聚力》，《北京大学学报》（哲学社会科学版）2011年第2期。

125. 杨善华、沈崇麟：《城乡家庭：市场经济与非农化背景下的变迁》，浙江人民出版社2000年版。

126. 杨书章、郭震威：《中国独生子女现状及其对未来人口发展的影响》，《市场与人口分析》2000年第4期。

127. 姚远：《对中国家庭养老弱化的文化诠释》，《人口研究》1998年第5期。

128. 叶文振：《论孩子的教育费用及其决定因素》，《统计研究》1999年第5期。

129. 尹钧荣、杨文法：《山东省本世纪末实现九年制义务教育战略研究》，《山东教育研究》1987年第1期。

130. 余颖、谢孝国：《独生子女当上"独生父母"》，《中国妇女报》2004年12月1日。

131. 袁诚、张磊：《对低收入家庭子女大学收益的观察》，《经济研究》2009年第5期。

132. 原新：《独生子女家庭的养老支持——从人口学视角的分析》，《人口研究》2004年第5期。

133. 岳昌君、程飞：《人力资本及社会资本对高校毕业生求职途径的影响分析》，《中国高教研究》2013年第10期。

134. 乐章、陈璇、风笑天：《城市独生子女家庭的养老问题》，《青年研究》2000年第3期。

135. 张航空、李双全：《城市老年人口家庭经济流动类型及其影响因素分析——以上海为例》，《南方人口》2008年第4期。

136. 张文娟、李树茁：《农村老年人家庭代际支持研究——运用指数混合模型验证合作群体理论》，《统计研究》2004年第5期。

137. 张新梅：《家庭养老研究的理论背景和假设推导》，《人口学刊》1999年第1期。

138. 张艳霞：《独生子女家庭背景中女孩的性别角色社会化——对独生女父母育儿观的调查与分析》，《中州学刊》2006年第3期。

139. 赵莉莉：《我国城市第一代独生子女父母的生命历程——从中

年空巢家庭的出现谈起》，《青年研究》2006 年第 6 期。

140. 赵颖：《员工下岗、家庭资源与子女教育》，《经济研究》2016 年第 5 期。

141. 张文娟、李树茁：《农村老年人家庭代际支持研究——运用对数混合模型验证合作群体理论》，《统计研究》2004 年第 5 期。

142. 郑功成：《中国社会保障改革与发展战略》（救助与福利卷），人民出版社 2011 年版。

143. 周长洪：《农村 50 岁以上独生子女父母与子女经济互动及养老预期——基于对全国 5 县调查》，《人口学刊》2012 年第 5 期。

144. 朱考金、杨春莉：《当代青年的婚姻成本研究》，《中国青年研究》2007 年第 4 期。

145. 左冬梅、吴正：《中国农村老年人家庭代际交换的年龄轨迹研究》，《人口研究》2011 年第 1 期。

146. Agree E. M., Biddlecom A. E., Chang M. C., et al., "Transfers from Older Parents to Their Adult Children in Taiwan and the Philippines", *Journal of Cross-cultural Gerontology*, 2003, 17 (4): 269 – 294.

147. Aletha C. Huston, *Child Development and Public Policy*, Cambridge University Press, 1995.

148. Attias – Donfut, C., Ogg, J., & Wolff, F. – C. "European Patterns of Intergenerational Financial and Time Transfers", *European Journal of Ageing*, 2005, 2: 161 – 173.

149. Bartel, Ann P. & George J. Borjas, "Wage Growth and Job Turnover: An Empirical Analysis", In *Studies in Labor Markets*, edited by S. Rosen, Chicago: University of ChiCago Press, 1981: 65 – 84.

150. Becker, G. S., "A Theory of Social Interactions", *Journal of Political Economy*, 1974, 82 (6): 1063 – 1093.

151. Becker, G. S., *A Treatise on the Family*, Enlarged ed., Cambridge, Mas: Harvard University Press, 1993.

152. Becker, G. S., and Nigel Tomes, "An Equilibrium Theory of the Distribution of Income and Intergenerational Mobility", *Journal of Po-

litical Economy, 1979, 87 (6): 1153 – 1189.

153. Becker, G., and N. Tomes, "Human Capital and the Rise and Fall of Families", Journal of Labor Economics, 1986, 4 (3): S1 – S39.

154. Becker, R. J., Barro, "A Reformulation of the Theory of Fertility", Quarterly Journal of Economics, 1988, 103 (1): 1 – 25.

155. Becker, G., Human Capital, Chicago University Press, 1975.

156. Behnnan, J. R. and J. C. Knowles, "Household Income and Child Schooling in Vietnam", The World Bank Economic Review, 1999, 13 (2): 211 – 256.

157. Behrman J. R., Deolalikar A. B., "Health and Nutrition", Handbook of Development Economics, 1988: 631 – 711.

158. Bernheim, B. D., A. Schleifer, and L. H., Summer, "The Stratified Bequest Motive", Journal of Political Economy, 1985, 93: 1045 – 1176.

159. C. Jencks, "The Effects of Family Background, Test Scores, Personality Traits and Schooling on Economic Success", Academic Achievement, 1977: 883.

160. Caldwell J. C., "Toward a Restatement of Demographic Transition Theory", Population Development Review, 1976, 2 (3/4): 321 – 366.

161. Caldwell J. C., "On Net Intergenerational Wealth Flows: An Update", Population and Development Review, 2005, 31 (4): 721 – 740.

162. Cheal, David J., "Intergenerational Family Transfers", Journal of Marriage and the Family, 45 (4): 1983, 805 – 813.

163. Chen, X., & Silverstein, M., "Social Support and Psychological Well Being of The Elderly in China", Research on Aging, 2000, 22 (1): 43 – 65.

164. Cheolsung, Park, "How are Upstream Transfers Determined?", New Evidence from South Korea", Pacific Economic Review, 2010, 15 (4): 532 – 553.

165. Cheolsung Park, "Why do Children Transfer to the Parents? Evidence from South Korea", Review of Economics of the Household,

2014, 12 (3): 461 – 485.

166. Cox, D., "Motives for Private Income Transfers", *Journal of Political Economy*, 1987, 95: 508 – 546.

167. Cox, D., & Jimenez, E., "Risk Sharing and Private Transfers: What about Urban Households?" *Economic Development & Cultural Change*, 1998, 46 (3): 621 – 637.

168. Cox, D. & Rank, M. R., "Inter-vivos Transfers and Intergenerational Exchange", *The Review of Economics and Statistics*, 1992, 74 (2): 305 – 314.

169. Davis D., "Skidding: Downward Mobility among Children of the Maoist Middle Class", *Modern China*, 1992, 18 (4): 410 – 437.

170. DeTray, D., "Government Policy, Household Behavior, and the Distribution of Schooling: A Case Study of Malaysia", *Research in Population Economics*, 1988 (6): 303 – 336.

171. Duncan Thomas & James P. Smith & Kathleen Beegle & Graciela Teruel & Elizabeth Frankenberg, "Wages, Employment and Economic Shocks: Evidence from Indonesia", *European Society for Population Economics*, 2002, 15 (1): 161 – 193.

172. Duvall E. M., Miller B. C., *Marriage and Family Development*, New York: Harper & Row, 1985.

173. Elder, Glen H., Jr., "Human Lives in Changing Societies: Life Course and Developmental Insights", in *Developmental Science*, edited by Robert B. Cairns, Glen H. Elder, Jr., and E. Jane Costello. Cambridge Studies in Social and Emotional Development, New York: Cambridge University Press, 1996: 31 – 62.

174. Elder G. H., "The Life Course as Developmental Theory", *Child Development*, 1998, 69 (1): 1 – 12.

175. Emily Hannum, "Political Change and the Urban-rural Gap in Basic Education in China, 1949 – 1990", *Comparative Education Review*, 1999, 43 (2): 193 – 211.

176. Frank A. Sloan, Harold H. Zhang and Jingshu Wang, "Upstream Intergenerational Transfers", *Southern Economic Journal*, 2002, 69 (2): 363 -380.

177. Gary S. Becker, "On the Relevance of the New Economics of the Family", *The American Economic Review*, 1974, 64 (2): 317 -319.

178. Goode, W. J., *World Revolution and Family Patterns*, New York: Free Press, 1970.

179. Greenhalgh, Susan, "Sexual Stratification: The Other Side of 'Growth with Equity' in East Asia", *Population and Development Review*, 1985, 11 (2): 265 -314.

180. Hermalin, A. I., M. C. Chang, H. S. Lin, M. L. Lee, and M. B. Ofstedal, "Patterns of Support Among the Elderly in Taiwan and Their Policy Implications", Comparative Study of the Elderly in Asia Research Reports. Ann Arbor: Population Studies Center, University of Michigan, 1990, No. 90 -94.

181. Huston A. C., "Children in Poverty: Child Development and Public Policy", *Contemporary Sociology*, 1991, 22 (3): 143 -166.

182. J. Mincer, "Schooling, Experience, and Earnings", *National Bureau of Economic Research*, 1974 (1): 218 -223.

183. J. B. Nugent, "The Old-Age Security Motive for Fertility", *Population & Development Review*, 1985, 11 (1): 75 -97.

184. John C. Caldwell, "Toward A Restatement of Demographic Transition Theory", *Population and Development Review*, 1976, 2 (3/4): 321 -366.

185. John R. Logan and Fuqin Bian, "Parents' Needs, Family Structure, and Regular Intergenerational Financial Exchange in Chinese Cities", *Sociological Forum*, March 2003, 18 (1): 85 -101.

186. Kanmbouro, Guergui & Iourii Manovskii, "Occupational Mobility and Wage Inequality", *Review of Economics Studies*, 2009, 76: 731 -759.

187. Kevin Sylwester, "Can Education Expenditures Reduce Income Ine-

quality?", *Economics of Education Review*, 21: 43 –52.

188. Kohli, M., "Private and Public Transfers Between Generations: Linking the Family and The State", *European Societies*, 1999, 1: 81 – 104.

189. Kotlikoff, Laurence, *Generational Accounting——Knowing Who Pays, and When, for What we Spend*, New York: The Free Press, 1992.

190. Lee, Ronald, *Demographic Change, Welfare, and Intergenerational Transfers: A Global Overview*, Genus v. LIX, No. 3 –4, 2003.

191. Lee Y – J, Xiao Z., "Children's Support for Elderly Parents in Urban and Rural China: Results from a National Survey", *Journal of Cross – cultural Gerontology*, 1998, 13 (1): 39 –62.

192. Lee, Y. J., W. L. Parish, and R. J. Willis, "Sons, Daughters, and Intergenerational Support for the Elderly in Taiwan", *American Journal of Sociology*, 1994, 99 (4): 1010 –1041.

193. Lillard, L. A. and R. J. Willis, "Motives for Intergenerational Transfers: Evidence from Malaysia", *Demography*, 1997, 34: 115 –134.

194. Lowenstein, A. and Ogg, J. (Eds.), "OASIS: Old Age and Autonomy —The Role of Service Systems and Intergenerational Family Solidarity", The Final Report, Haifa: University of Haifa, 2003.

195. Mason A., Lee R., Tung A. C., et al., "Population Aging and Intergenerational Transfers: Introducing Age into National Accounts", In *Development in the Economics of Aging*, edited by D. Wise. Chicago: NBER and University of Chicago Press, 2009.

196. Mcgarry K., Schoeni R. F., "Transfer Behavior in the Health and Retirement Study: Measurement and the Redistribution Within the Family", *Journal of Human Resources*, 1995, 30: 184 –226.

197. Morgan, P. S. and K. Hirosima., "The Persistence of Extended Family Residence in Japan", *American Sociological Review*, 1983, 48: 269 –281.

198. Nye, F. I. , "Choice, Exchange, and the Family", *Contemporary Theories about the Family*, In W. R. Burr. R. Hill, F. I. Nye. & I. L. Reiss (Eds.), New York: Free Press, 1979: 1 – 4.

199. P. C. Glick, "Family Life Cycle and Social Changes", *Family Relations*, 1989. 38 (2): 123 – 129.

200. Peter Gottschalk, "Wage Mobility within and between Jobs", LoWER Working Papers wp1, AIAS, Amsterdam Institute for Advanced Labour Studies, 2001.

201. R. J. Willis, "A New Approach to the Economic Theory of Fertility Behavior", *Journal of Political Economy*, 1973, 81 (2): 14 – 64.

202. Ronald Bachmann, Thomas K. Bauer & Peggy Davjd, "Labor Market Entry Conditions, Wages and Job Mobility", IZA Discussion Paper 2010, May, No. 4965.

203. Secondi, G. , "Private Monetary Transfers in Rural China: Are families Altruistic?", *Journal of Development Studies*, 1997, 33 (4): 487 – 509.

204. Simpson, R. L. , *Theories of Social Exchange*, Morristown, NJ: General Learning Press, 1972.

205. Strauss J. , Thomas D. C. , "Human Resources: Empirical modeling of household and family decisions", *Handbook of Development Economics*, 1995: 1883 – 2023.

206. Sun, R. , "Old Age Support in Contemporary Urban China From Both Parents' and Children's Perspectives", *Research on Aging*, 2002, 24 (3): 337 – 359.

207. Tsang, M. C. , "Costs of Education in China: Issues of Resource Mobilization, Equality, Equity, and Efficiency", *Education Economics*, 1994, 2 (3): 287 – 312.

208. Wanichcha Narongchai, Dusadee Ayuwat, Oranutda Chinnasri, "The Changing of Intergenerational Transfers of Economic Capital in Rural Households in Northeastern, Thailand", *Journal of Social Sci-*

ences, 2016, 37: 46 – 52.
209. Wei, X., Tsang, M. C., Xu, W. B., Chen, L. K., "Education and Earning in Rural China", *Education Economics*, 1999, 7 (2): 167 – 187.
210. Yang, H., "The Distributive Norm of Monetary Support to Older Parents: A Look at a Township in China", *Journal of Marriage and the Family*, 1996, 58 (2): 404 – 415.
211. Zhou X., Tuma N. B., Moen P., et al., "Stratification Dynamics under State Socialism: The Case of Urban China, 1949 – 1993", *Social Forces*, 1996, 74 (3): 759 – 796.

后　　记

独生子女家庭代际关系是我最近几年倾力较多的研究领域。在获得国家社会科学基金资助后，有机会以城市第一代独生子女家庭为研究对象，分析社会转型过程中独生子女家庭亲子代际财富流转及代际关系。在此对中国社会科学院科研管理部门和人口与劳动经济研究所领导对项目研究的支持表示感谢。

本项研究所用数据来自2015年6—8月中国社会科学院人口与劳动经济研究所实施的5省（市）城市独生子女家庭状况调查。这项调查在王跃生研究员的协调下完成，王广州研究员对调查省市的选取提供了帮助，王磊副研究员、博士生郝静参与了调查问卷的设计、实地调查和数据清洗。西南大学文化与社会发展学院的宋辉副教授、西北师范大学社会发展与公共管理学院马克林教授、山东社会科学院人口学研究所高利平副研究员、安徽大学社会学系王邦虎教授、黑龙江大学社会工作系孙志丽副教授等师生对调查给予了大力协作。调查也得到了相关省、市人口与计划生育管理部门的支持，以及诸多城市社区、许许多多热心居民的配合。笔者心中甚为感激，在此一并致谢。

感谢我的导师西安交通大学李树茁教授对书稿提出的宝贵意见和建议。中国社会科学出版社王衡女士为本书出版费心联络，编校过程中付出了辛劳颇多，在此予以感谢。

由于作者水平有限，书中不妥之处在所难免，恳请读者批评指正。

伍海霞
2018年1月